대학편입은 김영, 편입수험서는 김앤북!

편입수험서 No.1 김앤북

김영편입 영어 시리즈

| 어휘시리즈 |

| 기출 1단계(문법, 독해, 논리) |

| 워크북 1단계(문법, 독해, 논리) |

| 기출 2단계(문법, 독해, 논리) |

| 워크북 2단계(문법, 독해, 논리) |

| 기출 3단계(연도별 기출문제 해설집) |

김영편입 수학 시리즈

1단계 이론서(미분법, 적분법, 선형대수, 다변수미적분, 공학수학)

2단계 워크북(미분법, 적분법, 선형대수, 다변수미적분, 공학수학)

| 3단계 기출문제 해설집 |

축적된 **방대한 자료**와 **노하우**를 바탕으로 **전문 연구진**들의 교재 개발,
실제 시험과 **유사한** 형태의 **문항**들을 개발하고 있습니다.
수험생들의 **합격을 위한 맞춤형 콘텐츠**를 제공하고자 합니다.

내일은 시리즈 (자격증/실용 도서)

자격증

정보처리기사 필기, 실기

컴퓨터활용능력 1급, 2급 실기

빅데이터분석기사 필기, 실기

데이터분석 준전문가(ADsP)

GTQ 포토샵 1급

GTQi 일러스트 1급

리눅스마스터 2급

SQL개발자

실용

코딩테스트

파이썬

C언어

플러터

SQL

자바

코틀린(출간예정)

스프링부트(출간예정)

머신러닝(출간예정)

전기/소방 자격증

2024 전기기사 필기
필수기출 1200제

2025 소방설비기사 필기 공통과목
필수기출 400제

2025 소방설비기사 필기 전기분야
필수기출 400제

김앤북의 가치

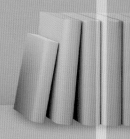

도전 신뢰
끊임없이 개선하며 **창의적인 사고와 혁신적인 마인드**를 중요시합니다.
정직함과 도덕성을 갖춘 사고를 바탕으로 회사와 고객, 동료에게 **믿음**을 줍니다.

함께 성장
자신과 회사의 **발전**을 위해 **꾸준히 학습**하며, 배움을 나누기 위해 노력합니다.
학생, 선생님 모두 만족시킬 수 있는 **최고의 교육 콘텐츠**와 **최선의 서비스**를
위해 노력합니다.

독자 중심
한 명의 독자라도 **즐거움**과 **만족**을 느낄 수 있는 책, 많은 독자들이 함께 **교감**하는
책을 만들기 위해 노력합니다. **분야를 막론**하고 **독자들의 마음속**에 오래도록 깊이
남는 **좋은 콘텐츠**를 만들어가겠습니다.

김앤북은 메가스터디 아이비김영의 다양한 교육 전문 브랜드와 함께 합니다.

김영편입   김영평생교육원   미대편입 Chngjo

UNISTUDY   더조은아카데미   메가스터디아카데미

메가스터디교육그룹
아이비원격평생교육원   엔지니어랩

합격을 완성할 단 하나의 선택

김영편입
영어

독해

기출 **1**단계

합격을 완성할 단 하나의 선택

김영편입 영어
독해

기출 **1**단계

PREFACE

편입영어시험을 처음 준비하는 수험생이 제일 먼저 하는 생각은 무엇일까요? 우선 편입영어시험이 어떻게 출제되는지 파악하기 위해서, 기출문제를 확인해 볼 것입니다.

그런데 기출문제는 편입생 선발을 위한 실전 문제들로 구성되어 있다 보니, 편입을 처음 접하는 수험생은 영어 문제에 대한 중압감으로 시작도 전에 포기하고 싶은 마음이 들 수도 있습니다.

하지만, 모든 기출문제가 어려운 문제로만 구성되어 있는 것이 아니며, 수험생은 쉬운 기출문제를 통해 편입영어시험에 대한 기본적인 감각을 익힌 후, 난이도가 높은 문제들로 실력을 키워나갈 수 있습니다.

이것이 "김영편입 기출 시리즈"를 단계별로 제작하게 된 이유입니다. "김영편입 기출 시리즈"는 편입영어시험을 처음 준비하는 수험생이 부담을 갖지 않고 문제를 풀어보면서 기초 실력을 쌓을 수 있도록 제작된 "기출 1단계", 그리고 어려운 기출문제로 구성되어 실전에 대비할 수 있는 "기출 2단계"로 구성되어 있습니다.

본서는 수험생이 기본 실력을 점검하고 적용해 볼 수 있는 편입영어 초·중급 난이도의 기출문제들로 구성된 "기출 1단계"입니다.

"기출 1단계"는 편입영어시험의 대표 유형인 문법, 논리, 독해의 3종으로 구성되어 있습니다. 문법의 경우 일목요연하게 정리된 이론이 어떻게 문제에 적용되는지 알 수 있도록 했으며, 논리와 독해의 경우 시험에 자주 출제되는 유형을 파악하고 이에 대비할 수 있도록 했습니다. 그리고 엄선된 기출문제뿐 아니라 기출문제에 대한 필수어휘와 상세한 해설도 함께 수록하였습니다.

"기출 1단계"를 통해 편입영어에 자신감을 얻으시길 바랍니다.

김영편입 컨텐츠평가연구소

HOW TO STUDY

편입 독해 이렇게 출제된다!

- 독해는 편입시험에서 가장 출제 비중이 높은 영역입니다. 특히 상위권 대학의 경우 중·장문의 독해지문을 출제하는 비중이 증가하는 추세입니다.

- 문제의 유형을 살펴보면 제목, 주제·요지, 내용일치, 내용추론, 지시대상, 부분이해, 문장배열, 문장삽입, 빈칸완성 등 다양한 유형이 골고루 출제되고 있습니다. 특히 제목, 주제·요지, 내용일치, 내용추론, 빈칸완성의 출제 비중이 높은 편이므로 이들 유형에 대한 확실한 대비가 필요합니다.

- 지문의 내용을 살펴보면 시사적인 지문보다는 역사, 교육, 심리, 문화, 예술, 의학, 과학 등 학술적인 지문이 많이 출제됩니다. 그러나 그 해의 주요 이슈들은 독해지문으로 출제되는 경우가 많으므로 평소 시사분야에도 관심을 가질 필요가 있습니다.

이렇게 대비해라!

- 독해 학습의 기본은 정확한 문장 분석입니다. 문장의 구조를 파악하고 주어와 동사를 찾아내어 글 전체 내용을 이해하고 추론하는 능력을 기르는 것이 중요합니다.

- 각 대학의 연도별 기출문제를 분석해보면 문제의 유형과 난이도가 거의 유사함을 알 수 있습니다. 따라서 기출문제를 통해 유형과 난이도에 익숙해지는 훈련을 하는 것이 효과적입니다. 또한 목표한 대학의 최근 3~5년간의 기출문제는 필히 풀어보고 철저히 분석해야 합니다.

- 기출문제로 문제의 유형을 충분히 익히고 난 후엔 다양한 실전형 지문으로 훈련을 계속 이어가야 합니다. 독해는 무조건 많은 지문을 학습하는 것이 중요합니다. 또한 다양한 분야의 글을 골고루 학습하면서 배경지식을 함께 늘려가는 것이 필요합니다. 빈출 주제의 경우 배경지식과 핵심 어휘를 함께 익혀두는 것도 고득점을 얻는 데 도움이 될 수 있습니다.

이 책은 이렇게 구성했다!

- 먼저 문제 유형을 익힌 후 분야별로 독해량을 늘려가는 방식이 효과적입니다. 본 교재는 단문과 중문 위주의 기출문제들을 유형별로 분류해 기초체력을 탄탄히 다질 수 있게 했습니다.

- 독해는 가능한 한 최신 지문으로 훈련하는 것이 좋습니다. 고전적인 주제를 다루는 학술적인 지문이라 할지라도 트렌드의 영향을 일정 부분 받기 때문입니다. 이에 본 교재는 최신 기출 지문을 최대한 활용해 문제를 구성했습니다.

예제 EXAMPLE

○ 시험에 자주 출제되는 유형을 10가지로 엄선하고, 그 유형의 예제문제를 도입부에 수록하여 실전 문제풀이에 앞서 각 유형에 대한 이해를 돕고자 했습니다.

○ 예제문제에 대한 단계별 학습방법 및 해설과 어휘를 함께 수록하여 빠르고 정확한 해법을 익힐 수 있습니다.

실전 문제 TEST

○ 출제 빈도에 따라 각 유형별 지문수를 다르게 구성하였으며, 지문의 내용은 다양한 분야에서 골고루 선정되었습니다.

○ 지문은 최근 기출문제들을 최대한 활용하여 편입시험의 출제경향을 충분히 살필 수 있게 했습니다.

정답과 해설 ANSWERS & TRANSLATION

○ 지문 해석은 영문과 우리말 문장을 대조하며 학습할 수 있도록 직역하는 것을 원칙으로 했습니다. 그러면서도 맥락을 이해하는 데 부족함이 없도록 적절히 균형을 잡았습니다.

○ 독해를 통한 어휘력 확장은 효과적인 영어 학습법입니다. 본 해설에서는 각 지문을 통해 익힐 수 있는 편입 기본 수준의 어휘를 꼼꼼히 정리했습니다.

CONTENTS

해설편

일러두기

본 교재에 수록된 문제들은 100% 편입 기출문제입니다.
문제의 출처(출제연도, 대학)는 각 문제의 해설 부분에 모
두 정확히 표기했습니다.

교재의 내용에 오류가 있나요?

www.**kimyoung**.co.kr ➡ 온라인 서점 ➡ 정오표 게시판
정오표에 반영되지 않은 새로운 오류가 있을 때에는 교재 오류신고
게시판에 글을 남겨주세요. 정성껏 답변해 드리겠습니다.

합격을 완성할 단 하나의 선택

김영편입 영어
독해

기출 **1** 단계

01

제목

✒ EXAMPLE

Unjust laws exist: shall we be content to obey them, or shall we endeavor to amend them, and obey them until we have succeeded, or shall we transgress them at once? Men generally, under such a government as this, think that they ought to wait until they have persuaded the majority to alter them. They think that, if they should resist, the remedy would be worse than the evil. But it is the fault of the government itself that the remedy is worse than the evil. It makes it worse. Why is it not more apt to anticipate and provide for reform? Why does it not cherish its wise minority? Why does it cry and resist before it is hurt? Why does it not encourage its citizens to be on the alert to point out its faults, and do better than it would have them? Why does it always crucify Christ, and excommunicate Copernicus and Luther, and pronounce Washington and Franklin rebels?

Which of the following is the best title of the passage?

① Reform of Unjust Laws
② Civil Obedience to the Government
③ Injustices of the Government
④ The Government's Struggle to Remove Social Evils

제목은 글의 핵심 내용을 함축한다

STEP 1 도입부에서 글의 주제 방향을 파악한다.

첫 문장에서 불의한 법이 존재하고 있다고 언급하며 그것을 지켜야 하는지, 수정해야 하는지, 어겨도 괜찮은지에 대해 정부와 관련하여 이야기하고 있다.

STEP 2 주제와 관련하여 예시를 나타내는 글의 흐름을 파악한다.

사람들의 생각과는 달리 불의한 법을 고치는 것을 정부 자체의 잘못이라고 언급하며, 뿔을 고치려다 소를 죽인다는 예를 빗대어 설명하고 있다.

STEP 3 글의 내용을 전체적으로 종합하여 글에 적합한 제목을 선택한다.

이 글은 전체적으로 불의한 법들에 대해 저항하고 개혁을 준비해나가는 것이 마땅한데 그렇게 하지 않는 것은 정부가 잘못되었기 때문이라고 지적한 글이므로 ③의 '정부의 불의'가 적절한 제목이다.

정답 ③

불의한 법들이 존재한다. 그것들을 지키는 것으로 만족해야 하는가? 아니면 그것들을 수정하려고 노력하면서 성공적으로 수정할 때까지는 그것들을 지켜야 하는가? 또 아니면 당장 그것들을 어겨야 하는가? 일반적으로 사람들은 이런 정부 아래에서는 다수를 설득하여 그것들을 바꿀 때까지 기다려야 한다고 생각한다. 사람들은 만일 (악법에) 저항하면(당장 어기면) 뿔 고치려다 소 죽이는 꼴이 될 것이라고 생각한다. 그러나 뿔을 고치려다 소를 죽인다는 것은 정부 자체의 잘못이다. 정부가 소를 죽이는(더 나쁜 결과를 초래하는) 것이다. 왜 정부는 개혁을 예상하고 대비를 해나가는 성향을 좀 더 보이지 않는가? 왜 정부는 자기의 현명한 소수를 소중히 여기지 않는가? 왜 정부는 (개혁에) 아우성치고 저항하다가 혼이 나는가? 왜 정부는 시민들로 하여금 각성하여 정부의 잘못을 지적하도록 격려하지 않으며 제대로 해서 잘못이 없도록 하지 않는가? 왜 정부는 항상 그리스도를 십자가에 못 박으며 코페르니쿠스(Copernicus)와 루터(Luther)를 제명하며 워싱턴(Washington)과 프랭클린(Franklin)을 반역자들로 선언하는가?

amend v. 수정하다, 개정하다 transgress v. 위반하다; 벗어나다 The remedy is worse than the evil 뿔 고치려다 소 죽이다(교각살우: 선한 의도가 치명적인 결과를 낳다) on the alert 빈틈없이 경계하고, 대기하여 crucify v. 십자가에 못 박다 excommunicate v. 제명하다; 추방하다 pronounce v. 발음하다; 선언하다

▶▶▶ ANSWERS P.196

01

A cork pops. The sudden change in pressure in the champagne bottle releases carbon dioxide. Bubbles form. Once in a glass, a million of them cling to its edges before rising to the top and bursting. The explosions release tiny droplets that dart across your tongue. Researchers follow carbon dioxide from where it first forms in harvested grapes until it bursts in your glass. Each bubble's spray has droplets full of intense aromas and flavors.

윗글의 제목으로 가장 적절한 것은?

① The Way to Open a Champagne Bottle
② Preservation of Bubbles in Champagne
③ Process of Carbon Dioxide to Make Bubbles
④ Dynamic Nature of Bubbles in Champagne
⑤ Maximizing Aromas and Flavors of Bubbles

02

Protesters outside the University of Pittsburgh Medical Center carried signs reading ANIMALS ARE NOT EXPENDABLE. But for the 35-year old man recovering inside, the choice had been between life and death. In an 11-hour operation, the unidentified patient received a new liver to replace his own, ravaged by hepatitis B. Since the virus would also have destroyed a replacement human liver, doctors transplanted the new organ from a baboon. It was hardly the first time a human had received an animal transplant; kidneys and hearts have been shifted from chimpanzees, baboons and monkeys into people for decades.

What is the most suitable title for the passage?

① Animal Disease Crisis
② A Life For a Life
③ Stem-Cell Revolution
④ Death Penalty
⑤ The Survival of the Fittest

03

A major problem for artificial intelligence (AI) researchers is that there is no complete theory they can all agree on. Scientists are looking into what intelligence is and how people learn. They believe that AI can only be fully achieved once they understand how thinking works. To do this, they must study how humans see the world as well as natural ways of talking. So psychology and linguistics are more important to AI studies than early researchers thought. The inclusion of more experts in the process means there are more people who might disagree on how best to move forward with AI.

Which is the best title of the passage?

① The interactions of AI with humans
② The importance of psychology and linguistics
③ The prospects of AI research in the future
④ Making life easier for humans through AI

04

Consider what you would do if you had $10,000 to give to charity and were presented with two options: Charity A provides a low-cost yet remarkably effective job training program to people who are extremely poor. With $10,000 they could train 100 adults for jobs that will immediately lift them out of extreme poverty. Charity B pays for sophisticated, life-saving medical procedures for sick kids from extremely poor families. With $10,000 they can save the life of one child. So what will it be: Do you lift 100 people out of excruciating poverty or do you save one sick kid?

다음 글의 제목으로 가장 적절한 것은?

① Incomparable pleasure of donation
② An economic job-training program
③ Saving sick kids from poor families
④ Lifting the poor out of extreme poverty
⑤ An uncomfortable moral dilemma of giving

05

If interstellar travelers have not left artifacts for us to find, we might still be able to detect their powerful, interstellar spacecraft. Spacecraft capable of traveling at speeds close to the speed of light would likely have enormous engines powered by energy sources such as nuclear fission, nuclear fusion, or matter-antimatter drives. These engines would leave telltale signs of their operation — signs that might be detectable at distances of hundreds or even thousands of light-years away. Although only a limited search for distant rockets has been made, this type of phenomenon might be inadvertently discovered in the course of more conventional astronomical research.

다음 글의 제목으로 가장 적절한 것을 고르시오.

① Energy Sources for Spacecraft Engines
② Advantages of Conventional Astronomical Research
③ Interstellar Travelers: Their Artifacts and Spacecraft
④ Footprints Left in Space: Searching Interstellar Spacecraft

06

The fact that our communication abilities and behaviors are based partially on biology is obvious. Less obvious may be the fact that communication is behavior — precisely because it is biologically based. One of our daughters was asked in grade school what her father did at work. She responded that "... her father doesn't do anything. He just sits around and talks." Indeed, some people fail to recognize that talking is behaving, or performing some form of action. Communication is one of the most basic actions of all human behaviors. When people talk, they are doing something that is essential to their mental and physical well-being.

Choose the best title of the passage.

① Communication as Action
② Talking: Human Trait to Be Ignored
③ Communicative Abilities Learned from Society
④ Communicative Behavior Determined by Environment
⑤ Humans Uniquely Different from Animals in Communication

07

There is a difference between striving for excellence and striving for perfection. The first is attainable, gratifying and healthy. The second is often unattainable, frustrating, and neurotic. It's also a terrible waste of time. The stenographer who retypes a lengthy letter because of a trivial error, or the boss who demands such retyping, might profit from examining the Declaration of Independence. When the inscriber of that document made two errors of omission, he inserted the missing letters between the lines. If this is acceptable in the document that gave birth to American freedom, surely it would be acceptable in a letter that will be briefly glanced at en route to someone's file cabinet or wastebasket!

What is the best title for the passage above?

① Don't Be a Perfectionist
② Accuracy Is the Key to Success
③ The Need to Strive for Excellence
④ Lessons from the Declaration of Independence

08

The uncertain economic conditions of recent years have caused union and management representatives to explore many ways of handling labor problems. Workers have always wanted to share in the profits when the company has good times. Now management representatives are saying, "Fine. We'll share the profits with you — if you'll share the losses with us." Workers are having to decide whether they are willing to take the chance of salary and benefit cuts in bad times. They are having to decide whether job security is more important than other benefits. In effect, they are having to decide whether they are willing and able to pay the cost of sharing.

What is the most suitable title for the passage?

① Labor Movement
② Economic Recession
③ The Price of Sharing
④ Management Strategy
⑤ The Maximization of Profit

09

Primitive man found protection from the elements in natural caves. It would not be right, however, to consider those caves as the first examples of architecture for the reason that they provided their inhabitants with shelter, for they did not owe their form to any human creative instinct. The first known examples of building in the Occident are the dolmens which appear in many parts of Europe, particularly in Brittany. A dolmen consists of two large vertical slabs of stone supporting a third horizontal one. It thus represents an application of post and lintel in the simplest form. Just what the purpose of the dolmen was cannot be determined, but it is believed that they served as sepulchral monuments for their Stone Age builders.

Choose the best title of the following passage.

① Caves as an Early Form of Architecture
② Dolmens as a Shelter for Primitive Men
③ Britain as the Birthplace of Dolmens
④ Dolmens as the Earliest Form of Architecture

10

Sometimes you wonder how it's possible. One minute your child acts like a perfect little angel. The next she's bossing her best friend around mercilessly on a play date, ignoring your instructions to give another child a turn on the swings, or looking you squarely in the eye with frosting all over her face and swearing that she didn't sink her finger into her brother's birthday cupcake. But look on the bright side: In many cases the same conduct that drives you crazy can signal exciting developmental leaps and might even hint at enviable traits in the works. "As a child's personality and temperament start to flower, so do some challenging behavioral quirks," says Heather Wittenberg, a child psychologist. The key is being able to embrace and promote these positive qualities, even as you work to correct your kid's inappropriate actions.

Choose the best title of the passage.

① The Good News about Bad Kids
② What Makes Your Child Smart?
③ How to Lead Children to Develop Social Skills
④ Ways of Preventing Kids' Improper Behaviors
⑤ Parents Helping Kids Become Academically Good Learners

11

When I was 25, I attended a youth conference in the summer of 2008. I thought it would just be a refreshing weekend in the city. On the first day, I was a little nervous when the youth group went swimming. A burst appendix four years earlier had left me with a 12cm scar on my abdomen and I couldn't stand people staring at me and wondering what had happened. This was made worse knowing that a guy I'd met might see it.

Little did I know that he was nervous about swimming too. When he was 17 he had a serious car accident and was left with a 15cm scar on his abdomen. Talk about an icebreaker. Almost identical scars and so much in common, it was meant to be. We have just celebrated our sixth wedding anniversary.

Which is the best title of the passage?

① Stars Crossed
② Wonderful Coincidence
③ Our Wedding Anniversary
④ A Swimming Conference I Attended

12

European countries began introducing laws against migrating people including nomads and travelers in the mid-fifteenth century. Migrants were perceived as an unsettling factor, even as a threatening and invading group, one that jeopardized the safety of the majority population. Without a registered identity, many gypsies remain completely isolated as citizens in the societies on whose territories they live. Being constantly relocated and repopulated, many have been migrants over the centuries; even within the boundaries of the countries whose citizenship they hold. Apart from accusations, disappointments and misunderstanding in their relations with the majority population, we are still facing deep discrimination against them.

What would be the best title for the given passage?

① Migration laws in Europe
② Gypsy registration in Europe
③ Understanding migrants
④ Repressing gypsies
⑤ Dangerous gypsies

13

In most paper and pencil tests, the test-taker is presented with all the items, usually in ascending order of difficulty, and is required to respond to as many of them as possible. This is not the most economical way of collecting information on someone's ability. There is no real need for strong candidates to attempt easy items, and no need for weak candidates to attempt difficult items. Computer adaptive testing offers a potentially more efficient way of collecting information on people's ability. All test-takers are presented initially with an item of average difficulty. The computer goes on to present individual candidates with items that are appropriate for their apparent level of ability as estimated by their performance on previous items, raising or lowering the level of difficulty until a dependable estimate at their ability is achieved.

Choose the best title of the following passage.
① Rationale behind Test-takers' Preference for Computer Adaptive Testing
② How to Encourage Weak Candidates to Attempt Difficult Questions
③ The History of Sequencing Test Items Based on Item Difficulty
④ The Efficacy of Computer Adaptive Testing in Estimating Ability

14

The accuracy and speed of real-time automatic translation is undoubtedly going to improve dramatically in the near future, but it is going to take much longer before this medium becomes globally widespread and economically accessible to all. This poses a threat to the current availability and appeal of a global language. All the evidence suggests that the position of English as a global language is going to become stronger. By the time automatic translation matures as a popular communicative medium, that position will very likely have become impregnable. It will be very interesting to see what happens then — whether the presence of a global language will eliminate the demand for world translation services, or whether the economics of automatic translation will so undercut the cost of global language learning that the latter will become obsolete.

What is the best title for the passage?
① What Are the Dangers of a Global Language?
② Why Computers Will Never Be a Smart Translator
③ The Battle Between Technology and Global Language
④ Automatic Translation and the End of Language Learning

15

Kahneman and Tversky conducted a survey in the 1980s in which they put forward two options for an epidemic-control strategy. The lives of six hundred people were at stake, they told participants. "Option A saves two hundred lives. Option B offers a 33 percent chance that all six hundred people will survive, and a 66 percent chance that no one will survive." Although options A and B were comparable (with two hundred survivors expected), the majority of respondents chose A — remembering the adage: A bird in the hand is worth two in the bush. It became really interesting when the same options were reframed. "Option A kills four hundred people. Option B offers a 33 percent chance that no one will die, and with a 66 percent chance that all six hundred will die." This time, only a fraction of respondents chose A and the majority picked B. The researchers observed a complete U-turn from almost all involved.

다음 글의 제목으로 가장 적절한 것을 고르시오.

① The Wisdom of Persuading Others
② It's Not Easy to Catch Two Birds with One Stone
③ It's Not What You Say, but How You Say It
④ How to Rationally Avoid an Epidemic
⑤ Consider All Possible Outcomes from a Given Situation

16

When a young police officer puts on a uniform for the first time, it almost certainly feels strange and foreign. Yet other people react to that uniform in a range of more or less predictable ways — just as they do to a priest or to a white-coated doctor. These reactions help to make the police officer feel a part of the uniform and more comfortable with the role that goes with it. This is the point of uniforms: they help people think themselves into a particular way of behaving, and communicate clearly to other people what function that person is expected to perform. Our dress and appearance are a sort of uniform as well, whether we like it or not. They are very powerful statements to other people about what to expect from us. Equally, they are powerful statements to ourselves about what to expect of ourselves. This, together with the way other people react to our appearance, powerfully shapes how we feel, think and behave.

What would be the best title of the passage above?

① The Function of Uniforms
② The Unreliable Range of Predictability
③ Particular Ways of Behaviour of Police Officers or Doctors
④ Reaction to the Awkward Shapes

17

Ice and snow can certainly make travel in the wintertime a treacherous experience. Reading the terrain correctly is key to avoiding a skid or an accident. Experts agree it's crucial to study the road surface and choose a path that avoids potentially hazardous spots. If you drive into the shadow of a mountain, or even a stand of tall trees, there could be some ice or slippery condition hiding in the shade. So it's important to slow down when you see these clues, even if the rest of the road is dry. Sometimes the smartest route isn't the one the rest of the motorists are taking. The most dangerous conditions can be right around freezing. When the sun comes out and makes the ice wet, you're in trouble unless you have very good tires. The long list of helpful products and supplies you could bring along with you when travelling in remote, snowy areas would include items like an emergency kit, tow strap, and even an air compressor.

Choose the best title of the passage.

① Speeding Causes Accidents
② How to Drive in a Cold Winter
③ Importance of Weather Forecast
④ Checklist on Your First Camping
⑤ Survival Strategies in Winter Climbing

18

In theory, if people lived completely isolated from one another, they would be entirely free to do as they liked. But humans are social, and the groups that humans form, as Plato noted, are essentially agreements, or contracts, among the members. In forming groups, individuals give up to the group some of their free will. The group then has some control over the actions of its members and is intended to exercise that control for the benefit of the membership. Rules against theft, murder, and a variety of other actions are agreed on within the group, and all members are made subject to them. According to this contract view, social order results from removing a portion of the power that individuals have to do as they like and giving that portion to the group. To be expressed, the collective will of the group must be invested in individuals. When people agree that the exercise of power by an individual in a given situation is appropriate, that power is considered to have legitimacy. Legitimated power is called authority.

위 글의 제목으로 가장 적합한 것을 고르시오.

① Collectivism in Individualistic Society
② Social Order and Legitimate Power
③ Types of Powers in Society
④ Proper Ways to Prevent Illegality

19

A few years ago, a university professor tried a little experiment. He sent Christmas cards to a sample of perfect strangers. Although he expected some reaction, the response he received was amazing — holiday cards addressed to him came pouring back from the people who had never met nor heard of him. The great majority of those who returned a card never inquired into the identity of the unknown professor. They received his holiday greeting card and they automatically sent one in return. While small in scope, this study nicely shows the action of one of the most potent of the weapons of influence around us, which suggests that we should try to repay, in kind, what another person has provided us. If a woman does us a favor, we should do her one in return; if a man sends us a birthday present, we should remember his birthday with a gift of our own; and if a couple invites us to a party, we should be sure to invite them to one of ours.

위 글의 제목으로 가장 적절한 것은?

① A Rule for Reciprocation
② The Knots Kindness Can Tie
③ Interactions That Require Ingenuity
④ Folding Big Ideas Down into small Gifts

20

Plants protect themselves from the ravages of herbivores by producing poisons. In the forests of Madagascar, for example, there is a type of bamboo that is highly toxic. The tips of its shoots contain cyanide in quantities that should deter even the most tolerant of vegetarians — about 1/500 oz for every pound of bamboo. Yet there is one animal that eats it — the golden bamboo lemur, one of three lemurs known to eat bamboo. The other two species, the grey gentle lemur and the greater bamboo lemur, feast on bamboo leaves and the thick bamboo trunks, leaving the poisonous shoots to the golden bamboo lemur. It eats and digests 17.5 lb of poisonous shoots per day — which is equivalent of 12 times the lethal dose for humans. How it manages to do this is something of a mystery, although there are some possible explanations. One is that the lemur has learned, probably by some process of trial and error, that by eating the iron-rich soil in its home range it can neutralize the poison. Irons in the soil combine with the cyanide to prevent the formation of the poison. Clay in the soil also acts much like kaolin in human medicine. It binds with substances in the gut to lessen their detrimental effects.

윗글의 제목으로 가장 적합한 것을 고르시오.

① Potential Accounts of How Lemurs of Madagascar Take Cyanide and Survive
② Protective Roles of Bamboo Poisons in Madagascar Forests
③ Discovery of Bamboo Shoots as Novel Natural Medicine for Humans
④ Mysterious Learning Patterns of Golden Bamboo Lemurs

합격을 완성할 단 하나의 선택

김영편입 영어
독해

기출 **1**단계

02

주제·요지

📌 EXAMPLE

It's easy to feel excluded from housing-bubble talk — it isn't a major concern for most of us if the demand for $10 million penthouses outruns supply. But it seems we're all in this together. According to the new U.N. Global Report on Human Settlements, housing is too expensive everywhere. In developed countries, the cost of a home is usually up to six times the average annual income. In a developing nation like Ghana, it's even worse: the average cost of low-income-family house is more than ten times the average annual salary of most workers. Because of physical, geographical and financial constraints, housing supply most often responds slowly to increases in demand, which is expressed through rising prices. Nearly one billion people already live in slums, and the only solution would be simple: to build more and more houses in the near future.

What is the main topic of the passage?

① Worldwide shortage or proper housing supplies

② A sudden rise of demand on housing in Africa

③ The unhealthy settlement of U.N. refugees

④ The gap between income and housing price

자주 언급되는 소재, 이슈, 견해에 주목하라

STEP 1 자주 언급되는 어휘나 핵심 어구를 파악한다.

집값 거품 이야기에 대해 언급한 후, 전 세계적으로 수입을 훨씬 넘어서는 집값 상승 문제에 대해 말하고 있다. 따라서 핵심 어구는 housing-bubble이다.

STEP 2 글의 주제를 담고 있는 문장을 찾는다.

But it seems we're all in this together.
접속사 but이 있으므로 첫 번째 문장(It's easy to feel excluded from housing-bubble talk)과 반대되는 것이 이 글의 주제다. 그리고 이러한 주제를 뒷받침하는 구체적 사례를 뒤에 열거하고 있다.

STEP 3 구체적인 사례의 공통점을 통해서 주제를 추론한다.

선진국과 개도국 가나에서의 수입을 훨씬 넘어서는 집값 상승의 사례를 들고 있으므로 "사람들의 수입을 훨씬 넘어서는 집값 상승의 문제가 전 세계적으로 만연해 있다."가 이 글의 주제임을 추론할 수 있다.

정답 ④

집값 거품 이야기에서 자신은 제외된 느낌을 받기 쉽다. 만일 천만 불짜리 펜트하우스에 대한 수요가 공급을 앞서간다면 그것은 우리 대부분에게 주된 관심사가 아니다. 하지만 우리 모두는 이런 상황에 처해 있는 것처럼 보인다. 인간 거주에 대한 새로운 유엔 세계 보고서에 따르면 주택이 모든 지역에서 너무 비싸다고 한다. 선진국에서 집값은 대개 연평균 수입의 6배에 달한다. 가나와 같은 개도국에서는 더 심각하다. 저소득층 집의 평균 가격이 대부분 근로자들의 연간 평균 수입의 10배가 넘는다. 물리적인, 지리적인, 그리고 재정적인 제한 때문에 주택 공급은 대개 수요 증가에 느리게 반응하고 그것이 가격 상승을 통해 나타나게 된다. 거의 10억에 가까운 사람들이 이미 빈민가에 살고 있다. 유일한 해결책은 간단하다. 가까운 미래에 더 많은 집을 지어야 한다.

housing-bubble 집값 거품 concern n. 관심, 걱정 outrun v. ~보다 빨리 달리다, 앞서가다 developed country 선진국 up to ~까지 annual a. 1년의 developing country 개도국 low-income-family 저소득층 salary n. 봉급 geographical a. 지리적인 financial a. 재정적인 constraint n. 제한, 강제, 억제 respond to ~에 반응하다 slum n. 빈민가 proper a. 적절한 unhealthy a. 비위생적인, 건강하지 못한 refugee n. 망명자

02 주제·요지

01

The desire to explore Greenland, a Danish protectorate since 1721, came to Jesper Olsen when he was a sergeant in the Danish Royal Life Guards, working at the Queen of Denmark's palaces. Twenty-three year old Jesper yearned for something different, something more adventurous. "I like to push myself," he says. In 2008, he applied for a job with an elite special forces unit, famous for driving soldiers to the limits of human capabilities: The Sirius Patrol.

본문의 주제문으로 가장 적합한 문장을 고르시오.

① Jesper was a guard at a palace in Denmark.
② Jesper likes to try new things and have adventures.
③ Jesper was 23 years old.
④ Jesper's interests led him to apply to be on the Sirius Patrol.
⑤ Jesper wanted to take an elite course for his future career as a soldier.

02

The statement, "Everyone ought to have the same chance for a college education," is often misunderstood. Like parrots, some people repeat this without considering its implications. Certainly, everyone capable of benefiting from a college education ought to have the chance, and that ideal state has not yet been reached. But such an ideal is not the same thing as the notion that college education should be degraded until it is within the capabilities of everyone. In the last analysis, higher education is an intellectual discipline for people who want to exercise their minds.

Which is the main idea of the passage?

① Everyone should have an equal chance for a college education.

② The college education should not be downgraded for an equal opportunity.

③ We should allow all high school students in college.

④ Everyone can have the same advantage in a college education.

03

Plant breeders who choose genetic engineering over traditional cross-breeding are able to get desired traits faster and with more consistency. The safety of genetically engineered foods, however, has been a critical issue in bringing these products to markets. Consumers who have food allergies are concerned that genetically altered foods will cause allergic reactions. For example, if a gene from a wheat plant is used to provide resistance to disease in corn plants, will a person who is allergic to wheat products have an allergic reaction after eating the genetically altered corn?

위 글의 주제로 가장 적절한 것은?

① Recent development of genetic engineering

② Advantages of genetic engineering technology

③ Potential danger of genetically altered foods

④ Conflicts between consumers and food market

⑤ Genetic similarities between wheat and corn

04

Speak. Do not simply record your thoughts on paper. But use your words as a conduit for expressing yourself. While the resume and questionnaire may be unique in the sense that no one has the exact skillsets or range of experiences that you have, the language is dry and static. The essay, on the other hand, is a dynamic narrative that has the potential to explicate a personality. Your essay should capture some facet of your character, perhaps through an experience or a philosophy on some issue or event.

What is the main idea of the passage?

① Do not get carried away with the topic.

② Suggest your perspective on the issue clearly.

③ Express your ideas with objective language.

④ Write about the range of experiences you have.

⑤ Communicate your personal voice.

05

Your doctor usually checks to see if you have healthy blood pressure in one arm, but a recent study from our research team suggests that taking readings in both arms may help better identify patients at higher risk of heart disease. When researchers analyzed data on nearly 3,400 patients over 13 years, they found that about 10 percent of participants showed higher systolic readings (the upper number) in one arm. Those with arm-to-arm discrepancies of ten points or more were 38 percent more likely to have a heart attack, stroke, or other coronary event. Such imbalances may indicate plaque in major arteries.

What is the main idea of the passage?

① Patients with high risk of heart disease seldom show uneven systolic readings for both arms.

② To find potential heart disease patients, we had better take readings in both arms.

③ Heart attacks or other coronary events may result from measuring blood pressure too often.

④ Arm-to-arm discrepancies of blood pressure could be signs of inefficient metabolism.

06

Starting your day with a carb-packed breakfast — bagel, muffin, donut — can leave you worn out. "When your meal is high in sugar, your body responds by pumping out insulin," explains Dr. Cwynar. "The insulin overcompensates, lowering your blood sugar, and then you crash." This triggers your body to crave even more sugar to keep you going. Stop the vicious cycle by choosing protein from foods like eggs, lean meats, dairy and beans, which takes longer to digest than carbohydrates and helps maintain stable blood sugar levels. "We've become a carb society because it's so convenient and cheap, but I preach protein for breakfast," says Dr. Cwynar.

Choose the topic of the passage.

① roles of insulin in healthy digestion
② popularity of carbohydrates at mealtimes
③ relationship between protein-high foods and insulin
④ importance of keeping your blood sugar level stable
⑤ effects of carbohydrate-packed foods on health

07

Old age is characteristically a time when the work role becomes less constricting. Leisure may take its place as a way of finding meaning in life. We might think of leisure simply as "discretionary time" which becomes more available during the retirement years. But more deeply leisure can be defined as activity engaged in for its own sake, as an end in itself. Leisure is not simply what we do with "leftover time," but a multidimensional quality of life different from paid employment, household maintenance, or other instrumental activities. Aristotle described the leisure as a realm in which human beings gain freedom for self-development when the necessities of life have been taken care of.

What is the main point of the passage?

① Types of leisure activities are likely to change over the life course.
② Late-life leisure may be a powerful source of meaning in its own right.
③ Leisure has important implications for the economy in an aging society.
④ Keeping a balance between work and leisure determines late-life happiness.

08

Mosquitoes are without a doubt one of the biggest nuisances to endure during summer. It seems like they do us no good and only harm. Though extremely annoying, mosquitoes are actually very crucial and important to the food chain. Not all mosquitoes attack humans. It's actually only the female mosquitoes that suck blood from people in order to reproduce. The male mosquitoes, however, live on nectar from flowers. They, in fact, play a substantial role in producing flowers as the second most active pollen deliverer after the bee! If they stop spreading pollen around as much as they do, flowers will start disappearing. But it doesn't stop there; the animals that eat plants will also be affected and so on.

다음 글의 주제로 가장 적절한 것은?

① 인간에게 미치는 모기의 해악
② 모기의 성별에 따른 생태학적 차이
③ 먹이 사슬에서 모기의 역할
④ 모기가 전염시키는 질병의 위험성
⑤ 효율적인 모기 퇴치 방안

09

Although many people believe that we are making continual progress toward a better world, this may be an illusion. We produce a lot more goods now than we did in 1950. But let's look at some of the things we have produced. We have a lot of nuclear bombs. We have even developed small computer-driven bombs. I question whether these types of goods make the world a better place. Part of our consumer mentality is that we always want to buy more of the latest products. So we feel that we need a lot of money to purchase them. But do we really need to buy a new car every two or three years? Perhaps if we thought less about having money and more about developing good relations with the people around us, we would improve our quality of life.

Which TOPIC best describes the following passage?

① The threat of nuclear bombs
② The illusion of progress
③ Our consumer mentality
④ Developing good relations with others

10

Newton's Laws, and dynamics as a whole, provide us with fundamental axioms for the study of classical mechanics. Perhaps the most significant concept derived in dynamics is that of work. The understanding of work greatly simplifies many physical situations. It allows us to evaluate forces over distance and time, to give us a broader understanding not just of the forces acting on a given object, but about what happens to that object over the course of a given journey. In addition, the concept of work makes calculations easier, and allows us to extend our study to other realms. Once we have an understanding of work both mathematically and conceptually, we can apply it to a new concept, energy, and establish the Work-Energy Theorem. Work is not only a gateway to more advanced mechanics concepts. It is a concept used in all areas of physics.

Which of the following is the main idea of the passage?

① The most significant concept in physics is energy.
② Work is applied to mathematics as well as physics.
③ Newton's Laws lay foundations of modern mechanics.
④ Work simplifies the calculation of complex physical situations.
⑤ A good understanding of work is essential for studies of physics.

11

There are many English surnames from place names, and a curious fact about them is that the places are often so obscure — mostly from places that few people have heard of. Why should there be so many more Middletons than Londons, so many more Worthingtons than Bristols? The main cities of medieval Britain — London, York, Norwich, Glasgow — are relatively uncommon as surnames even though many thousands of people lived there. To understand this seeming paradox you must remember that the purpose of surnames is to distinguish one person or family from the great mass of people. If a person called himself Peter of London, he would be just one of hundreds of such Peters and anyone searching for him would be at a loss. So as a rule, a person would become known as Peter of London only if he moved to a rural location, where London would be a clear identifying feature, but that did not happen often.

What is the following passage mainly about?

① the popular English surnames from place names

② the scarcity of big place names in English surnames

③ the untold myths about English surnames from place names

④ the source of confusion in English surnames from place names

12

Art is much more than decoration, for it is laden with meaning, even if that content is sometimes shallow or obscure. Art enables us to communicate our understanding in ways that cannot be expressed otherwise. Truly a picture is worth a thousand words, not only in its descriptive value but also in its symbolic significance. In art, as in language, human being is above all an inventor of symbols to convey complex thoughts in new ways. We must think of art not in terms of everyday prose but as poetry, which is free to rearrange conventional vocabulary and syntax in order to convey new, often multiple meanings and moods. A painting likewise suggests much more than it states. Like a poem, the value of art lies equally in what it says and how it says it. It does so partly by implying meanings through allegory, pose, facial expression, and the like or by evoking them through the visual elements: line, form, color, and composition.

What is the main point of the passage?

① The ultimate value of art is the beauty of description.

② Semantics takes a priority over syntax in art appreciation.

③ Artwork resembles a personal essay rather than a complex poem.

④ As in poetry, representation is as important as meaning in art.

13

In 1979, when the party introduced the one-child policy, it believed that coercion was the only way to ensure that population growth did not become unsustainable. The party has since claimed that the policy has helped prevent 400 million births. In fact, there is little evidence to back this claim. China's birth rate had been falling rapidly since the early 1970s with the help of little more than education campaigns. The birth rate continued to fall under the new policy, but other countries have seen similar declines without resorting to cruelty and oppression. Their experience suggests that the more important factors behind China's lower birth rate were rising female participation in the workforce, improvements in education, later marriages and the rapidly increasing cost of education and housing. The main effect of the one-child policy was to foster egregious human-rights abuses against the minority who ignored it.

The theme of the above passage is _____.

① female's role in China

② China's gender equality

③ censorship in China

④ China's lower death rate

⑤ family planning in China

14

Natural selection is usually assumed to favor behaviors that promise survival, but almost no art theorist has ever proposed that art directly promotes survival. It costs too much time and energy and does too little. This problem was recognized very early in evolutionary theorizing about art. In his 1897 book *The Beginning of Art*, Ernst Grosse commented on art's wastefulness, claiming that natural selection would long ago have rejected those who wasted their efforts in so purposeless a way, in favor of others with practical talents; and art would not possibly have been developed so highly and richly as it has been. To Darwin, high cost, apparent uselessness and manifest beauty usually indicated that a behavior had a hidden courtship function. But to most art theorists, art's high cost and apparent uselessness has usually implied that a Darwinian approach is inappropriate — that art is uniquely exempt from natural selection's cost-cutting frugality.

What is the main idea of the passage?

① Art has no survival value, but displays a courtship function.
② Natural selection does not explain art in a plausible way.
③ Many art theorists appreciate art's evolutionary functions.
④ Biologists have found a way to explain art in Darwinian terms.

15

In 1328, the Black Death took hold of Europe and did not let go for the next twenty years. As hundreds of millions succumbed to it and the medical community had no effective treatment, people began experimenting with odd techniques in a desperate attempt to stave off the pandemic. Some believed that pleasant odors could block the sickness, so they carried around sweet-smelling flowers or herbs.

But the only effect this had was to make a person smell nice for a time. A less enjoyable practice that a few opted for was to live in a sewer because it was thought that the air underground had not been contaminated by the disease. Naturally, it did nothing for the poor people who decided to go under; in fact, it only caused them to come down with more diseases due to the unsanitary conditions.

윗글의 주제로 가장 적절한 것을 고르시오.

① The history and development of European medicine practices
② Why medical treatment for the Black Death did not work
③ Health-related myths believed by people in the 1300s
④ The unbelievable miracle of the Black Death
⑤ Unusual remedies used in attempting to cure the Black Death

16

Nuclear energy represents the ultimate in density, because, in a nuclear reaction, $E = mc2$: you get an immense amount of energy from a small bit of mass. Mining the uranium for nuclear energy leaves a far smaller environmental scar than mining coal, oil, or gas, and the power plants themselves take up about one five-hundredth of the land needed by wind or solar. Nuclear energy is available around the clock, and it can be plugged into power grids that provide concentrated energy where it is needed. It has a lower carbon footprint than solar, hydro, and biomass, and it's safer than them, too. The sixty years with nuclear power have seen thirty-one deaths in the 1986 Chernobyl disaster. The other two famous accidents, at Three Mile Island in 1979 and Fukushima in 2011, killed no one. Yet vast numbers of people are killed day in, day out by the pollution from burning combustibles and by accidents in mining. Compared with nuclear power, natural gas kills 38 times as many people per kilowatt-hour of electricity generated, biomass 63 times as many, petroleum 243 times as many, and coal 387 times as many.

Which of the following is the passage mainly about?

① advantages of nuclear energy over other forms of energy

② misunderstandings about nuclear energy

③ in what sense nuclear energy is safer than other forms of energy

④ why the use of nuclear energy should be expanded

17

Laboratories and discoveries are correlative terms; if you suppress laboratories, physical science will become stricken with barrenness and death; it will become mere powerless information instead of a science of progress and futurity; give it back its laboratories, and life, fecundity and power will reappear. Away from their laboratories, physicists and chemists are but disarmed soldiers on a battlefield. The deduction from these principles is evident: if the conquests useful to humanity touch your heart — if you remain confounded before the marvels of electric telegraphy, of anaesthesia, of the daguerreotype and many other admirable discoveries — if you are jealous of the share your country may boast in these wonders — then, I implore you, take some interest in those sacred dwellings meaningly described as laboratories. Ask that they may be multiplied and completed. They are the temples of the future, of riches and of comfort. There humanity grows greater, better, stronger.

위 글의 요지로 가장 적합한 것을 고르시오.

① Life, fecundity and power would be impossible without laboratories.
② Laboratories are sacred dwellings.
③ The future of science depends on laboratories.
④ Physicists and chemists are almost like soldiers on a battlefield.

18

The idea set forth by French philosopher René Descartes in 1637, that only people think (and therefore, only people exist in the moral universe) is still so pervasive in modern science that even Jane Goodall, one of the most widely recognized scientists in the world, was too intimidated to publish some of her most intriguing observations of wild chimpanzees for twenty years. From her extensive studies at Gombe Stream Reserve in Tanzania, she had many times observed wild chimpanzees purposely deceiving one another, for example stifling a food cry to keep others from discovering some fruit. Her long delay in writing it stemmed from a fear that other scientists would accuse her of anthropomorphizing — projecting "human" feelings onto — her study subjects, a cardinal sin in animal science. I have spoken with other researchers at Gombe who still haven't published some of their findings from the 1970s, fearing their scientific colleagues would never believe them.

다음 글의 요지로 가장 적절한 것은?

① René Descartes could not account for the moral dignity of animals.
② Chimpanzees can be called intellectual beings for their ability to purposely deceive one another.
③ The idea of animals with thoughts, feelings, and personalities still upsets some scientists.
④ Scientists must accurately describe a large class of observations to make a good theory about animals.
⑤ Jane Goodall has published the most intriguing observations of wild chimpanzees for twenty years.

19

In ancient Egypt a woman enjoyed the same rights as a man. What her rightful entitlement rights depended upon was her social class, not her sex. All property descended in the female line, on the assumption that maternity is a matter of fact; paternity a matter of opinion. When a man married an heiress, he enjoyed her property only so long as she lived, but on her death it passed to her daughter and daughter's husband. Marriage in ancient Egypt was a totally private affair in which the state took no interest and of which the state kept no record. A woman was entitled to administer her own property and dispose of it as she wished: she could buy, sell, be an executor of wills and witness to legal documents, bring an action at court, and adopt children. In comparison, an ancient Greek woman was supervised by a male guardian, and many Greek women living in Egypt during the Ptolemaic Period, observing Egyptian women acting without a male guardian, were encouraged to do so themselves.

Which is the main idea of this passage?

① Gender discrimination in ancient Egyptian society
② Aspects of power obtained by women in ancient Egypt
③ Roles of women as a property owner in ancient Greece
④ Beneficial effects of women playing a major role in society

20

The debate regarding Mozart's sense of national identity, and by implication his political outlook, can be traced back to the nineteenth century. On the one side were those who viewed Mozart as the cosmopolitan composer *par excellence*. Friedrich Nietzsche made such claims in his essay *Jenseits von Gut and Böse* (1886), contrasting the narrow nationalist outlook of Robert Schumann ('merely a German event') with the open-minded Mozart ('the last echo of a great European taste which had existed for centuries'). This interpretation of German music history would hardly have been deemed controversial since it was backed up by solid biographical evidence. Fluent in German, French and Italian, and responsive to different musical traditions, Mozart seems to have transcended the limitations of national boundaries. Furthermore, Mozart's music attained a similar degree of popularity in England and France as in Germany and Austria, and his universal appeal can also be demonstrated by the substantial number of biographies of the composer that were published in almost every major European language throughout the nineteenth century and beyond.

Which of the following best describes the main idea of the passage?

① Mozart's political views gave rise to his fame as a musician of dual nature.

② Evidence supports Nietzsche's notion of Mozart as a cosmopolitan composer.

③ Mozart was a staunch German nationalist, in line with claims by Schumann.

④ Many biographies were tailored to highlight Mozart as a universal musician.

내용일치·내용파악

📌 EXAMPLE

Spring, before the buds open, is as a rule the best time for transplanting — although with care it can be done all the year round — and a cloudy day is preferable to a sunny one for that operation. Trees native to the region in which the planting is done usually have more promise of success, and are generally less costly than exotics. Trees from well-managed gardens are preferable to those grown in the forest, because their root-system is better prepared for transplanting. Rapidly growing trees, although giving shade soon, are mostly short-lived, and become soon unsightly. Transplanting is at best a forcible operation, and injury to the roots, although it may be small, is almost unavoidable. Never allow the roots to become dry during the period of transplanting; leave on them as much of the original soil as possible.

According to the passage, which of the following is TRUE?

① Transplanting can be done any time of the year.
② Exotic plants have bigger chance of survival when they are transplanted.
③ Trees from wild forests are more suitable for transplanting because of their strong roots.
④ With extreme care you could completely avoid any damage to the transplanted roots.
⑤ It is better to cover the roots of the transplanted trees with new fresh soil.

글에 제시된 정보만을 가지고 객관적으로 판단하라

STEP 1 글의 소재 또는 주제를 파악한다.
이 글은 '이식(transplanting)을 잘하는 방법'에 대해 소개하고 있다.

STEP 2 선택지를 먼저 읽고 주목해야 할 부분이 무엇인지 확인한다.
이식 시기, 타 지역에서 온 나무의 이식 성공 가능성, 숲에서 자란 나무의 이식, 이식 과정에서 뿌리의 손상 여부와 뿌리를 보호하는 방법에 대해 주목하여 읽는다.

STEP 3 글에 진술된 구체적 사실을 바탕으로 문장의 일치 여부를 파악한다.
① with care it can be done all the year round에서 나무 이식은 연중 어느 때나 행해질 수 있다.
② Trees native to the region in which the planting is done usually have more promise of success에서 지역의 토종 나무가 타 지역에서 온 나무보다 이식 성공 가능성이 더 높다.
③ Trees from well-managed gardens are preferable to those grown in the forest에서 잘 관리된 정원에서 온 나무가 숲에서 자란 나무보다 이식하기에 더 바람직하다.
④ injury to the roots, although it may be small, is almost unavoidable에서 이식 과정 중에 뿌리에 상처가 나는 것은 거의 피할 수 없다.
⑤ leave on them as much of the original soil as possible에서 뿌리를 보호하기 위해서는 새로운 흙이 아니라 원래의 흙이 가능한 많이 붙어 있게 해야 한다.

정답 ①

발아하기 전의 봄철이 대체로 이식하기에 가장 좋은 계절이고 (비록 충분히 주의하면 일 년 내내 할 수도 있지만) 특히 구름 낀 날이 화창한 날보다 그 일에 더욱 적합하다. 식재가 이루어지는 지역의 토종 나무가 보통 성공 가능성이 더 높고 타 지역에서 온 나무보다 대체로 비용도 덜 든다. 잘 관리된 정원에서 온 나무들은 숲에서 자란 나무들보다 바람직한데, 그 나무들의 뿌리구조가 이식에 더 잘 준비되어 있기 때문이다. 빨리 자라는 나무들은 비록 금방 무성한 그늘을 만들어주기는 하지만, 대부분 단명하고 곧 볼품이 없어진다. 이식은 기껏 잘해봐야 강제적인 과정이고, 비록 작을지라도 뿌리에 상처 나는 것은 거의 피할 수가 없다. 이식하는 과정에서 절대 뿌리가 마르지 않도록 하고, 뿌리에 원래의 흙을 가능한 한 많이 붙어 있게 해두어라.

bud n. 싹, 눈, 봉오리 transplant v. 이식하다, 옮겨 심다 all the year round 연중 내내 promise n. 약속, 기대, 희망, 가능성 exotic n. 외래식물 unsightly a. 추한, 모양 없는, 꼴사나운 forcible a. 강제적인

01

In classical and medieval times, the study of music shared many features with the discipline of mathematics, such as an interest in proportions, special ratios, and recurring patterns. In the twentieth century, the introduction of twelve-tone music and the widespread use of computers inspired further study into the relationship between musical and mathematical abilities. Musical performances require sensitivity to ratios that are often complex; and to appreciate the operation of rhythms, a performer must have some basic numerical competence.

글의 내용과 가장 잘 부합하는 것은?

① The philosophy of music and mathematics originated in classical times.
② People have long been aware of links between music and mathematics.
③ Both music and mathematics require an understanding of computers.
④ Musical performances must adopt mathematical ratios to increase sensitivity.
⑤ Professional musicians must study mathematics at the academic level.

02

Dixieland jazz began in the late 1800s in New Orleans. It was characterized by a small ensemble group. This group usually consisted of a frontline and a backline of musicians. As the melody picked up, the players would begin to improvise the melody. By the 1910s, the music began to migrate to other urban areas. In places like St. Louis and Chicago, Dixieland jazz became stronger and more forceful than its southern counterpart. Also, solos became more common. By the 1920s, a new Jazz Age had evolved in the U.S., and distinctive styles were springing up all over the country.

According to the passage, which of the following is true about Dixieland jazz?

① Small groups performed it.
② Musicians hardly invented melodies.
③ Its origins can be traced back to Chicago.
④ It became more powerful in the South.

03

Edmund Malone was once deeply engaged in politics; but he then fell in love, and the affair, for some unknown reason, ending unhappily, his interest ceased in everything, and he was driven as a last resource to books and writings. Thus are commentators made. They learn in suffering what they observe in the margin. Malone may have been driven to his pursuits, but he took to them kindly and became a vigorous and skillful book-buyer, operating in the market both on his own behalf and on that of his friends with great success.

Which of the following is NOT true of Edmund Malone?

① He used to be a politician.
② The unsuccessful love affair had some part in making him work in the literary field.
③ He performed the job of book-buying with great reluctance.
④ He worked for his own pleasure as well as for his friends'.

04

Detroit police officer Robert Feld was fined $300 and agreed to resign from the force. He had been charged for kicking a motorist and beating him with a pair of handcuffs. No contest plea by Feld means that he acknowledged overwhelming evidence even though he didn't admit guilt. Defense attorney Steven Fishman described his client's police career as distinguished but said the plea was in Feld's best interest. Authorities said Feld stopped the motorist for suspicion of drunken driving, then kicked and struck him while making the arrest. The incident was captured by an in-car police video camera.

According to the passage, which of the following is true?

① Feld's lawyer advised him that he should not resign from the force.
② Feld thought the motorist was drunken when stopping and arresting him.
③ Feld claimed that he didn't beat the motorist at all while making the arrest.
④ From the video camera, it became clear that the motorist actually drank and drove.

05

The modern mall is the direct descendant of an earlier retail innovation, the automobile-oriented shopping center, which strove to combine a number of different shops in a single structure, with parking for customers. The first modern shopping center, the Country Club Plaza, opened in Kansas City in 1924. By the mid-1950s, shopping centers — ranging from small "strips" to large integrated complexes — had proliferated throughout the country and were challenging traditional downtown shopping districts, which suffered from lack of parking and from the movement of middle-class residents to the suburbs.

본문 내용과 일치하지 <u>않는</u> 것을 고르시오.

① The middle-class people moved to the suburbs.
② The traditional downtown shopping centers were not convenient for the driving shoppers.
③ The modern malls were competing with the traditional shopping centers.
④ The modern mall had increased slowly throughout the country.
⑤ The traditional shopping centers had not enough parking lots.

06

Experts at the National Institutes of Health estimate that 25.3 million adults in the U.S. are living with chronic pain. Although the Center for Disease Control (CDC) recommends against opioids as a first-line or routine treatment for chronic pain, the rate of opioid prescriptions has increased dramatically in recent years, contributing significantly to the epidemic of opioid addiction, overdose and overdose death. The rise in opioid prescriptions is driven by a number of factors that include patient demand and insurance reimbursements tied to patient satisfaction scores.

Select the statement most consistent with the passage.

① Although opioids prove highly effective in treating chronic pain, addiction to opioids has led to an epidemic.

② Despite warnings, doctors have contributed to a growing public health crisis by prescribing opioids in order to please patients and make money.

③ Although the CDC has highlighted the ineffectiveness of opioids in treating chronic pain, opioid prescriptions and patient addiction have increased dramatically.

④ Because of the widespread opioid epidemic, more than 25 million Americans are living in chronic pain.

07

The 1930s had a devastating impact on American agriculture. The Great Depression coupled with a prolonged drought and dust storms in the nation's heartland spurred an exodus of displaced farmers to nearby cities or to the promised land of California. John Steinbeck's novel *The Grapes of Wrath* (1939) and a popular film based on the book captured their plight, tracing a dispossessed family's trek from Oklahoma to California. Before the book appeared, Steinbeck had written a series of newspaper articles based on interviews with local migrants, later gathered in a book, *The Harvest Gypsies*.

위 글을 읽고 내용과 맞는 것을 고르시오.

① *The Grapes of Wrath* was written prior to the newspaper articles.

② Displaced farmers migrated to urban areas solely because of the Great Depression.

③ The nation's heartland experienced a prolonged drought and dust storms in the 1930s.

④ *The Harvest Gypsies* was based on a dispossessed family's journey from Oklahoma to California.

08

Rudyard Kipling began his professional career as a journalist and newspaper editor before eventually becoming a full-time author in England. Kipling enjoyed a celebrated writing career and, at 41, was the youngest writer ever to win the Nobel Prize in literature. Colonial themes were present throughout his literature, written during Britain's final stages of empire-building. The culture and legends of India, Kipling's childhood home, also formed the basis for many of his most famous works. His poems and stories are notable for their exploration of the relationships between British colonists and native inhabitants.

Which of the following is correct about Kipling according to the passage?

① He turned to newspaper editing after becoming an established author.
② He won the Nobel Prize at the end of his writing career.
③ His works described his personal anecdotes based on friendships with Indian journalists.
④ His literature was often rooted in the traditions of India.

09

Project Gutenberg eBooks may be freely used in the United States because most are not protected by U.S. copyright law. They may not be free of copyright in other countries. Readers outside of the United States must check the copyright terms of their countries before accessing, downloading or redistributing eBooks. We also have a number of copyrighted titles, for which the copyright holder has given permission for unlimited non-commercial worldwide use. The Project Gutenberg website is for human users only. Use of machine-generated automated tools to access the website may trigger a block of your access. This site utilizes cookies, captchas and related technologies to help assure the site is maximally available for human users.

글의 내용과 부합하지 않는 것은?

① Project Gutenberg eBooks are subject to different copyright laws depending on the countries.
② The copyright holder has given permission for the non-commercial use of many copyright titles.
③ Readers must check the copyright terms whenever they access, download or redistribute eBooks.
④ The Project Gutenberg website must be manually accessed only by human users.
⑤ The Project Gutenberg website blocks non-human access by utilizing cookies, captchas and other technologies.

10

Since our account of medieval architecture is mainly concerned with the development of style, we have until now confined our attention to religious structures, the most ambitious as well as the most representative efforts of the age. Secular building, indeed, reflects the same general trends, but these are often obscured by diversity of types, ranging from bridges to royal palaces, from barns to town halls. Moreover, social, economic, and practical factors play a more important part here than in church design, so that the useful life of the buildings is apt to be much briefer. As a consequence, our knowledge of secular structures of the pre-Gothic Middle Ages remains extremely fragmentary.

Which of the following is true, according to the above passage?

① Our account of religious structures is mainly concerned with their diverse types.
② Secular buildings are the most representative architecture in the medieval period.
③ The lifespan of secular buildings is much longer than that of religious ones.
④ Our knowledge about the secular structures of the Middle Ages is limited.

11

The greatest problem for conservationists is that, while we can make laws to protect certain species, we are frequently incapable of controlling the environment in which they live and breed. In spite of taking action to prevent it, we may pollute rivers, making fish sterile. However good our intentions are in destroying insects that eat crops, at the same time, we deprive the birds that live on them. Man has not yet learned how to deal with the balance of nature, and whatever he does, he is bound to alter it without even knowing. But though it may not be possible to save all the endangered species, it may be possible to protect the majority by becoming aware of their serious condition before it is too late.

Which of the following statements is NOT true?

① We are not able to control the environment.
② We cannot protect our crops from insects without harming the birds.
③ Man has already learned how to deal with the balance of nature.
④ We cannot expect to rescue all of the endangered animals from dying out.

12

Cubism was a modern art movement that began in Paris around 1907. Its original founders were Pablo Picasso and Georges Braque. Most of the early cubist art revolved around geometric shapes, planes, and fragmentation. Cubists were more concerned with representing a complete or whole view of the subject matter. Space and volume played important roles in their art. Furthermore, cubists avoided realistic or accurate painting. Instead, they focused on representing an object from multiple perspectives on the canvas. Reducing the natural form into the abstract was also a trait of cubist artists. The imitation of nature was no longer as important as it was in previous art movements. Paul Cezanne is considered a major influence of the early cubists.

Which of the following is a characteristic of cubism?

① the use of geometric shapes
② the details of the subject matter
③ the adoption of a single perspective
④ the depiction of natural objects

13

As philosopher of science Karl Popper has emphasized, a good scientific theory is characterized by the fact that it makes a number of predictions that could in principle be disproved or falsified by observation. Each time new experiments are observed to agree with the predictions the theory survives, and our confidence in it is increased; but if ever a new observation is found to disagree, we have to abandon or modify the theory. Einstein's general theory of relativity, for example, predicted a slightly different motion from Newton's theory. The fact that Einstein's predictions matched what was seen, while Newton's did not, was one of the crucial confirmations of the new theory.

다음 글의 내용과 거리가 가장 먼 것을 고르시오.

① Any scientific theory is provisional and reflects the best of our knowledge at the moment.
② Scientific theory should make predictions that can be tested, and the theory is rejected if these predictions are shown to be incorrect.
③ Newton's theory was falsified by Einstein's predictions, which matched what was seen.
④ For a theory to be considered scientific it must be able to be tested and conceivably proven false.
⑤ Scientific knowledge based on sufficient observation can be justified without falsifying it.

14

When trees and plants grow, they remove carbon dioxide from the air. When they are burned or decay, they release stored carbon dioxide back into the atmosphere. In nations such as Brazil, thousands of square miles of tropical rain forests are being cleared and burned, leading many to be concerned about further carbon dioxide buildup. Worldwide, millions of acres are planted with seeding trees each year, however, new studies reveal that there has been no reliable data about the impact of forest destruction on global warming. Research shows that the carbon content of forests had been vastly exaggerated as was once thought, suggesting that deforestation is not as great a source of carbon dioxide as was once thought.

According to this passage, which statement is true?

① It is doubtful whether deforestation causes global warming.
② Nations such as Brazil are responsible for the global warming trend.
③ Trees and plants release carbon dioxide into the air when they grow.
④ Global warming is undoubtedly concerned with deforestation.

15

Yuri Gagarin was the first man to orbit the earth in a spaceship. He was a major in the Soviet Air Force. On April 12, 1961, he was launched in the spacecraft Vostok 1. The flight went up to 327 kilometer above the surface of the earth. It made one orbit, which took 1 hour and 48 minutes. The whole spacecraft was 38 meter long when it left the launch pad. Most of this was burned up in space. Gagarin returned to earth in a spherical capsule only 228 cm wide. Soon after Gagarin's flight, two American astronauts were launched into space. A year later, John Glenn was the first American to go into orbit. Seven years after his space flight, Gagarin was killed in an airplane crash.

Which of the following is true according to the passage?

① Gagarin originally was a soldier in the Marine Corps.
② Gagarin was the first American to travel in a spaceship.
③ Gagarin's spacecraft was intact even after his space travel.
④ America was the first country which succeeded in space orbiting.
⑤ America attempted space orbiting more than once after Gagarin's success.

16

Making movies, especially big movies with high production values, is expensive. The cost of an average Hollywood feature has risen steadily, from $11 million in the early 1980s to $50 million in the 1990s, to $64 million in 2005. And this figure represents only the negative cost — the expenses leading up to the first negative film print from which multiple copies will be made. For many productions, comparable sums are needed for advertising and distribution. This means that a studio must make three times its production cost just to break even. Although non-Hollywood films are typically cheaper to make, the budget for a French or Japanese art film may run to $10 or $15 million. With expenses like these, financing often is a filmmaker's greatest challenge.

Choose the one that is mentioned in the passage.

① reasons for the rising cost of making movies
② cost-effective ways of producing movies
③ what 'negative' refers to in the term negative cost
④ solutions to filmmakers' financial challenges

17

The Great Famine was a period of mass starvation and disease in Ireland from 1845 to 1849. With the most severely affected areas in the west and south of Ireland, the period was contemporaneously known in Irish as An Drochshaol, loosely translated as "the hard times" (or literally "the bad life"). The worst year of the period was 1847, known as "Black '47". During the famine, about 1 million people died and 1 million more left the country, causing the country's population to fall by 25%. The proximate cause of the famine was a potato blight which infected potato crops throughout Europe during the 1840s, causing an additional 100,000 deaths outside Ireland and influencing much of the unrest in the widespread European Revolutions of 1848.

글의 내용과 가장 부합하지 <u>않는</u> 것은?

① Ireland underwent a period of mass starvation and disease for some years in history.
② An Drochshaol came right after the Great Famine was over in the west and south of Ireland.
③ "Black '47" was the worst year that mass starvation and disease was most serious.
④ The Irish population fell by 25% during the Great Famine due to death and emigration.
⑤ The cause of the Great Famine started outside Ireland, as the potato crops had been infected by a disease.

18

The *Whydah* belonged to Sam Bellamy, an English sailor turned pirate who was active off the American coast in the early eighteenth century. This was an area with rich pickings, with Spanish ships carrying New World gold and silver and ships of other nations also carrying valuable cargoes. The *Whydah* had started its career in this mercantile milieu, as a slaver operating out of London, bartering weapons and manufactured goods on the West African coast for gold, ivory and, especially, slaves. The slaves were carried to the Americas where they could be sold and the proceeds were spent on sugar and other local produce to take back to Britain. But in February 1717 the ship was intercepted by two pirate vessels. The captain, Lawrence Prince, surrendered almost without a fight; the pirate captain, Sam Bellamy, transferred onto the *Whydah*, recruited some of its crew and turned Prince and the rest loose in his old ship, the *Sultana*.

Which of the following is true according to the passage?

① Prince and his crew were able to sail back to England on the *Whydah*.
② Sam Bellamy managed to take over the *Whydah* after a heated engagement.
③ The *Whydah* was once involved in weapons and slave trade.
④ Sam Bellamy was a sailor on the *Whydah* before becoming a pirate.

19

Nepal packs more geographical diversity into fewer square miles than any other country in the world. The people who inhabit this land mirror this diversity. In Nepal, no majority culture exists — all are minorities. One of the most famous of these cultures is the Sherpa. The Sherpa live in the high valleys in the southern shadow of Mt. Everest in the region known as the Khumbu. They are Buddhists, culturally Tibetan, and a numerically insignificant portion of the population. Their villages are situated mostly on rock, ice, and snow at altitudes between 10,000 and 13,000 feet, and are connected by narrow mountain footpaths. Sherpas have traditionally operated at a very low level of technology, farming potatoes, turnips, and cauliflower, weaving woolen cloth by hand, and following their yak herds to higher pastures in the summer. Community celebrations follow a pattern set mostly by the passage of the seasons and center around local monasteries.

Which of the following is <u>not</u> mentioned about Nepal?

① Sherpas' religion

② diversity in geography

③ locations of Sherpas' villages

④ prevalence of minority cultures

⑤ a woolen cloth industry by high technology

20

Among the most important strands in a food web are the detritus feeders and decomposers. The detritus feeders are an army of mostly small animals and protists that live on the refuse of life: molted exoskeletons, fallen leaves, wastes, and dead bodies. (Detritus means "debris.") The network of feeders is complex; in terrestrial ecosystems it includes earthworms, mites, centipedes, nematode worms, and even a few large vertebrates such as vultures. These organisms consume dead organic matter, extract some of the energy stored in it, and excrete it in a further decomposed state. Their excretory products serve as nutrients for other detritus feeders and for decomposers. The decomposers are primarily fungi and bacteria. Decomposers digest food outside their bodies by secreting digestive enzymes into the environment. They absorb the nutrients they need, and the remaining nutrients are released into the environment.

Which of the following is true according to the passage?

① Detritus feeders and decomposers provide nutrients to the ecosystem.
② Decomposers are to be more easily found than detritus feeders in ecosystems.
③ Both detritus feeders and decomposers are alternative food sources for human beings.
④ The digestive process of decomposers is simpler than that of detritus feeders.

21

As Venus is seen either shining brightly in the East before dawn or, at other times, shining in the West after sunset, it once had two names. The 'evening star' was called Vesperus or Hesperus derived from the Latin and Greek words for evening, respectively, whilst the 'morning star' was called Phosphorus (the bearer of light) or Eosphorus (the bearer of dawn). It is said that the Greeks first thought that they were two different bodies but later came around to the Babylonian view that they were one and the same. There is a famous sentence in the philosophy of language 'Hesperus is Phosphorus' that implies an understanding of this fact. Venus, which shines at close to magnitude -4, is the brightest object in the night sky after the Moon. As for its structure, many scientists believe that Venus has a very similar internal structure to that of the Earth with a core, mantle and crust. The atmosphere of Venus has been shown to largely consist of carbon dioxide with a small amount of nitrogen.

According to the passage, which of the following is correct?

① Babylonians believed that the morning star and the evening star were different entities.

② Venus outshines the Moon in terms of brightness and clarity.

③ Different names of Venus had little to do with when it was viewed.

④ The Greeks changed their initial opinion and accepted the Babylonian view.

22

Immanuel Kant (1724-1804) was born in Königsberg, Prussia, which today is in Russia and called Kaliningrad. Kant never left the town, and for most of his life taught at the University, at which he became professor of logic and metaphysics in 1770. He was deeply interested in the natural sciences, and his early publications were concerned with problems in astronomy and geophysics. One of his pupils wrote that "nothing worth knowing was indifferent to him." Kant produced his most influential work late in life. Although his output was large, his most important works are the three *Critique* — *Critique of Pure Reason*, *Critique of Practical Reason*, and *Critique of Judgment*. The first *Critique* is one of the masterpieces of philosophy, although also one of the most unreadable. Kant himself described it as "dry, obscure, contrary to all ordinary ideas, and on top of that, prolix." The second *Critique* is disappointing in comparison, although the views Kant expressed in it on moral philosophy have been widely influential. The third *Critique* is concerned with the nature of aesthetic judgments.

Which of the following is <u>not</u> true about Kant according to the passage?

① He taught at a university in his hometown.
② He produced his most influential work early in life.
③ His first *Critique* is the most difficult for general readers.
④ His third *Critique* deals with matters of aesthetic judgments.

23

Lacrosse, a traditional North American sport played with a ball and sticks, has recently become popular. But actually, a Native American tribe, the Iroquois, created it centuries ago. They named it the "Creator's Game" because it was his gift to them, and they honored him with their play. The first European account was made by a French Jesuit missionary in 1637. He described the sport using the French term *la crosse* (the stick). Over the years, the game has served recreational purposes. But even then, the Iroquois considered it a spiritual and healing sport. In the early version of the sport, many people were involved in a single game. Accounts state that over 100 people, often thousands, would play at a time; and the goals could be anything from 500 meters to several kilometers apart. In traditional versions of lacrosse a religious ceremony precedes the game. For the Iroquois people, lacrosse is a defining element of their identity. However, European settlers appropriated the game for their own enjoyment, and now lacrosse is a professional sport in Canada and the USA.

Which of the following is true of the passage?

① Lacrosse is unknown outside of Europe.
② Lacrosse symbolizes a traditional culture.
③ Jesuit missionaries invented lacrosse.
④ Currently, religion is primary in lacrosse.

24

By the late eighteenth century, the discipline of natural history was dominated by so-called parson-naturalists — vicars, parsons, abbots, deacons, and monks who cultivated their gardens and collected plant and animal specimens to service the wonders of divine Creation, but generally veered away from questioning its fundamental assumptions. The result was a peculiar distortion of the field. Even as taxonomy — the classification of plant and animal species — flourished, inquiries into the origin of living beings were relegated to the forbidden sidelines. Natural history devolved into the study of nature without history. It was this static view of nature that Darwin found troubling. A natural historian should be able to describe the state of the natural world in terms of causes and effects, Darwin reasoned, just as a physicist might describe the motion of a ball in the air. The essence of Darwin's disruptive genius was his ability to think about nature not as fact but as process, as progression, as history.

다음 글의 내용과 가장 거리가 먼 것을 고르시오.

① Parson-naturalists identified and classified plants and animals.

② Parson-naturalists had a static view of nature in describing nature.

③ Parson-naturalists fiercely investigated the origin of living beings.

④ Parson-naturalists celebrated the immense diversity of living beings created by an omnipotent God.

⑤ Darwin believed that a natural historian should ask how nature has progressed in terms of causes and effects.

25

Between fifty and eighty million people died in World War II. Twenty million of these casualties were soldiers, but at least as many civilians perished slowly from starvation as the conflict destroyed crops. As the war dragged on and the magnitude of this staggering humanitarian problem became evident, Dr. Ancel Keys, a researcher at the University of Minnesota, started to worry about how to help these victims. Keys was intensely aware that scientists knew almost nothing about the effects of long-term food deprivation on the human body. Helping multitudes of starving people would require a better understanding of what was happening to their bodies. Keys and others also worried that when the war ended, millions of hungry people would be more susceptible to fascism or communism. Thus, for both humanitarian and geopolitical strategic reasons, the U.S. government gave Keys money to comprehensively study the effects of starvation and rehabilitation on volunteers. Keys appealed to conscientious objectors who had refused military service but wanted to help others by being human guinea pigs. Eventually, thirty-six of them volunteered and participated in the experiment.

Choose the one that is <u>not</u> mentioned in the passage.

① what motivated the experiment
② who sponsored the experiment
③ how long the experiment lasted
④ who participated in the experiment

26

Several people suffer from an ailment of the gallbladder, which occurs when stones form within the organ. The gallbladder is a small sac near the pancreas. Its function is to store bile, which is produced by the liver to help digest fat and absorb vitamins and minerals. Bile consists mainly of lipids (fats), water, cholesterol, bile salts, which are natural detergents that break up fat, and bilirubin, which is a pigment that makes bile look greenish-yellow.

Gallstones are formed when the cholesterol and the bilirubin form crystals, which then fuse in the gallbladder to develop stones. They vary in size from small specks the size of grains of sand to stones as large as golf balls.

1 Which one is TRUE?

① Bilirubin helps digest fat.
② Bile salts are unnatural detergents.
③ Gallstones are always the same size.
④ The gallbladder's function is to store bile.

2 What is NOT TRUE about bile?

① Bile is stored in the pancreas.
② Bile contains water and bilirubin.
③ Bile helps take in vitamins and minerals.
④ Bile looks greenish-yellow.

27

When a person makes a decision, different parts of the brain spring into action. The brain's limbic system generates an emotional response, and the prefrontal cortex produces rational thinking. One reason for the difference in teen decision-making involves a chemical called dopamine in the brain's reward center. Dopamine helps transmit signals in the brain that make people feel happy. The number of brain receptors interacting with dopamine is higher in adolescence than at any other time of life. This means that when a teen is exposed to a reward — such as a compliment — the reward center reacts more strongly than it would for an adult or a child. You can begin to understand why the effects of peer pressure are much stronger among adolescents and teens.

1 According to the passage, which is NOT true?

① Dopamine is a major player in the brain's reward system.
② Adolescents are more sensitive to rewards than adults.
③ Adolescents are quite capable of making rational decisions.
④ Teenagers are often vulnerable to the effects of peer influence.

2 Which is the least likely function of the prefrontal cortex?

① Modifying emotions to fit socially accepted norms
② Recognizing future consequences of current actions
③ Choosing good and bad actions
④ Recognizing objects and processing visual information

28

Carl Bosch made it possible to produce huge quantities of ammonia, much of which is made into nitrogen-rich ammonium nitrate fertilizer. Careful estimates suggest that synthetic fertilizers feed about half of the world's population. Plants rely upon nitrogen compounds for building proteins and DNA. In nature, nitrates come from decaying plant and animal matter and from certain bacteria, which fix nitrogen from the air. Bosch's lasting legacy is double-edged, however. Artificial fertilizers saved millions from starvation, but the huge increases in population they allowed, from nearly 1.8 billion in 1910 to nearly 7 billion a century later, have put a strain on the world's resources. Their manufacture accounts for about one percent of the world's total energy consumption and their use causes pollution; agricultural run-off creates 'harmful algal blooms' in lakes and estuaries due to the extra nitrogen.

1 Carl Bosch made it possible _____.

① to reduce water pollution

② to manufacture synthetic fertilizers

③ to get nitrogen from the water

④ to prevent the creation of algal blooms

2 According to the passage, which of the following is true?

① Agricultural run-off causes bacterial infection when animals take it.

② Carl Bosch was actively engaged in establishing a starvation relief fund.

③ Decaying plant and animal matter is a major cause of pollution in lakes.

④ The manufacture of ammonia enabled the production of fertilizers on a large scale.

29

In England, Orwell's *Animal Farm* was mostly favorably reviewed, notably by Cyril Connolly, and the initial print run of 4,500 copies sold out within a few days, as did subsequent print runs. Orwell, after years of relative neglect, found himself feted and in demand. The book also broke through in the United States. It was an American Book of the Month Club selection, which meant 540,000 copies were printed, and was reviewed by the celebrated critic Edmund Wilson in *The New Yorker*, who said it was "absolutely first rate" and predicted that Orwell would emerge as one of "the ablest and most interesting writers that the English have produced in this period." A few weeks before his death on January 21st, 1950, Orwell, now mortally sick, said darkly: "I've made all this money and now I'm going to die." In the 1950s, the CIA used *Animal Farm* as a source of anti-Soviet propaganda and circulated huge numbers of copies. It was of course banned in the Soviet Union and its satellites, and even today it is outlawed in many oppressive states.

1 According to the passage, which of the following is NOT true of *Animal Farm*?

① It was reviewed by critics in England.
② The number of its initial-print copies didn't meet the demand.
③ It sold well in England and the United States.
④ It is still used to overthrow oppressive regimes.

2 According to the passage, which of the following is NOT true of Orwell?

① He was not widely popular until publishing *Animal Farm*.
② He was highly praised by Edmund Wilson.
③ He was successful at the time of his death.
④ He was defamed by the CIA's use of *Animal Farm*.

30

A century ago, Gustave Le Bon wrote about the mysterious forces that operated when people congregated to form crowds. Feelings of membership within a crowd, he argued, contributed to an enlargement of the ego (a sense of power), the release of impulses, a *sense of contagion*, and heightened suggestibility. These psychological characteristics, Le Bon argued, derived from the absorption of an individual's identity into that of the crowd. The effective crowd leader, Le Bon reasoned, relied on the affirmation of simple, imagelike ideas that point directly to action, and on the repetition of these imagelike ideas: The affirmation evokes the image, the image evokes a sentiment, and the sentiment leads to action. Individuals in the crowd mimic the actions of the leader, and this mimicry, once initiated, infects all in attendance. Although Le Bon was not interested in emotional contagion per se, his observations of mob behavior may contain clues to some of the features of individuals most likely to be susceptible to emotional contagion.

1 According to Le Bon, an effective crowd leader _____.

① acts without speaking

② provides imagelike ideas

③ repeats the same action

④ listens to the people's voice

2 According to Le Bon, which of the following is NOT true of individuals in a crowd?

① They feel themselves to be powerful.

② They are likely to catch emotions of each other.

③ They tend to be dominated by collective identity.

④ They mimic each other before mimicking the leader.

합격을 완성할 단 하나의 선택

김영편입 영어
독해

기출 1단계

04

내용추론

✒ EXAMPLE

Dwight Eisenhower accepted the basic framework of government responsibility established by the New Deal, but sought to limit the presidential role. He termed his approach "dynamic conservatism" or "modern republicanism," which meant, he explained, "conservative when it comes to money, liberal when it comes to human beings." Eisenhower's first priority was to balance the budget after years of deficits. He wanted to cut spending, cut taxes and maintain the value of the dollar. Republicans were willing to risk unemployment to keep inflation in check. In other areas, the administration transferred control of offshore oil lands from the federal government to the states. It also favored private development of energy sources rather than the public approach the Democrats had initiated. In everything the Eisenhower administration undertook, its orientation was sympathetic to business. His inclination to play a modest role in public often led to legislative stalemate. Still, he was active behind the scenes pushing his favorite programs.

From the passage, it CANNOT be inferred that Eisenhower _____.

① tried to limit his power as a president

② tried to reduce unemployment rate

③ was willing to be favorable to businesses

④ often came into conflict with the legislative body

글 속에 언급된 내용만으로 합리적으로 추론하라

STEP 1 **무엇에 대한 글인지를 기본적으로 파악한다.**
이 글은 "드와이트 아이젠하워(Dwight Eisenhower) 행정부의 방침"에 관한 내용이다.

STEP 2 **문제를 읽고서 그에 해당되는 본문의 내용을 확인한다.**
드와이트 아이젠하워의 대통령으로서의 역할, 실업률과 기업에 대한 방침, 공적 분야에서 간소화하려는 그의 성향으로 인한 입법부와의 관계 등에 대한 부분을 주목하여 읽는다.

STEP 3 **선택지의 내용이 본문에서 추론할 수 있는 것인지를 검토하고 지나친 비약은 피한다.**
① '대통령의 역할을 제한'하려고 했다는 내용에서 추론이 가능하다.
② 공화당원들이 실업의 위험을 무릅쓰고라도 인플레이션을 억제하려고 했다고 했으므로, 실업률을 줄이려고 노력했다는 것은 본문의 내용과 다르다.
③ 아이젠하워 행정부의 방침이 기업들에게 호의적이었다는 내용에서 추론이 가능하다.
④ 공적 분야에서 역할을 간소화하려는 그의 성향은 종종 입법상의 교착 상태를 초래했다고 했으므로 추론이 가능하다.

정답 ②

드와이트 아이젠하워(Dwight Eisenhower)는 뉴딜 정책에 의해 확립된 정부 책임의 기본적인 틀은 인정했지만, 대통령의 역할을 제한하려고 했다. 그는 자신의 접근법을 '역동적 보수주의' 또는 '현대적 공화주의'라고 명명했는데, 그가 설명하기를, 이는 "돈에 관해서는 보수적이고, 인간에 관해서는 진보적임"을 의미했다. 수년간 적자를 겪은 후에 아이젠하워의 최우선 과제는 정부 예산의 균형을 맞추는 것이었다. 그는 정부 지출을 삭감하고, 세금을 줄이고, 달러의 가치를 유지하기를 원했다. 공화당원들은 인플레이션을 억제하기 위해서는 실업의 위험도 기꺼이 무릅쓰려 했다. 그 밖의 다른 분야에서, 아이젠하워 행정부는 근해 석유 지대의 통제 권한을 연방 정부로부터 주 정부로 이양했다. 아이젠하워 행정부는 또한 민주당원들이 시작한 에너지원의 공공 개발 방식보다는 민간 개발 방식을 선호했다. 아이젠하워 행정부가 수행한 모든 일에서, 그 방침은 기업에 호의적이었다. 공적 분야에서 역할을 간소화하려는 그의 성향은 종종 입법상의 교착 상태를 초래했다. 그럼에도 불구하고, 그는 막후에서 활동하면서 자신이 좋아하는 계획들을 추진했다.

framework n. 뼈대; 구조, 구성, 체제 conservatism n. 보수주의 republicanism n. 공화제, 공화주의 conservative a. 보수적인 liberal a. 자유주의의, 진보적인 priority n. 우선, 우선권; 우선 사항 deficit n. 적자; 부족액, 결손 Republican n. 공화당원 unemployment n. 실업, 실직; 실업[실직] 상태 keep ~ in check ~을 억제하다 offshore a. 앞바다의, 연안의 transfer v. 옮기다, 이동하다; 양도하다 Democrat n. 민주당원 initiate v. 시작하다, 개시하다, 창시하다 sympathetic a. 동정적인; 호의적인, 공감하는 inclination n. 경향, 성향 modest a. 겸손한; 수수한, 간소한 legislative a. 입법의, 입법상의 stalemate n. 교착 상태 behind the scene 이면에서, 은밀히

04 내용추론

01

The guard's reluctance to let the foreigner continue on is understandable. Other than a handful of scientists bound for the government-run observatory in Hanle, most Westerners have been denied access since the end of the Chinese-Indian war of 1962. Fearing that spies from China might slip over the border into Hanle, which sits just 12 miles from the disputed frontier, the Indian government declared the area off-limits.

Which of the following CANNOT be inferred from the passage?

① Hanle belongs to the Indian territory.

② Hanle is located near the borderline.

③ People in Hanle do not like Chinese people.

④ There are a lot of Westerners staying in Hanle.

⑤ There is a government-run observatory in Hanle.

02

Effective decision makers do not rely on careful analysis alone. Instead, they also use their intuition, a method of arriving at a conclusion by a quick judgment or gut feel. Relying on intuition is like relying on your instincts when faced with a decision. Intuition takes place when the brain gathers information stored in memory and packages it as a new insight or solution. Intuitions, therefore, can be regarded as stored information that is reorganized or repackaged. Developing good intuition may take a long time because so much information has to be stored.

What can be inferred from the passage?

① Intuition can be cultivated as knowledge accumulates over time.
② Intuition is an essentially inborn, or genetically determined trait.
③ In making decisions, intuition is a more important factor than reasoning.
④ The concept of intuition is something that is difficult to understand and explain.

03

Pulling into my service station 45 minutes late one morning, I shouted to the customers, "I'll turn the gas pumps on right away!" What I didn't know was that the night crew had left them on all night. This means that any car could have been filled up for free. By the time I got to the office, most of the cars had filled up and driven off. Only one customer stayed to pay. My heart sank. Then the customer pulled a bunch of cash from his pocket and handed it to me. "We kept passing the money to the last guy," he said. "We figured you'd get here sooner or later."

Which of the following can be inferred from the passage?

① The gas pumps had been broken overnight.
② The customers were as honest as the author.
③ The last customer paid his own money for the gas taken by other customers.
④ Once the gas pumps are on, any car can be for free filled up.
⑤ The author was paid for the gas with which some of the cars had been filled up.

04

Material objects take their power and meanings in relation to the embodied human subjects who bear them, who in turn press the objects into the work of carrying culturally (and/or historically) determined social values. In this sense, it can be argued that objects are social forms, and carry meanings between people. Sometimes they are the very thing through which a social bond is mediated — and their meanings arise relationally — their values or meanings neither absolute nor immanent. All objects have historical particularity, as do human subjects who bear them.

Which statement is LEAST likely to be inferred from the following passage?

① A wedding ring is an example of how an object can transmit meaning.
② Capitalism domesticates and enables us to fill our homes with objects.
③ A book is an object that transmits meaning, and reading is a social form.
④ Seoul's skyscrapers are objects carrying historically-specified meanings.

05

Forget the tux and the little black dress for New Year's Eve. This year you may want to bust out your parka and a hat with earflaps. From New England to Texas, weather forecasters warn it's going to be 20 degrees to 40 degrees colder than usual on New Year's Eve. Much of the U.S. won't get above freezing all day. If the present forecast holds true, this will be the third-coldest New Year's Eve ball drop in New York City since the event started in 1907. The expected low will be 11 degrees, with a windchill of zero. And those numbers pale compared to what Minneapolis and Chicago might put on the board on New Year's Eve.

What can be inferred from the passage?

① On New Year's Eve, it will be colder in Chicago than in New York.
② Celebrating New Year's Eve originated from New York City in 1907.
③ In New England and Texas, hats with earflaps are popular during the winter.
④ In much of the U.S., it'll be colder on New Year's Eve than on New Year's Day.

06

While comparing economic data, a group of sociologists concluded that, among all people at a certain income level, individuals in rural areas have greater purchasing power than those living in urban or suburban regions. The group factored in several data points, including the population density within a certain radius of city centers, the number of people per household, and the percentage of those households that included two working parents. Ultimately, however, the main premise was that the money spent by urban and suburban dwellers on their fundamental need for food and shelter could be spent by rural households on discretionary items.

Which of the following can be inferred from the passage?

① Suburban households have more purchasing power than urban households.
② The farther away from a city center, the less purchasing power a rural household has.
③ The average urban or suburban household contains fewer people than the average rural household.
④ Rural households spend less on food and housing than either urban or suburban households do.

07

The immune system is the body's first line of defense when it comes to fighting cancerous cells. It can identify and attack the smallest of threats before they become a danger, and distinguish tumor cells from the body's normal cells, protecting our essential systems. But the immune system isn't always successful. Tumor cells have mechanisms to evade or suppress immune response, allowing them to masquerade as normal cells and grow without restraint. Researchers are looking at the tumor microenvironment to better understand how the immune system and tumors coexist, which could ultimately help inform the future of cancer treatment.

Which statement <u>cannot</u> be inferred from the passage?

① The immune system plays an important role in destroying cancerous cells.
② Future treatments might be discovered by examining how the immune system and tumor cells coexist.
③ The immune system does not always succeed in destroying cancerous cells.
④ Tumor cells are more likely to appear in people with weakened immune systems.

08

Most obviously, cheaper energy prices will incrementally increase the temptation to fritter away precious power — to leave the car engine idling, or to fail to go upstairs to switch off that light. Little habits matter, because, with the clock ticking remorselessly down towards climate catastrophe, every little hurts. How much damage the great oil crash will do here depends on what happens next. In the past, the world has been stunned not only by the waning but also the waxing of the price. If what comes down soon goes back up, such direct effects may not prove so profound. What will matter more in the longer term is the dynamic effect on the energy infrastructure.

What can be most likely inferred from the above passage?

① Cheap oil will discourage investment in alternative energy.
② High energy prices will help to push inflation lower.
③ Manufacturers of electric cars will expand their production lines.
④ Oil-exporters will be the obvious winners from sliding oil prices.
⑤ The most exploitative schemes to extract fossil fuels will become more economic.

09

Some psychologists had theorized that, because facial expression is vital to human communication, humans have developed special nervous systems capable of recognizing subtle differences between expressions. Now the pigeons have cast doubt on that idea. In fact, the ability to recognize facial expressions of emotion is not necessarily innate in human babies, but may have to be learned in much the same way that pigeons learn. In experiments conducted at the University of Iowa, it was found that pigeons organize images of things into many of the same logical categories that humans do. None of the results would come as any surprise to Charles Darwin, who long ago wrote about the continuity of mental development from animals to humans.

According to the passage, which of the following can be inferred?

① Pigeons recognized human facial expressions better than human babies.
② The findings of the experiment were wellknown to most psychologists.
③ Charles Darwin would have agreed with the results of the experiment.
④ Most psychologists opposed experimenting with pigeons.

10

A significant step on the way to the top of the food chain was the domestication of fire. Some human species may have made occasional use of fire as early as 800,000 years ago. By about 300,000 years ago, *Homo erectus*, Neanderthals, and the forefathers of *Homo sapiens* were using fire on a daily basis. Humans now had a dependable source of light and warmth, and a deadly weapon against prowling lions. Not long afterwards, humans may even have started deliberately to torch their neighborhoods. A carefully managed fire could turn impassable barren thickets into prime grasslands teeming with game. In addition, once the fire died down, Stone Age entrepreneurs could walk through the smoking remains and harvest charcoaled animals, nuts, and tubers.

Which statement CANNOT be inferred from the passage?

① Fire was a tool that could help early humans get enough to eat.
② While fire was a useful tool, it was not always easily managed.
③ Early humans were pyromaniacs who enjoyed playing with fire.
④ Without fire, *Homo sapiens* may not have topped the food chain.

11

Anna recently lost her job, and her apartment has been robbed. Only her valuable jewels, which she kept carefully hidden, have been stolen. Anna claims that the only person who knew where the jewels were hidden was her fiancée, Louis.

Louis claims he was working at the time of the robbery. He never told anyone else about the hiding place. Louis's boss vouched for Louis, claiming he was at work at the time of the robbery. However, Louis's boss was not with Louis the entire time; he left before Louis's shift was over. Louis's boss was convicted of insurance fraud several years ago. Anna's insurance on the jewelry is worth thousands of dollars. She recently had the jewels reappraised.

Which one is the best inference?

① Anna verified the incident for the insurance company.
② Louis stole the jewels and is paying his boss to cover for him.
③ Anna, Louis, and his boss could all be involved in this incident.
④ Anna is an innocent victim of a plot by Louis and his boss.

12

When I received an aptitude test, I scored 160 against a normal of 100. So I have the complacent feeling that I'm highly intelligent, and I expect other people to think so, too. Actually, though, such scores simply mean that I am very good at answering the type of academic questions that are considered worthy of answers by the people who make the intelligence tests, with intellectual bents similar to mine. For instance, I had an auto-repair man once, who, on these intelligence tests, could not possibly have scored more than 80, by my estimate. I always took it for granted that I was far more intelligent than he was. Yet, when anything went wrong with my car I hastened to him with it, and he always fixed my car.

Which of the following probably precedes the above passage?

① What is intelligence?
② How can we receive good scores?
③ Who should receive an aptitude test?
④ Why do we need to receive an aptitude test?

13

The ways marketers manage to get their point across without mentioning the unpleasantness in question offer a school of euphemism in miniature. One venerable strategy: speak not of the thing itself, but of a thing near the thing, letting the association do the work. This is how the toilet became the "bathroom" in American English; the "bathroom" at a gas station will not have a bath, but the one at home does, and that is good enough. In much the same way, products like Danone's Activia yogurt, are touted as helping "digestion". Digestion is technically an earlier stage of the process in question. What Activia is really meant to do is better conveyed by the downward arrow on the yogurt's label.

Which statement CANNOT be inferred from the passage?

① Bathroom is a polite way of saying toilet in American English.
② American gas stations do not have baths.
③ Danone Activia yogurt is propitious for digestion.
④ Euphemism is a useful strategy in modern advertizing.

14

While there has been a multitude of research done on how women are thought of and treated negatively when they enter male-dominated jobs, there is not much evidence about the other side. As we are all aware, the glass ceiling exists for women who have chosen to pursue a career that is at odds with what society expects of their gender. Yet, what about men who chose a job that is not considered to be typically male? Not only are they not thought of or treated negatively, but they are actually thought of more positively than the females in the female-oriented jobs. Promotions will come more quickly to them and in front of women who are just as worthy. It was indeed partly true that men were treated more favorably than women instead of being disparaged as women are.

Which of the following CAN be inferred from the passage?

① The glass escalator is the male version of the glass ceiling.
② You'd better act up to the social convention regardless of your gender.
③ When men defy their gender norms, they are actually expelled.
④ Men often enjoy promotion anywhere.

15

There is a widespread belief that creativity is best served through inner peace, stillness, and calmness. One of my colleagues was convinced that her own creative writing was best when she had no distractions, quietly sipping tea in a peaceful setting. However, after three months of such languid writing days, she produced nothing that she was proud of. Shortly thereafter, her first baby was born and her schedule went from long, open, peaceful, unstructured days to tightly orchestrated, minute-by-minute slots, punctuated by extreme activity. The result? She became prolifically productive. In her words, she was "wired." The way she put it to me was, "I have ninety minutes when Sam is napping, and I run to the computer and write like crazy. I'm totally focused."

What can be inferred from the passage above?

① The belief in the inner peace is fortified by the conviction of creativity.
② Creativity always requires inner peace and calmness.
③ Time goes backwards for the creative persons.
④ It is better to be aroused when attempting to think creatively.

16

If the past is a foreign country, it is a shockingly violent one. It is easy to forget how dangerous life used to be, how deeply brutality was once woven into the fabric of daily experience. Cultural memory pacified the past, leaving us with pale souvenirs whose bloody origins have been bleached away. A woman donning a cross seldom reflects that this instrument of torture was a common punishment in the ancient world. We are surrounded by signs of the depravity of our ancestors' way of life, but we are barely aware of them. No aspect of life is untouched by the retreat from violence. Daily existence is very different if you always have to worry about being abducted or killed, and it's hard to develop sophisticated arts, learning, or commerce if the institutions that support them are looted and burned as quickly as they are built.

위 글을 바탕으로 유추할 때 적절하지 <u>않은</u> 것을 고르시오.

① Violence in the past would startle us today.

② Violence has increased over a long stretch of time until today.

③ Today we may be living in the most peaceful era in our species' existence.

④ A glance at our cultural heritage could awaken us to how differently people did things in the past.

17

Office workers can sometimes choose their own desk setups, integrating exercise on an individual basis. But businesses have compelling reasons to incorporate such ideas into company policy as well. Business leaders already know that if employees exercised regularly, it would reduce health-care costs. There's no question that halving someone's lifetime risk of a debilitating stroke or Alzheimer's disease is a wonderfully humanitarian thing to do. But exercise also could boost the collective brain power of an organization. Fit employees are more capable than sedentary employees of mobilizing their God-given IQs. For companies whose competitiveness rests on creative intellectual horsepower, such mobilization could mean a strategic advantage. In the laboratory, regular exercise improves problem-solving abilities, fluid intelligence, and even memory → sometimes dramatically so.

Which of the following sentence is likely to follow the passage above?

① Office workers do not know how to use collective brain power.

② It's amazing that God-given IQs can be terribly misused.

③ It's worth finding out whether the same is true in business setting, too.

④ Hence in the laboratory some dramatic measures should be taken.

18

The small island of Great Britain is an undisputed powerhouse of children's bestsellers: *Alice in Wonderland*, *Winnie-the-Pooh*, *Peter Pan*, *The Hobbit*, *Harry Potter* and *The Chronicle of Narnia*. Significantly, all are fantasies. Meanwhile, the United States, also a major player in the field of children's classics, deals much less in magic. Stories like *The Call of the Wild*, *Charlotte's Web*, and *The Adventures of Tom Sawyer* are more notable for their realistic portraits of day-to-day life in the towns and farmlands on the growing frontier. If British children gathered in the glow of the kitchen hearth to hear stories about magic swords and talking bears, American children sat at their mother's knee listening to tales larded with moral messages about a world where life was hard, obedience emphasized, and Christian morality valued. Each style has its virtues, but the British approach undoubtedly yields the kinds of stories that appeal to the furthest reaches of children's imagination.

Choose the statement that CANNOT be inferred from the passage.

① American stories are based upon Christian morality.

② American stories teach how to endure the hardship of life.

③ British stories make their readers imagine what does not exist in real life.

④ British stories never have realistic characters.

⑤ American stories seldom have a link with pagan folklore.

19

Nylon was the first synthetic fiber, and combined extraordinary strength with elasticity. After its easy use in toothbrushes, this wonder-fiber was turned to knitted hosiery in 1939, and stockings in 1940. "Nylons," as the stocking became known, were cheaper than silk, did not wrinkle around the ankles, and added a smooth, flattering sheen to the legs. Supplies were cruelly interrupted when in 1941 Dupont shifted its manufacturing of nylon to more urgent matters: parachute fabric, tents, and ropes for the war effort. Women either had to wait until the war ended for their precious nylons, or buy them on the black market at an exorbitant cost. At the end of the war, Macy's department store in New York sold out their stockings almost immediately, selling a reputed 50,000 pairs in just six hours. The press reported nylon riots on the streets of Manhattan.

Which of the following can be inferred from the passage?

① The popularity of nylon didn't last long due to its high price tag.

② Nylon stocking became a symbol of unattainable luxury during the war.

③ Dupont could defeat its rival companies by upgrading its nylon products.

④ Black market for stockings thrived in New York immediately after the war.

20

A complex system is one whose component parts interact with sufficient intricacy that they cannot be predicted by standard linear equations; so many variables are at work in the system that its overall behaviour can only be understood as an emergent consequence of the holistic sum of all the myriad behaviors embedded within. Reductionism does not work with complex systems, and it is now clear that a purely reductionist approach cannot be applied when studying life: in living systems, the whole is more than the sum of its parts. This is the result not of a mysterious dram of vital life-giving fluid but rather the benefits of complexity, which allows certain behaviors and characteristics to emerge unbidden. The mechanics of this may have been hammered out by evolution, but the engine of evolution cannot begin to fire until a certain degree of complexity is present. Living systems epitomize complexity, so much so that some scientists now see complexity as the defining characteristic of life.

It can be inferred from the passage that _____.

① reductionism gets along with complex components

② evolution requires both complexity and reductionism

③ overall behavior of a complex system can be explained by reference to any of its individual components

④ complexity is the essential concept of living systems

21

There are a number of supplements marketed to runners and cyclists to improve performance during races. How much they actually help may be more of an indication of the diet before the race or during training and of the mental state of the athlete than of any special powers of the ingredients. In other words, if the athlete is missing something, adding it back should help. And if the athlete believes the supplement will help, then the placebo effect may also improve performance. Taking a lot of supplements before a race can actually harm performance if they cause indigestion or other problems, and many of the supplements used have several negative side effects. Coaches recommend doing nothing special for a race, only what you normally do during training. Sodium phosphate or sodium bicarbonate is taken to buffer the lactic acid that builds up in muscles that are working without sufficient oxygen. However, loading up on these before a race can cause digestive problems that lower performance.

Which of the following can be correctly inferred from the passage?

① Coaches discourage athletes from taking new supplements before a race.
② Taking supplements will decrease the athletes' performance.
③ The nutritional value of supplements has been largely underestimated.
④ Athletes who take supplements are well aware of their inefficacy.

22

The facts of history never come to us pure, since they do not and cannot exist in a pure form: they are always refracted through the mind of the recorder. It follows that when we take up a work of history, our first concern should not be with the facts which it contains but with the historian who wrote it. Let me take as an example the great historian in whose honour and in whose name these lectures were founded. G. M. Trevelyan, as he tells us in his autobiography, was brought up at home on a somewhat exuberantly Whig tradition; and he would not, I hope, disclaim the title if I described him as the last great English liberal historian of the Whig tradition. It is not for nothing that he traces back his family tree, through the great Whig tradition George Otto Trevelyan, to Macaulay, incomparably the greatest of the Whig historians. Trevelyan's finest and maturest book, *England under Queen Anne*, was written against that background, and will yield its full meaning and significance to the reader only when read against that background.

It can be inferred from the passage that _____.

① History is inseparable from a historian
② History means the collection of a series of pure facts
③ History requires an objective truth based upon solid facts
④ Historians are required to have the obligation of writing objective scissors-and-paste history without meaning or significance

23

The Fourth Industrial Revolution, a moniker initially coined by the World Economic Forum to refer to the newest innovations in labor and productivity, which can include near-future robotic and AI innovation, refers to an age when digital technology ceases to be trapped within the confines of a desktop computer. The Internet of Things promises the insertion of computational technology in virtually all physical products. *The quantified self* suggests the digital capture of every human sense and action, from heart rate and blush response to emotional fluency and activity tracking. Digital and physical surveillance unite to provide a complete picture of each person's physical and online activities in a unified holistic picture. Massive networking promises that information is richly fused, creating secondary knowledge that was otherwise impossible to capture, such as demographic data, purchasing habits, and the chances of loan defaults. Robotic innovations threaten prevailing concepts of aging and injury, suggesting exoskeletons and other robotic orthotics that change how humans and machines can couple in the physical world.

위 글을 통해 추론할 수 있는 것으로 가장 적합한 것을 고르시오.

① The revolution redefines our human relationship to the Internet of Things.

② The revolution reduces our holistic relationship with computation and digital intelligence.

③ The revolution gives digital technology the chance to break out of the computer and pervade the entire world.

④ The revolution envisions the production of a computer and all its associated products and systems.

24

Other experts express related concerns. Technology and culture writer Nicholas Carr states that the more time we spend immersed in digital waters, the shallower our cognitive capabilities become due to the fact that we cease exercising control over our attention: "The Net is by design an interruption system, a machine geared for dividing attention. Frequent interruptions scatter our thoughts, weaken our memory, and make us tense and anxious. The more complex the train of thought we're involved in, the greater the impairment the distractions cause." Back in 1971, Herbert Simon, who won the Nobel Prize in Economics in 1978, warned that "a wealth of information creates a poverty of attention." This is much worse today, in particular for decision makers who tend to be overloaded with too much "stuff" — overwhelmed and on overdrive, in a state of constant stress. "In an age of acceleration, nothing can be more exhilarating than going slow," writes the travel essayist Pico Iyer. "And in an age of distraction, nothing is so luxurious as paying attention."

It can be inferred from the passage that _____.

① in an age of disturbance, nothing can be more ignominious than paying attention
② in an age of rapid change, nothing can be more valuable than self-reliance
③ in an age of constant movement, nothing is so urgent as sitting still
④ in an age of complexity, nothing is so pernicious as relaxing

25

There are four main stages of your sleep cycle. The first two are relatively light sleep, while the third brings you into deep slumber. The final stage, known as rapid eye movement or REM, is where most of your dreams begin. Naps ten to thirty minutes in length generally allow time only to enter the first stages. In stage 1, slow eye movement begins, and if awakened, you often feel as though you "didn't even sleep!" But as you continue into stage 2, your brain begins ignoring external stimuli that it deems nondangerous in order to relax you and give you a tranquil sleep. It also begins memory consolidation, in which information you learned is processed. Waking out of stage 2 sleep has shown benefits including increased productivity, higher cognitive functioning, enhanced memory, boosted creativity, and most important, feeling less tired. Beyond thirty minutes, you enter stage 3 and experience "sleep inertia" when awakened. Because your body is coming out of a deep sleep, your motor dexterity is decreased, while grogginess and the longing to go back to sleep increase. Many people falsely deem naps nonbeneficial for themselves.

윗글을 통해 추론할 수 있는 것으로 가장 적합한 것을 고르시오.

① Naps should be avoided because they make you feel more tired.
② Benefits of napping are still controversial because of individual differences.
③ When you nap, deep sleep is more beneficial than light sleep in enhancing productivity and creativity.
④ If you feel tired after a nap, it's because you have napped too long.

26

Throughout America's history, social welfare has undergone dramatic changes. Originally, the colonists used a system, comparable to that of England, involving "poor laws," which used local taxation to fund what were known as "poorhouses." For most of the eighteenth and nineteenth centuries, Ⓐ_____ was the predominant attitude towards poverty relief. The public saw poverty as an inevitable pattern of behavior, and believed reliance on welfare should be discouraged by making relief as unpleasant as it could be. The year 1935 was a turning point, though, as President Franklin Roosevelt launched a national security program, which signaled a shift in how the public viewed and addressed poverty.

1 **Which of the following is most appropriate for the blank Ⓐ?**

① skepticism ② optimism

③ pacifism ④ eclecticism

2 **Which of the following CANNOT be inferred from the passage?**

① Even in the colonial period, America had a sort of social welfare system.
② America modeled social welfare policies on England's example.
③ Social welfare originally had a stigma which still remains today.
④ An attitude change as to poverty accompanied a national security program.

27

"What is good education?" The question is far from being answered. Once more, colleges and universities are revising their programs: they drop "fun courses" and reestablish some of the traditional subjects neglected since the 1960s. Many great schools are again requiring the students to take a number of classes in English, history, literature, the social sciences, philosophy, the natural sciences, and art if they want to get a degree. Meanwhile, the experts are trying to define the good education of our time. Obviously the purely vocational training once favored is not good enough. But neither is the gentleman's education of the nineteenth century. Educational programs must meet the demands of a modern world where men and women have to work and to deal with enormous problems.

1 Choose a subject that may not be required to the students to take according to the above passage.

① sociology   ② biology

③ engineering   ④ physics

2 Choose a statement that may be inferred from the above passage.

① It is easy to answer to the question of "what is good education?"

② Traditional subjects have not been neglected since the 1960s.

③ Pure job training is good enough for good education.

④ The demands of modern world should be met in good education.

28

In larger terms, of course, rock music has a claim to be the most representative of postmodern cultural forms. For one thing, it embodies to perfection the central paradox of contemporary mass culture, in the fact of its unifying global reach and influence on the one hand, combined with its Ⓐ_____ of popularity for diverse styles, media and ethnic identities on the other. Although rock music has a clearly visible and easily-evidenced history it is also characterized by a congenital impurity of means and nature. From the very beginning the importance of rock music lay in the potency of its amalgams with youth culture as a whole; with fashion, with style and street culture, with spectacle and performance art in the work of artists like The Who, Genesis, Talking Heads and Laurie Andersen, with film, and with new reproductive technologies and media.

1 Which expression best fits Ⓐ?

① annihilating   ② engendering
③ oppressing   ④ reforming
⑤ vaccinating

2 Which statement <u>cannot</u> be inferred from the passage above?

① The paradox in postmodern culture is embedded in rock music.
② Rock music is an exponent of the postmodernist's inclusive adaptation of innovative technologies.
③ Popularity, more than originality, is a highly prized value in rock music.
④ Postmodernism is demarcated by its devaluation of youth culture.
⑤ Postmodernism can be seen as a conjecture which propagates the universal value of diversity.

29

The word 'glamping' was added to the *Oxford English Dictionary* in 2016. The word is new, but the concept that glamping denotes, that of staying in luxurious tents, recreational vehicles, or other camping accommodations, is not. In the 16th century, the Scottish Earl of Atholl prepared a lavish experience in the Highlands for the visiting King James V and his mother. The Earl pitched lavish tents and filled them with all the provisions of his home. Probably the most extravagant example of palatial tent-living in history was the Field of the Cloth of Gold, a diplomatic summit in 1520 between Henry VIII of England and Francis I of France. Some 2,800 tents were erected, and fountains ran with red wine. Some 400 years later, in the 1920s, an African safari became 'the thing to do' among wealthy Europeans. But wealthy travelers, even those in search of adventure, were not willing to sacrifice comfort or luxury. From electric generators to folding baths to cases of champagne, travelers were afforded every domestic luxury while on adventure.

1 According to the passage, which of the following is true?

① Recreational vehicles were more popular than tents on glamping safaris.

② Lavish tents and red wine were provided by James V for the Earl.

③ Luxurious amenities were provided to wealthy glampers.

④ Henry VIII and Francis I enjoyed solitude while glamping.

2 According to the passage, which of the following CANNOT be inferred?

① Wealthy people prefer luxurious accommodations even in the wild.

② The word 'glamping' is a new way of saying an old idea.

③ Glamping is cheaper than staying at a hotel on safari.

④ Alcoholic beverages are part of the glamping culture.

30

The Woodstock Music and Art Fair should have been a colossal failure. Just a month before its opening on August 15, 1969, the council of Wallkill, New York, informed the fair's organizers that it was withdrawing its permission to hold the festival. Amazingly, the organizers found a new site, a large field in Woodstock, New York. The event drew a larger audience than the organizers had expected. On the very first day of the fair, crowd estimates of 30,000 kept rising and traffic jams blocked most roads leading to the area. Some musicians were not able to reach the site to appear at their scheduled times. In addition, fences that were supposed to facilitate ticket collection were never materialized, so the organizers stopped trying to take tickets.

However, as the large crowd gathered, so did summer storm clouds. It started raining on opening night and continued for much of the three-day event. To deal with the crowd, which reached an estimated 500,000 by the third day, helicopters flew in food, doctors, and medical supplies. Despite all of its problems, the festival featured some of the greatest musicians of the 1960's and today, many people think of Woodstock not only as a milestone for rock music, but as the defining moment for an entire generation.

1 **Which one is the best inference?**

① Music fairs like Woodstock should take place annually.
② Woodstock was a failure because of the massive crowd.
③ When you hold a festival for young rock fans, you can't collect tickets.
④ The problems related to the large crowd could easily have resulted in a crisis.

2 **Which one can be inferred from the passage?**

① A free concert would never happen nowadays.
② Area residents thought the rock fans were weird.
③ The impact of the event exceeded expectations.
④ Music brings more people together than other art fairs.

지시대상

 **EXAMPLE**

Never call back an unknown number because you could be opening the door to scammers. You might assume calling back is safe because a number is from your area code, but Ⓐ<u>they</u> are adept at faking phone numbers that come up on caller ID. Criminals purposely use familiar area codes to gain your trust. People are curious and thieves are counting on their victims to think Ⓑ<u>they</u> may have missed something important. At least, answering the phone or calling back increases your vulnerability to future scams because it confirms the number is attached to a real person willing to call back an unknown number. This tells scam artists Ⓒ<u>they</u> can use another ploy on another day. And at worst? Scammers could dupe you into giving out personal information. Even if Ⓓ<u>they</u> simply ask, "Can you hear me?" you should hang up. A recording of your answer, "Yes," can give them access to your bank, insurance, and other financial information. Just do not answer unknown numbers; remember that vital information will be left in your voicemail.

Which of the following is different from the others in what it refers to?

① Ⓐ

② Ⓑ

③ Ⓒ

④ Ⓓ

대명사가 가리키는 내용은 항상 그 앞에 존재한다

STEP 1 It, This, They 등의 밑줄 친 부분은 글 전체의 내용과 긴밀하게 연관된 대상이다. 글에서 자주 반복되는 소재 또는 주제가 무엇인지 파악한다.

이 글은 전화 사기꾼(scammer)에 대해 이야기하고 있다. 사기꾼에게 사기를 당할 위험이 있으므로 모르는 전화번호로는 다시 전화하지 말고 응답하지도 말도록 권고하고 있다.

STEP 2 Ⓐ의 대명사가 의미하는 것이 무엇인지 글의 흐름에서 파악한다.

첫 문장에서 전화 사기꾼에 대해 소개한 후 그들의 사기 수법에 대해 이야기하고 있다. 따라서 Ⓐ는 scammers임을 알 수 있다.

STEP 3 Ⓐ의 대명사가 지칭하는 것을 Ⓑ~Ⓓ에 대입하여 어색한 것을 찾는다.

People are curious and thieves are counting on their victims to think Ⓑthey may have missed something important.

이 문장에 Ⓑthey 대신 scammers를 넣어 해석해보면 어색함을 알 수 있다. Ⓑ는 바로 앞에 언급된 their victims를 가리키고 있다.

정답 ②

사기꾼에게 문을 열어주는 꼴이 될 수 있으니까 절대 모르는 전화번호로는 다시 전화하지 말라. 당신은 전화번호에 당신의 지역번호가 있어서 다시 전화를 거는 것이 문제가 안 된다고 생각할지도 모른다. 그러나 그들은 발신자 ID(신원확인)로 또는 전화번호를 조작하는 데 능숙하다. 범죄자들은 일부러 익숙한 지역번호를 사용하여 당신의 신뢰를 얻고자 한다. 사람들은 호기심이 많고 도둑들은 그들의 피해자들(그들이 사기를 치려는 사람들)이 중요한 것을 놓쳤을지도 모른다고 생각하기를 기대하고 있다. 적어도 전화를 받거나 전화를 다시 건다는 것은 자신에게 연결된 그 모르는 번호로 전화를 다시 걸려는 사람이 실제로 있다는 것을 확인시켜주기 때문에 미래에 사기를 당할 취약성을 증가시킨다. 이것은 사기꾼들에게 그들이 또 다른 날에 다른 계략을 쓸 수 있다는 것을 말해준다. 그리고 최악의 경우에는? 사기꾼들이 당신을 속여 당신의 개인 정보를 말해버리게 할 수 있을 것이다. 사기꾼들이 단순히 "제 목소리가 들립니까?"라고 물어본다 해도, 당신은 전화를 끊어야 한다. "네"라고 대답한 기록은 그들로 하여금 당신의 은행, 보험, 그리고 다른 금융 정보에 접근할 수 있게 한다. 모르는 전화번호에 응답하지 말도록 하라. (상대방이 전화를 받지 않아) 당신이 보내는 음성 메시지에도 중요한 정보가 남겨질 것이라는 것을 기억하라.

scammer n. 사기꾼, 난봉꾼(= scam artist) be adept at ~에 능숙하다 fake v. 위조[날조, 조작]하다 curious a. 호기심 있는 vulnerability n. 약점이 있음, 취약성 ploy n. 책략, 계획 dupe … into ~ing …를 속여서 ~하게 하다 give out 공개하다, 말해버리다 hang up 전화를 끊다 access n. 접근, 출입

05

지시대상

01

Young potential leaders should gain exceptional command, in both writing and speaking, of their own language. In addition, they should have workable knowledge of a second language. Leadership requires strong public speaking skills. Courses in public speaking do not enjoy high status in the academic world today; moreover, many bright young people are poor speakers, and they must develop their ability in <u>this area</u>.

밑줄 친 <u>this area</u>와 부합하는 것은?

① a second language
② leadership
③ public speaking
④ high status
⑤ the academic world

02

Personal conceit is dispelled by brothers, family conceit by schoolfellows, class conceit by politics, national conceit by defeat in war or commerce. But human Ⓐconceit remains, and in this region, so far as the effect of social intercourse is concerned, the Ⓑmyth-making faculty has free play. Against this form of Ⓒdelusion, a partial Ⓓcorrective is found in Science; but the corrective can never be more than partial, for without some credulity Science itself would crumble and collapse.

Choose the one that does NOT refer to the same as the rest.

① Ⓐ conceit
② Ⓑ myth-making
③ Ⓒ delusion
④ Ⓓ corrective

102 **김영편입 영어** 독해 기출 1단계

03

One form of psychological pressure which involves deception is the good-guy/bad-guy routine. This technique appears in its starkest form in old police movies. The first policeman threatens the suspect with prosecution for numerous crimes, puts him under a bright light, pushes him around, then finally takes a break and leaves. The good guy then turns off the light, offers the suspect a cigarette, and apologizes for the tough policeman. He says he'd like to control <u>the tough guy</u>, but he can't unless the suspect cooperates. The result: the suspect tells all he knows.

Choose the one that the underlined expression refers to.

① the suspect   ② the criminal
③ the good guy   ④ the first policeman

04

The parents who devote time to their children even when it is not demanded by glaring misdeeds will perceive in them subtle needs for discipline, to which Ⓐ<u>they</u> will respond with gentle urging or reprimand or structure of praise, administered with thoughtfulness and care. Ⓑ<u>They</u> will observe how their children eat cake, how they study, when they tell subtle falsehoods, when Ⓒ<u>they</u> run away from problems rather than face them. Ⓓ<u>They</u> will take the time to make these minor corrections and adjustments, listening to their children, responding to them, tightening a little here, loosening a little there, giving them little lectures, little stories, little hugs and kisses, little admonishments, little pats on the back.

Which of the underlined pronouns NOT have the same reference?

① Ⓐ   ② Ⓑ
③ Ⓒ   ④ Ⓓ

05

The presence and operation of the binary code in a modern computer are not apparent to the user. Personal computers may be used for a variety of functions — playing music, editing photos, writing documents, or performing financial accounting. The user performs each of these activities by entering unrelated commands into different software programs. Yet, each of these applications uses Ⓐthe same components in the computer to perform its functions. In order to achieve this, the functions of each program must be converted to the binary code used by the computer's processor, memory, and storage hardware.

본문 중 Ⓐ<u>the same components</u>가 뜻하는 것을 고르시오.

① binary codes
② computers
③ softwares
④ commands
⑤ users

06

Until the advent of the civil rights movement of the 1950's and 60's, American businessmen and advertisers assumed, on the whole, that the best way to sell Ⓐtheir products was to address their advertisements to the white Anglo-American. Hence magazine stories and ads were geared towards appealing to this constituency through the use of images and symbols that were familiar and appealing to them. In recent years, however, though Ⓑthey have become increasingly concerned with the purchasing power of the different ethnic groups, the images Ⓒthey use continue to reassure the consumer that the group's "foreignness" is carefully controlled. ⒹTheir cultural identity is often reduced to a few superficial symbols.

Which of the following underlined Ⓐ, Ⓑ, Ⓒ, and Ⓓ does NOT refer to the same thing?

① Ⓐ
② Ⓑ
③ Ⓒ
④ Ⓓ

07

Invasive plants are introduced species that can thrive in areas beyond Ⓐtheir natural range of dispersal. These plants are characteristically adaptable, aggressive, and have a high capacity to propagate. Because Ⓑthey evolved over long periods of time in completely different habitats elsewhere in the world, these exotics often have few natural enemies and contribute little to the support of native wildlife. ⒸTheir vigor combined with a lack of natural enemies often leads to outbreaks in populations. Invasive plants can totally overwhelm and devastate established native plants and their habitats by out-competing Ⓓthem for nutrients, water, and light — and because they offer so little food value to native wildlife, Ⓔthey are destructive of biodiversity on every level.

Which of the following refers to a different thing from the others?

① Ⓐ ② Ⓑ
③ Ⓒ ④ Ⓓ
⑤ Ⓔ

08

It was not until the War of 1812 with Britain that US officials realized the country was in desperate need of roads. Troops stationed in the West were needed at the battlefront, but because of the lack of adequate transportation networks, military leaders found moving Ⓐthem to be a painfully slow process. A solution came in the form of privately built roadways called turnpikes, Ⓑwhich were maintained by private companies hoping to earn big profits by charging a toll for Ⓒtheir use. These early toll roads, often established along stagecoach routes, were predecessors to modern highways and interstate systems, and Ⓓmost were eventually taken over by state highway departments in the twentieth century.

Which of the following underlined Ⓐ, Ⓑ, Ⓒ, and Ⓓ does NOT refer to the same thing?

① Ⓐ ② Ⓑ
③ Ⓒ ④ Ⓓ

09

Life tastes much the same, whether we quaff it from a golden goblet, or drink it out of Ⓐa stone mug. The hours come laden with the same mixture of joy and sorrow, no matter where we wait for them. ⒷA waistcoat of broadcloth or of fustian is alike to an aching heart, and we laugh no merrier on velvet cushions than we did on Ⓒwooden chairs. Often have I sighed in Ⓓthose low-ceilinged rooms, yet disappointments have come neither less nor lighter since I quit them. Life works upon a compensating balance, and the happiness we gain in one direction we lose in another. As our means increase, so do our desires; and we ever stand midway between Ⓔthe two.

1 Among Ⓐ, Ⓑ, Ⓒ, and Ⓓ, which one does NOT group together with the others?

① Ⓐ

② Ⓑ

③ Ⓒ

④ Ⓓ

2 According to the context, which of the following is closest to what Ⓔ refers to?

① Desire and desperation

② Wealth and poverty

③ Happiness and sadness

④ Accomplishment and disappointment

10

It was 1990, and Wellesley College had invited the first lady Barbara Bush to speak at the school's commencement. The decision upset many students, prompting 150 of them to send a petition to the school's president arguing that as a stay-at-home mother known largely for her husband's achievements, Bush did not represent <u>the kind of career woman</u> Wellesley encouraged its students to become. The incident brought the growing tensions between mothers who stayed at home and those who worked into the national spotlight. "These are the Mommy Wars," declared *Newsweek*, calling it the defining feud of the decade. Two years later, the *New York Times* reported that the wars had "spilled into the national political arena, with Marilyn Quayle championing the fact that she gave up her law career for the sake of her family, and Hillary Clinton defending her decision to combine the two."

1 Which of the following is most likely referred to by the underlined expression?

① The first lady
② A royal princess
③ A stay-at-home mother
④ A high-profile lawyer

2 Which of the following is inferred from the passage?

① Hillary Clinton did not agree with Marilyn Quayle.
② Marilyn Quayle was reluctant to give up her professional career.
③ Wellesley college decided to invite Barbara Bush for her own achievements.
④ *Newsweek* and *New York Times* took different positions regarding the Mommy Wars.

06

부분이해

📌 EXAMPLE

Do not wake up to the blue hue of your smartphone and immediately start working. Place it across the room, or better yet, in an adjacent one, and force yourself up and out of bed to turn off your alarm each morning. When the alarm does go off, get up and prepare for your day as you would for an office job: take a shower and get dressed. Business attire is (obviously) not required, but act as though you will be interacting with colleagues in person. After all, you never know when they may want to video chat, and you do not want to beg off because you are not wearing a shirt. This also sets the tempo for the day and discourages the sleepy notion that, perhaps, just maybe, you can crawl back into bed for a nap around lunch, although <u>there is something to be said for workday naps.</u>

What does the underlined expression mean?

① You need something for workday naps.

② Workday naps might be good for you.

③ No employers will allow workday naps.

④ Workday naps are something that you can talk about.

밑줄 친 문장의 앞뒤 문장에 주목해 의미를 유추하라

STEP 1 **먼저 전체 글의 내용을 정확하게 파악한다.**

이 글은 '집에서 일하는 방법'에 대해 이야기하고 있다. 집에서 일하는 경우도 사무실에 출근해서 일하는 것처럼 몸과 마음의 준비를 해서 임할 것을 권고하고 있다.

STEP 2 **밑줄 친 문장의 앞뒤 문장에 결정적인 단서가 제시되므로 앞뒤 문장을 주의 깊게 살펴본다.**

주절에 '(집에서 일을 하더라도) 낮잠을 자는 것은 바람직하지 않다'는 내용이 있으므로, 이에 대한 양보절은 '비록 낮잠을 자야 하는 나름의 타당한 이유가 있더라도'의 의미가 되는 것이 자연스럽다.

STEP 3 **밑줄에 선택지를 넣은 후 문장이 자연스럽게 이어지는지, 전체적인 글의 흐름이 논리적인지 확인한다.**

밑줄 친 부분은 '일하는 시간에 낮잠을 자는 것에 대해 뭔가 할 말이 있겠지만'이라는 뜻인데, ②가 '낮잠을 자야 하는 타당한 이유'에 해당될 수 있는 내용이다.

정답 ②

스마트폰이 파란색으로 바뀌면 일어나서 곧바로 일을 시작하는 것을 하지 말라. 스마트폰은 방 맞은편에 두라. 아니 옆방에 두는 것이 더 좋다. 그리고 매일 아침 일어나서 잠자리로부터 나와 알람을 끄라. 알람이 울리면, 일어나서 사무실에 일하러 가기 위해 하는 것과 마찬가지로 하루를 준비하라. 샤워를 하고 옷을 입으라. 정장은 (분명히) 필요 없지만, 마치 본인이 직접 동료들과 함께 일할 것처럼 행동하라. 어쨌거나, 사람들이 언제 화상통화를 원할지는 모르는 일이고, 또 셔츠를 입고 있지 않다는 이유로 화상통화를 거절하고 싶지는 않을 테니까. 이것은 또한 하루 동안 일을 해내가는 속도를 정해주고, 점심 무렵에 침대 속으로 도로 기어 들어가서 낮잠을 잘 수도 있겠다는 나른한 생각을 하지 못하게 해준다. 비록 일하는 시간에 낮잠을 자는 것에 대해 당신 나름은 할 말이 있더라도 말이다.

hue n. 색깔, 색조 adjacent a. 인접한, 부근의 go off (경보 등이) 울리다 attire n. 옷차림새; 복장 interact v. 상호작용하다, 서로 영향을 주다 colleague n. (전문 직업의) 동료; 동업자 in person 본인 자신이, 몸소 beg off 핑계를 대서 거절하다, (하기로 한 일을) 못하겠다고 하다 tempo n. 박자, 템포; (활동·운동 등의) 속도 crawl v. 네발로 기다, 포복하다 nap n. 낮잠

06 부분이해

▶▶▶ ANSWERS P.240

01

Salt has been used as a preservative for thousands of years, and, thanks to some basic and other quite complicated substances, we have "fresh" vegetables in January, peanut butter that doesn't stick to the roof of the mouth, stackable potato chips, and meat that doesn't turn green on the way home from the grocery store. But as they say, <u>there's a price to pay for everything</u>. In the case of vegetables and fruits, the price is taste.

Which is the most appropriate proverb to describe the underlined part?

① One good turn deserves another.
② You can't have a cake and eat it.
③ High buildings have low foundations.
④ Everybody's business is nobody's business.

02

Terrorists undertake an impossible mission: to change the political balance of power through violence, despite having no army. To achieve their aim, terrorists present the state with an impossible challenge of their own: to prove that it can protect all its citizens from political violence, anywhere, any time. The terrorists hope that when the state tries to fulfill <u>this impossible mission</u>, it will reshuffle the political cards, and hand them some unforeseen ace.

The underlined "this impossible mission" refers to '_____'.

① persuading the citizens not to surrender to the terrorists
② protecting the citizens from terrorists
③ providing the citizens with enough food and jobs
④ wiping out all the criminals in the nation
⑤ making the citizens not fight each other

03

While many countries have endured the rise and fall of diverse forms of government, few have changed as extensively, suddenly, and repeatedly as Japan. Once an international trading destination and home to hundreds of thousands of Christians, Japan closed itself to foreign commerce and religion seemingly overnight. Ⓐ<u>In doing so, it may be argued that it laid the thematic foundation for a significant degree of indigenous development beyond the influence of the West.</u>

Which of the following best summarizes the information in the underlined sentence Ⓐ?

① Japanese culture developed over time without significant influences from the Western world.
② Japan's modern culture is based on a combination of foreign Western influences and native traditional practices.
③ The cultural foundations of Japanese society are considered to be native rather than Western in nature.
④ By rejecting foreign institutions, Japan was able to develop on its own in several important ways without Western influences.

04

The former Singaporean prime minister Lee Kuan Yew once said, "the Confucian theory was that man could be improved, but I'm not sure he can be. He can be trained, he can be disciplined." In Singapore, that has meant lots of rules (no gum chewing and spitting on sidewalks) with fines and occasional notices in the newspaper about those who break the rules. Following the rules becomes automatic; you don't see many policemen in Singapore. As one resident says, "<u>the cop is inside our heads</u>."

Which of the following is closest in meaning to the underlined part?

① No house without a mouse.
② Slow and steady wins the race.
③ Empty vessels make the most sound.
④ Habits are first cobwebs, then cables.

05

Karl Mannheim is one of the most important figures in the history of society, founding a branch of the science commonly known as the sociology of knowledge. ⒶThe field deals with the relationships between ideas and societies, exploring how societal structures can affect the creation of new ideas and how ideas themselves can affect societies in their own right. The three phases of Mannheim's career each led to an increasingly sophisticated understanding of the complex interaction between theoretical concepts and the communities that produce them.

Which of the following best summarizes the information in the underlined sentence Ⓐ?

① The sociology of knowledge is primarily interested in how new ideas develop within societies.
② The sociology of knowledge deals with the way social structure affects ideas present in the culture.
③ The sociology of knowledge looks at how ideas and societal structures affect each other.
④ The sociology of knowledge is mainly concerned with the way ideas affect and shape societies.

06

Coasts and shores are areas of continuous change. Like all other terrain, coast and shores are subject to the processes of weathering, erosion, disposition, and geological activity. Unlike other terrain, shores are also subject to the daily action of tides, waves, and currents. <u>These forces erode rocky shores and transport sand and debris from place to place, depleting some beaches while building up others</u>. During storms, waves crash against sea cliffs, weakening them and creating rockfalls and landslides. Storm waves strike beaches and rush beyond them, sweeping away docks, roads, and buildings.

밑줄 친 부분과 가장 잘 부합하는 것은?

① The forces of erosion damage the appearance of some beaches, while often completely destroying them.

② Some shores are very rocky, but others have beautiful sandy beaches that can attract people.

③ Tides, waves, and currents wear out shores in some places and deposit sand and rock elsewhere.

④ Sea waters are powerful enough to transport sand from beaches to beaches when storms attack.

⑤ It is impossible to predict which beaches are safe to build on, due to the erosion along the shore.

07

Since 1992, Sarah Gordon, an expert in computer viruses and security technology, has studied the psychology of virus writers. "A hacker or a virus writer is just as likely to be the guy next door to you," she says, "or the kid at the checkout line bagging your groceries. Your average hacker is not necessarily some Goth type dressed entirely in black and sporting a nose ring." The virus writers Gordon has come to know have varied backgrounds. Some are solidly academic, while others are athletic. Many have good relationships with their parents and families; most are popular with their peers. They don't spend all their time in the basement. One virus writer volunteers in his local library, working with elderly people. One of them is a poet and a musician and another is an electrical engineer. ⒶYou wouldn't pick them out of a lineup as being the perpetrator.

밑줄 친 Ⓐ를 가장 잘 설명한 것은?

① Usually hackers or virus writers look normal, which renders it hard to judge them by their appearances.

② We might be easily deceived by most hackers and virus writers since they hide themselves in the image of good guys.

③ Most hackers or virus writers are so brilliant and intelligent but from time to time suffer from frustrations.

④ Since hackers or virus writers have similar jobs, it is easy to define their job-based common character.

08

I was aware earlier of the case of Gregor Mendel. His fundamental genetic experiments with peas were ignored for a third of a century. But he had published them in an obscure journal, in an age when meetings and libraries were fewer and journals were circulated by land mail. When his ideas were rediscovered at the start of the twentieth century, Thomas H. Morgan set out to disprove them and ended up performing experiments that greatly strengthened their case. A Nobel Prize was Morgan's reward. He wrote in a textbook: "The investigator must ⋯ cultivate also a skeptical state of mind toward all hypotheses — especially his own — and be ready to abandon them the moment the evidence points the other way."

What does the underlined "points the other way" mean?

① is good enough to show the expected result
② reveals itself in an abnormal way
③ is found by other researchers
④ shows that your hypotheses are wrong
⑤ leads us to another experiment

09

Nowadays the majority of working-class people aspire to higher levels of consumer spending. The power to withdraw one's labor has been eroded, and replaced by the power to buy goods. This has led to a climate in which "we are what we buy." Working people have become more money-centered, family-centered, and individualistic. House and car ownership in working-class areas has become a symbol of rising status. However, <u>this cultural revolution</u> has not completely led to the working class no longer feeling working class. When account is taken of what the working class say about class, we find they still differentiate themselves from the middle class. They still consider class to be an important part of their life. They see themselves as part of a particular class and few believe they live in a classless society.

Which of the following best explains "<u>this cultural revolution</u>"?

① Working people are now more class-conscious than before.

② Working people can now enjoy stare-of-the-art technologies.

③ Working people have been incorporated into consumer society.

④ Working people have adopted the language of the middle class.

10

Infants, despite their inability to speak, are excellent communicators. Their primary means of communication is crying. Several things could be wrong with the baby to make him cry: he may be hungry, cold, tired, or want to be held. Parents learn quickly that their baby has different cries for different needs. For example, his hungry cry may be short and low-pitched. <u>Babies are also receptive to speech, even if they cannot understand the words</u>. They can distinguish between a human voice and other noises and tend to listen attentively to their parent's voices. In fact, many parents report that when their baby is crying, he begins to calm down as he hears his parent's voice approaching.

Which of the following sentences best expresses the essential information of the underlined sentence in the passage?

① Although the meaning of the words may be unknown to babies, they do recognize and respond them.

② Babies will try to speak because they hear other people around them using words.

③ Even if some words are too difficult for babies to understand, parents continue to use such words to talk to babies.

④ When babies receive input from parents who talk to them, the babies fail to understand their parents' messages.

11

University of Pennsylvania researchers found that spouses who had major cardiac surgery had better functional recovery within two years than patients who were divorced, separated or widowed. That means they were more able to get dressed, bathe or go to the bathroom on their own. In fact, those who were no longer married were about 40% more likely to die or develop a new functional disability in the first two years postsurgery than those with a spouse at home. (There were not enough never-married people in the study to make an assessment on them.)

The researchers are not sure whether the results are because less-healthy people are more likely to be unmarried or because spouses make a big difference in rehabilitation. Either way, they say hospitals should consider marital status when helping people plan their post-heart-attack life.

Which is implied by the underlined part?

① To make an assessment, we need enough married people.

② There were not enough people to marry before the surgery.

③ Never-married people were easy to assess.

④ The data to assess never-married people were not enough.

12

Guatemala has a population of fifteen million people and about forty percent of the population is indigenous. In the past year, two hundred and fifty thousand Guatemalan migrants have been apprehended at the U.S.-Mexico border. At least half of them are Mayans, and many speak little or no Spanish. Oswaldo Vidal Martín interprets English for migrants who speak his mother tongue, a Mayan language called Mam. According to the Department of Justice, Mam was the ninth most common language used in immigration courts last year, more common than French. Martín, who came to the United States with his parents in 1999, when he was four, was studying to be an engineer when the trickle of Mam speakers migrating to the Oakland area, where he lives, turned into a flood. Martín trained with a nonprofit in San Francisco called Asociación Mayab — which offers workshops in translation for indigenous-language speakers — and then began interpreting. There is bottomless demand.

Which is the closest in meaning to the underlined sentence?

① Martín charges an expensive fee for his translation.
② Supply and demand are imbalanced in the Mexico-U.S. border market.
③ The linguistic gap in Guatemala is so deep that it is unbridgeable.
④ A lot of Mam speakers need English translation in the U.S. immigration court.
⑤ Martín tries to get a degree in engineering but fails to meet the requirements.

13

Technology is rapidly expanding the scope of capabilities for both professional and personal use; such is the case with smart phones. Professionals now have devices capable of digital media, internet access, phone communication, multi-person scheduling and office tools for documents and presentations. Business people that are often mobile may maximize the use of these critical features on smart phones. Individuals who simply enjoy the luxury of multifunction devices often use these devices for <u>frivolous</u> pursuits such as downloading catchy ring tones, instant messaging about the latest gossip and looking up the world record for most cans crushed on one's head during the Super Bowl. This fusion of capabilities and increased availability of such devices could be a sign of a growing blend in society between work and personal life, or individuals could simply be taking a luxurious approach to connectivity in their personal lives.

The underlined term 'frivolous' implies that the author _____.

① is fascinated by the endless capabilities of smart phones

② hopes that technology ceases to expand its scope

③ believes that the average individual does not need a smart phone

④ wants to see more developments added to smart phone technology

14

Although we struggle across our lifetimes with bad habits and Ⓐmaladaptive patterns of relating, we may find it easier to take on new skills and change our life circumstances in ways that help us. These good things that we add into our life help Ⓑmove us toward health, despite the adversity we face or the bad habits we have created. Maston wrote, "Studies of resilience suggest that nature has provided powerful protective mechanisms for human development." Resiliency theory is built around the notion that what is right with us is more powerful than what is wrong with us.

1 What does the phrase, "maladaptive patterns of relating," most closely mean in Ⓐ above?

① The use of speaking patterns to communicate
② Having relationships with maladies
③ Socially inappropriate ways of interacting
④ Interactionally challenged exchanges of information
⑤ Magnificently adorned interaction

2 What does the phrase, "move us toward health," mean in Ⓑ above?

① go to a clinic
② become healthier
③ become sickly
④ do good things for others
⑤ do more exercise

15

It is not wise to study soon after a big meal. Since the digestive organs are heavily burdened at this time, they take a large supply of blood from the brain and the other parts of the body. And, since there cannot be a proper supply of blood in both places at the same time, either the digestive organs will be robbed of their supply, with the result that digestion cannot be carried out properly, or the brain will be so impoverished that it will do poor work. Ⓐ<u>For this reason</u> at least a half-hour after a big meal should be spent either in the enjoyment of music or light reading, or in some form of Ⓑ_____ physical exercise.

1 Which of the following is closest to what is referred to by Ⓐ?

① The brain becoming acutely active after a meal

② There being not enough blood for both organs

③ Digestive functions being severely handicapped

④ Blood supply working only on a schedule

2 Which of the following best fits into Ⓑ?

① agreeable and easy

② hard and sweaty

③ familiar but demanding

④ mental as well as

16

Ken Griffin, the boss of Citadel, a hedge fund, warns young people not to work from home: "It's incredibly difficult to have the managerial experiences and interpersonal experiences that you need to have to take your career forward in a work-remotely environment." Virtual work risks <u>entrenching silos</u>: people are more likely to spend time with colleagues they already know. Corporate culture can be easier to absorb in three dimensions. Deep relationships are harder to form with a laggy internet connection. A study from 2010 found that physical _____ between co-authors was a good predictor of the impact of scientific papers: the greater the distance between them, the less likely they were to be cited. Even evangelists for remote work make time for physical gathering: "Digital first does not mean never in person."

1 The underlined part "<u>entrenching silos</u>" means '_____'.

① establishing new boundaries

② cooperating with people from other organizations

③ supporting communication in large organizations

④ supporting cooperation among people who interact infrequently

⑤ establishing an isolated group that functions apart from others

2 The most appropriate expression for the blank is _____.

① property   ② proximity

③ openness   ④ posture

⑤ acrimony

17

Research has shown that 'myside bias' is displayed in a variety of experimental situations: people evaluate the same virtuous act more favorably if committed by a member of their own group and evaluate a negative act Ⓐ_____ if committed by a member of their own group; they evaluate an identical experiment more favorably if the results support their prior beliefs than if the results Ⓑ_____ their prior beliefs; and when searching for information, people select information sources that are likely to support their own position. In addition, the interpretation of a purely numerical display of outcome data is tipped in the direction of the subject's prior belief. ©Even judgments of logical validity are similarly skewed. Valid syllogisms with the conclusion "therefore, marijuana should be legal" are easier for liberals to judge correctly and harder for conservatives; whereas valid syllogisms with the conclusion "therefore, no one has the right to end the life of a fetus" are harder for liberals to judge correctly and easier for conservatives.

1 Which of the following ordered pairs best fits into Ⓐ and Ⓑ?
   ① more favorably — support
   ② more unfavorably — challenge
   ③ less favorably — confirm
   ④ less unfavorably — contradict

2 According to the passage, © means that people _____.
   ① confuse mechanical logic with tendencies in general
   ② interpret syllogisms based on their logical structure
   ③ evaluate syllogisms with respect to the objectivity of the conclusion
   ④ judge logic based on whether the conclusion agrees with their prior belief

18

ⒶWhy is marking up a book indispensable to reading? First, it keeps you awake. In the second place, reading, if it is active, is thinking, and thinking tends to express itself in words, spoken or written. The marked book is usually the thought-through book. Finally, writing helps you remember the thoughts you had, or the thoughts the author expressed.

If reading is to accomplish anything more than passing time, it must be active. You can't let your eyes glide across the lines of a book and come up with an understanding of what you have read. Now an ordinary piece of light fiction, like, say, *Gone with the Wind* doesn't require the most active kind of reading. The books you read for pleasure can be read in a state of relaxation, and nothing is lost. But a great book, rich in ideas and beauty, a book that raises and tries to answer great fundamental questions, demands the most active reading of which you are capable. ⒷYou don't absorb the ideas of John Dewey the way you absorb the crooning of Mr. Vallee. You have to reach for them. That you cannot do while you're asleep.

1 **What is the correct answer to the underlined part Ⓐ?**

① Because it keeps your thought relaxed.

② Because it keeps your thought peaceful.

③ Because it keeps your thought flexible.

④ Because it keeps your thought active.

2 **What is implied by the underlined part Ⓑ?**

① Mr. Vallee is greater than John Dewey.

② John Dewey is greater than Mr. Vallee.

③ There are different reading methods depending on different books.

④ To absorb great ideas from a book, a state of relaxation is needed.

19

The ball drops in New York's Times Square. The crowd counts down to Big Ben chiming. Sydney Harbor erupts in fireworks. However your city marks it, there's something exciting about welcoming in a new year and the fresh start it brings. On New Year's Day we push out into new waters. What friendships and opportunities might we find? For all its excitement, though, a new year can be unsettling. None of us knows the future or what storms it may hold. Many New Year's traditions reflect this: Fireworks were invented in China to supposedly ward off evil spirits and make a new season prosperous. And New Year's resolutions date back to the Babylonians who made vows to appease their gods. Such acts were an attempt to make an unknown future secure. When they weren't making vows, the Babylonians were busy conquering people. Today we push out from the shore into Ⓐnew, uncharted waters. There may be overwhelming challenges awaiting us. Whatever we face, we need to remind ourselves that we are not alone in this venture.

1   Which of the following is closest to what Ⓐ refers to?

① Our unknown but secure future

② One year of life filled with uncertainties

③ Uncertainty of the success of our resolutions

④ A lot of things to be conquered ahead of us

2   According to the passage, which of the following is true?

① Most new year traditions date back to ancient China.

② The Chinese tried to expel evil spirits by means of fireworks.

③ New Year resolutions were originally intended for self-improvement.

④ Babylonians tried to please their gods by waging war.

20

The idea that you can't buy happiness has been exposed as a myth, over and over. Richer countries are happier than poor countries. Richer people within richer countries are happier, too. The evidence is unequivocal: Money makes you happy. You just have to know what to do with it.

Stop buying so much stuff, psychologist Daniel Gilbert said in an interview a few years ago, and try to spend more money on experiences. We think that experiences can be fun but leave us with nothing to show for them. But that turns out to be a good thing. Happiness, for most people, comes from sharing experiences with other people; experiences are usually shared — first when they happen and then again and again when we tell our friends.

On the other hand, objects wear out their welcome. If you really love a rug, you might buy it. The first few times you see, you might admire it, and feel happy. But over time, it will probably reveal itself to be just a rug. Try to remember the last time an old piece of furniture made you ecstatic.

1 **Which of the following does the author recommend?**

① Buy experiences rather than objects.

② Be friendly to other people.

③ Change your life in a meaningful way.

④ Be satisfied with what you already have.

2 **What does the underlined sentence imply?**

① We can shop our way out of a bad mood.

② Objects are usually preferred to experiences.

③ Our happiness from buying things declines with time.

④ We usually buy what we want rather than what we need.

07

목적·어조·분위기

EXAMPLE

My first victim was a woman — white, well dressed, probably in her early twenties. I came upon her late one evening on a deserted street in Hyde Park. As I swung onto the avenue behind her, she cast back a worried glance. To her, the youngish black man — a broad six feet two inches with a beard and billowing hair — seemed menacingly close. After a few more quick glimpses, she picked up her pace, and within seconds, disappeared into the cross street.

Which of the following is most appropriate for describing the woman's emotion?

① scared   ② infuriated

③ impoverished   ④ disinterested

글의 상황이나 분위기를 묘사하는 어휘를 눈여겨보라

STEP 1 **시간적 상황과 공간적 상황을 이해하고 주체가 누구인지 파악한다.**
젊은 흑인 남자인 글쓴이가 20대 초반쯤 되는 잘 차려입은 백인 여자를 어느 날 밤늦게 하이드 파크의 인적이 드문 거리에서 마주친 상황이다.

STEP 2 **상황을 묘사하는 어휘가 주는 느낌과 등장인물의 행동 반응을 종합하여 인물의 심경을 추론한다.**
late one evening on a deserted street, worried glance, menacingly close, quick glimpses, picked up her pace 등과 같은 표현에서 늦은 밤 인적이 드문 공원의 거리에서 덩치 큰 흑인 남자를 만난 20대 백인 여자가 두려움을 느껴 도망치듯 사라져버린 것으로 추측할 수 있다.

정답 ①

나의 첫 희생자는 백인에, 옷을 잘 입은, 20대 초반쯤 되는 여자였다. 나는 어느 날 밤늦게 하이드 파크(Hyde Park)의 인적이 드문 거리에서 그녀와 마주쳤다. 내가 그녀 뒤로 재빨리 길에 들어서자, 그녀가 두려운 눈빛으로 돌아보았다. 그녀에게, 턱수염과 부푼 머리를 한 떡 벌어진 6피트 2인치의 키를 가진 젊은 흑인 남자는 위협적으로 가깝게 보였다. 몇 번을 더 재빨리 힐끔거린 후에 그녀는 발걸음을 빨리하더니 수 초 안에 교차 길로 사라져버렸다.

victim n. 희생자; 희생 come upon 마주치다 billowing a. 물결치는, 굽이치는 menacingly ad. 위협적으로 scared a. 무서워하는, 겁먹은 infuriated a. 격분한, 진노한 impoverished a. 가난해진, 힘을 잃은; 곤란한 disinterested a. 무관심한; 사욕이 없는

07 목적·어조·분위기

01

Use your frequent flyer programs to donate to charity. Your frequent flyer points may be used to help people with life-threatening medical conditions travel by plane to obtain the treatment they need, or to transport emergency relief personnel to the site of natural disasters, or simply to enable seriously ill children and their families to enjoy a trip to Jeju Island. You will be glad you helped others.

Which adjective best describes the author's tone in this passage?

① Angry   ② Sympathetic

③ Persuasive   ④ Impersonal

02

My second mate was a silent young man, grave beyond his years, I thought; but as our eyes happened to meet, I detected a slight quiver on his lips. Though I was a captain of the ship, I looked down at once. It was not my part to encourage sneering on board my ship. It must be said, too, that I knew very little of my officers, because I had been appointed to the command only a fortnight before. Neither did I know much of the hands forward. All these people had been together for 18 months, and my position was that of the only stranger on board.

As a captain, the narrator feels _____.

① disappointed   ② diffident

③ angry   ④ distracted

⑤ indifferent

134 **김영편입 영어** 독해 기출 1단계

03

Demarketing in a tourism context is the process of discouraging all or certain tourists from visiting a particular destination. General demarketing occurs when all visitors are temporarily discouraged from visiting a location, usually due to perceived carrying capacity problems. A notable example is Venice, where intensive summer crowding occasionally prompts local authorities to run ads depicting unpleasant scenes of litter, polluted water, dead pigeons and the like. The assumption is that the brand image of Venice is so strong that such imagery will not cause any permanent damage to the tourism industry. Most other destinations, however, do not have such a powerful brand and hence are generally reluctant to countermand brand-building efforts with demarketing.

다음 글의 목적으로 가장 적절한 것은?

① 역(逆) 마케팅의 개념을 소개하려고
② 베니스라는 브랜드 이미지의 형성 과정을 소개하려고
③ 특정 여행지를 방문하려는 관광객들에게 정보를 제공하려고
④ 관광산업에서 역(逆) 마케팅이 어떻게 활용되는지 설명하려고
⑤ 불쾌한 장면들을 묘사하는 광고를 만드는 방법을 소개하려고

04

Each one of us achieves some success as we go through life. But our successes when they come are never final. More challenges always lie ahead. Each one of us also suffers some failures in life. We may fail to receive a grade we thought we deserved, or a job opportunity we wanted, or a marriage may fail. These failures are not fatal. We must put them behind us and go on to do our best with the opportunities at hand. And always, with each decision we are called upon to make in life, we must face it with courage, courage to do what we think is right and just and fair. May each of you also develop the courage to accept life's challenges and make from them a life worth living.

위 글의 성격으로 가장 적절한 것은?

① severely sarcastic   ② mildly apologetic
③ warmly encouraging   ④ slightly hypothetic

05

Undoubtedly, the autobiography of Benjamin Franklin is riddled with faults. It is very muddled, particularly towards the end. It was not written in a continuous stretch, but rather pasted together out of separate fragments that were written years apart from one another: often, the author could not remember what he had even written in the previous sections. The work often takes an arrogant, condescending tone, yet it praises the virtue of humility. And perhaps most egregious of all, the part of Ben's life with the most historical significance — the American Revolution — is entirely omitted from the work. There is no real mention of events after 1760, 15 years before the outbreak of war. At that year the autobiography simply stops.

Which best describes the tone of the passage?

① critical   ② praising

③ objective   ④ indifferent

⑤ patronizing

06

The lore of the American Wild West has been familiar for generations. The brave lawmen, ruggedly individual cowboys, and rollicking frontier towns are well known around the world. In fact, the Wild West wasn't all that picturesque. America in the mid-nineteenth century was still forging a national identity. That identity did not yet include the grand heroes or elaborate mythology of other, older societies. Without being quite aware of it, the media of the time created those heroes and myths by giving the public a story it was ready to hear. The shootout towns of Tombstone and Dodge City had fewer killings in their entire heyday than nearly any modern U.S. city has in a year. Peacekeeper Wild Bill Hickok in Abilene shot only a pair of men while taming the town. One of the men was a fellow policeman. But facts like these are not the stuff of fables.

위 글의 목적으로 가장 적절한 것을 고르시오.

① To extol the Wild West

② To expound the lives in the Wild West

③ To introduce the heroes of the Wild West

④ To debunk the popular legend of the Wild West

07

Our ambitions, our decisions, our responses, are shaped by what we hold to be true. Beyond the easy labels of party and ideology are the deeply held convictions that shape those labels. But too often, adherence to conservative or progressive, to liberal or moderate, to Democrat or Republican or Independent, to being pro-this or anti-that becomes an excuse for lazy thinking. It becomes an excuse for hostile action. And for today, at least, I urge you to set aside your labels and explore what your principles say about the world you wish to serve. Because beliefs are our anchors. If they aren't, we run the risk of opportunism, making choices because others do so, not because we should.

The tone of the following is _____ .

① admonishing   ② indifferent

③ satirical   ④ apologetic

⑤ nostalgic

08

Being an outdoor cat is all fine and cool, until it's negative degrees outside. Consider this problem solved, because now your outdoor cat will be riding out the cold weather in a heated cat house. The shelter is designed to help kitties beat the elements. It's made from 600 denier nylon, with a vinyl backing to make it waterproof, and there are two doors with plastic flaps that are secured with Velcro. The heated version (you can also get it unheated) comes with the brand's Lectro-Soft outdoor heated pad. It has been tested and certified by MET Labs for electrical safety standards, so your cat will be safely warm. It is for outdoor cats, but the house can be used indoors as well. The outer measurements are 18 x 22 inches, and the heated pad is 14 x 18 inches. The cat house comes in an olive color, as well as various designs, including a barn, cottage, and log cabin.

What is the purpose of this passage?

① to protect cats from city traffic

② to pass the construction regulations

③ to propose high-technology for cat house

④ to advertise the new product of cat house

⑤ to give instructions on cat house building

09

College and university environments are places with a special purpose: student learning. Among the many methods employed to foster student learning and development, the use of the physical environment is perhaps the least understood and Ⓐ_____. The physical environment, however, can contribute to college student learning and development in two important ways. First, the actual features of the physical environment can encourage or discourage the processes of learning and development. Second, the process of designing campus physical environments can also Ⓑ_____ the acquisition of skills important to the process of learning and developing.

1 **Which of the following is most appropriate for the blanks Ⓐ and Ⓑ?**

① the least overlooked — hinder

② the least recognized — demote

③ the most acknowledged — foster

④ the most neglected — promote

2 **Which of the following best describes the author's attitude?**

① inquisitive   ② impassioned

③ sarcastic   ④ explanatory

10

When most people contemplate building a new home, they assume that the first order of business is to choose or design a plan to build. But, in fact, the first step is always to find the site that you want to build on. When you work with an architect, you'll find that the design for the house is as much influenced by the opportunities and constraints of the site as it is by your particular functional and aesthetic desires. This was eminently evident in one new house I saw a few years ago. The house was positioned on a hill, facing south overlooking a magnificent vista, but there was not a single window looking toward that extraordinary view. My guess is that the design had been picked out of a plan book long before the site had been chosen, and the original plan had been designed to be highly energy efficient with its Ⓐ_____ face oriented to the north. This new house had the Ⓑ_____ face oriented to the south — just the direction one wants lots of glass in most climates.

1 **What is the purpose of the passage?**

① To explain the importance of aesthetic considerations in house construction

② To show the close connection between the design for a house and its site

③ To offer a step-by-step guide to the house building process

④ To illustrate how to build an energy-efficient house

2 **Which of the following is most appropriate for blanks Ⓐ and Ⓑ?**

① slim   ② round

③ blind   ④ glittering

08

문장배열

📌 EXAMPLE

Throat microphones which pick up the vibrations of normal speech directly through the skin rather than through the air are useful in extremely noisy situations such as when motorcycle messengers on the freeway must communicate with their headquarters.

A For now at least, our private thoughts are safe.

B The system is sensitive enough to pick up the "inner speech" we use when we are silently reading or thinking.

C While some people worry that a system like this will be able to read our minds, in its current stage it can only understand a few simple words.

D Now, NASA scientists have developed a more advanced system than throat microphones.

글의 흐름상 이어질 내용이 바르게 배열된 것을 고르시오.

① A — C — D — B

② D — B — C — A

③ D — C — B — A

④ A — C — B — D

먼저 글의 주제를 찾고, 문장 간의 논리적 흐름을 파악하라

STEP 1 가장 포괄적인 문장과 반복되는 주요 어구로부터 소재 또는 주제를 찾는다.

글의 소재를 소개하고 있는 ⒟의 문장과 반복되는 단어들을 통해 '(목에 대는 마이크보다) 더 진보한 시스템'이 글의 주제임을 파악할 수 있다.

STEP 2 문장 간의 유기적 관계를 파악하기 위해 연결어, 접속사, 시간부사, 지시어, (부)정관사 등에 유의한다.

⒟에서 부정관사를 통해 진보한 시스템(a more advanced system)을 처음 소개했다면 ⒝에서는 정관사를 이용하여 그 시스템(The system)이 다시 언급되고 있다. ⒞에서 접속사 while을 통해 글의 흐름상 새로운 이견이 나타날 것임을 유추할 수 있다.

STEP 3 각 문장의 요지를 파악하고 글의 전개 방식을 이해한다.

⒞에서 새로운 시스템에 대한 사람들의 걱정이 소개되었고, ⒜에서 이러한 걱정을 잠재워줄 현재의 안전성을 언급하고 있다.

STEP 4 글의 순서 파악에 도움이 된 단서와 내용을 종합해 글의 순서를 정한다.

종합적으로 ⒟ 진보한 시스템의 소개 — ⒝ 시스템에 대한 부가 설명 — ⒞ 시스템에 대한 걱정 — ⒜ 걱정에 대한 반론의 배열이 이 글을 가장 유기적으로 연결한 것이다.

정답 ②

일반적인 말의 진동을 공기가 아닌 피부를 통해서 감지하는 목에 대는 마이크(목청에서 나오는 소리를 바로 전달함)는 오토바이 배달부가 고속도로에서 본사와 통신해야 하는 경우 등의 매우 시끄러운 상황에서 유용하다. ⒟ 이제는, NASA의 과학자들이 목에 대는 마이크보다 더 진보한 시스템을 개발했다. ⒝ 이 시스템은 우리가 소리 내지 않고 읽거나 생각할 때 사용하는 '속말'을 감지할 정도로 예민하다. ⒞ 일부 사람들이 이와 같은 시스템이 우리의 마음을 읽을 수 있을 것이라고 걱정하지만, 현재 상태로는 몇 개의 간단한 단어만 이해할 수 있을 뿐이다. ⒜ 적어도 지금으로선, 우리의 개인적인 생각은 안전하다.

throat microphone 목에 대는 마이크(목청에서 나오는 소리를 바로 전달함) private a. 개인적인 sensitive a. 민감한 silently ad. 소리 없이 current a. 현재의 advanced a. 진보한

08 문장배열

01

> A We are so successful that we have undermined the conditions that formerly allowed us to expand.
>
> B The more powerful our civilization grows, the more vulnerable it becomes.
>
> C In terms of widespread prosperity, our civilization has experienced unprecedented success.
>
> D It seems that stability and, even, ongoing survival on a global scale, can now no longer be guaranteed.

Reorder the following sentences in the BEST way to form a coherent passage.

① D — C — A — B
② B — D — A — C
③ A — D — C — B
④ C — B — A — D

02

> A Scientific inquiry is never completely neutral. B It is consequently vulnerable to social action and interaction. C It always has a guide, whether it be curiosity, circumstance, or achievement. D Society thus acts as a leader, guiding scientific inquiry and conclusion making down its own self-serving path. E To recognize the inaccuracy of a value-free labeling in science, one only has to see how subservient is scientific inquiry to social and cultural interests.

Choose the most logical order of the following sentences.

① A — C — D — B — E
② A — C — B — E — D
③ A — E — D — B — C
④ A — D — B — C — E
⑤ A — D — E — B — C

144   김영편입 영어 독해 기출 1단계

03

Alzheimer's disease is, perhaps, the classic illness of old age. Physical frailty is expected, and can be coped with. Mental frailty is much scarier for the sufferer and more demanding for those who have to look after him. It is expensive, too. A The number of people suffering from the disease is expected to triple by 2050. B Effective treatments would thus be embraced with enthusiasm by sufferers and society alike. C And it is getting commoner as average lifespans increase. D Alzheimer's is estimated to cost America alone some $170 billion a year.

Which is the proper order of the sentences A — D?

① C — D — B — A
② A — C — D — B
③ D — C — A — B
④ B — A — C — D

04

Marrying solely because of one's partner's physical attractiveness seldom brings lifelong happiness.

A The reason is that beauty is in the eye of the beholder.

B In addition, the physical beauty of youth fades with age. The person who married for beauty often feels cheated.

C Thus, if the beholder finds he or she really doesn't like the partner, the beauty is sure to decrease.

Choose the MOST logical order in the following paragraphs.

① B — A — C

② A — B — C

③ A — C — B

④ C — A — B

05

A Individuals do not always do what they are supposed or expected to do, and they frequently act in ways that disrupt the social order. B Most people comply with authority, and most societies do not rely on force to maintain order. C For a society to function adequately, there must be some conformity among its members. D In no human society does life move along in peace and harmony at all times. E An important basis for conformity in most societies is the internalization, or learning, of norms and values.

Choose the most logical order of the following sentences.

① A — B — D — C — E

② A — D — B — E — C

③ C — D — B — A — E

④ D — A — C — E — B

⑤ D — B — E — A — C

06

That genius is unusual goes without saying. A However another link, between savant syndrome and autism, is well established. B A link between artistic genius on the one hand and schizophrenia and manic-depression on the other is widely debated. C But is it so unusual that it requires the brains of those that possess it to be unusual in other ways, too? D It is, for example, the subject of films such as "Rain Man," in which the autistic brother shows an extraordinary talent of memorizing figures.

Which is the proper order of the sentences A — D?

① A — B — C — D
② A — D — C — B
③ C — B — D — A
④ C — B — A — D

07

A All readers of Charlotte Perkins Gilman's work know that she tells the same stories over and over again. B In Gilman's fiction the use of the analogue is more than the mere repetition of particular plots or themes. C For example, it is especially effective when she is dealing with the relationship between the individual and the social health. D This feature of her writing I would like to describe as the writing of the analogue. E It is crucial to any understanding of the way in which she organized and expressed both her art and her ideology.

Choose the most logical order of the following sentences.

① A — C — E — B — D
② A — C — D — E — B
③ A — E — C — D — B
④ A — D — B — E — C
⑤ A — D — E — B — C

08

A While he was tamping down the charge with an iron rod, it went off and sent the rod through his head.

B But contemporaries thought that his personality had changed; whereas once he had been well-behaved, now he was downright antisocial.

C About a century and a half ago, an American railway worker named Phineas Gage was setting an explosive charge near Cavendish, Vermont.

D Gage miraculously survived — or at least part of him did.

Choose the most logical order of the following sentences.

① C — B — A — D

② C — D — B — A

③ C — A — D — B

④ C — D — A — B

09

Most Americans treasure the constitutional rights and liberties that protect innocent individuals from wrongful prosecution and imprisonment. But most Americans also want to control crime as much as possible. A Balancing the two sentiments is not easy. B Those alarmed by lawlessness — real or imagined — tend to support whatever it takes to reduce that lawlessness, even if the rights or liberties of others must be restricted. C They also claim that even the rights and liberties of criminals should be protected and respected. D Others are more alarmed by the lawlessness — real or imagined — of police and prosecutors. E These advocates of due process values see violations of rights and liberties as unnecessary and dangerous in a free society.

Choose the one that does not fit in the passage.

① A   ② B

③ C   ④ D

⑤ E

10

> A It may be difficult to judge when the leap from talented but derivative work to major innovation has occurred. What distinguishes a creative assimilation, a deep intertwining of appropriation and experience, from mere mimicry?
>
> B For most people the period of imitation and apprenticeship lasts a long time.
>
> C Some people, having undergone such an apprenticeship, may remain at the level of technical mastery without ever ascending to major creativity.
>
> D It is a time when one struggles to find one's own powers, one's own voice. It is a time of practice, repetition, and mastering of skills.

Reorder the following sentences in the BEST way to form a coherent passage.

① B — D — C — A

② A — B — C — D

③ D — C — A — B

④ C — A — D — B

11

> A But if you also gesture with your arms while studying, you can remember the vocabulary better, even months later. B New research in neuroscience is exploring the connection between language learning and movement. C This is the conclusion a research team reached after using magnetic pulses to deliberately disrupt these areas in language learners. D Linking a word to brain areas responsible for movement strengthens the memory of its meaning. E When learning a foreign language, most people fall back on traditional methods: reading, writing, listening and repeating.

Choose the most logical order of the following sentences.

① B — D — C — A — E

② B — D — A — E — C

③ B — A — D — E — C

④ B — E — A — D — C

⑤ B — E — C — D — A

12

Many people have trouble starting their cars on a cold winter morning. In a cold car, the engine turns over more slowly, and it sometimes does not turn over at all. Car owners may blame their cold engines, but the real problem is a cold battery, which powers the starter motor. This motor is generally connected to its circuit by using a battery.

A Increasing the number of electrons moving increases the current and so increases the amount of power available to the motor.

B When a motor is hooked up in a circuit with a battery, electrons move through the circuit, creating a current.

C Likewise, decreasing the number of electrons moving will decrease the amount of power available.

전체 글의 의미가 통하도록 문장들 A — C의 순서를 알맞게 배열한 것을 고르시오.

① A — B — C
② A — C — B
③ B — A — C
④ B — C — A

13

A Sensing a business opportunity, Benjamin Day established *The Sun*, a newspaper in New York City, in 1833, and he started selling it for a penny per issue.

B The main reason was that the cost — six cents — was considered exorbitant.

C But large numbers of individuals, particularly those belonging to the working class, did not read newspapers on a daily basis.

D This is widely considered to be the first of the penny presses that came to be prevalent during that decade.

E In the United States in the 1830s, there was a high rate of literacy amongst all classes of people.

Put the following story into a logical order.

① A — E — B — C — D
② E — C — D — B — A
③ E — C — B — A — D
④ A — E — C — B — D
⑤ E — A — C — D — B

14

A The history of life on earth has been a history of interaction between living things and their surroundings.

B To a larger extent, the physical form and the habits of the earth's vegetation and its animal life have been molded by the environment.

C Considering the whole span of earthly time, the opposite effect, in which life actually modifies its surroundings, has been relatively slight.

D Only within the moment of time represented by the present century has one species — man — acquired significant power to alter the nature of his world.

Reorder the following sentences in the BEST way to form a coherent passage.

① A — B — C — D
② A — C — D — B
③ B — D — C — A
④ B — A — D — C

15

Immunizations for children continue to be the subject of heated debate because they do have some negative side effects. ⒶMild, short-term side effects include pain at the point of injection, mild fever, irritability, sleepiness, and decreased appetite. More serious side effects, though rare, include an increased risk of seizures. ⒷIn addition, a very small number of children have had a severe allergic reaction, called anaphylaxis, to some vaccines. This reaction includes hives, breathing difficulties, and a drop in blood pressure. ⒸSuch consequences have led some people to create anti-vaccine groups. Convinced that vaccines can cause problems such as autism, diabetes, learning disabilities, and asthma, members of these groups refuse to immunize their own children. ⒹWhen that bacteria or virus is introduced into the body, the immune system recognizes it as an intruder and manufactures specific antibodies that will fight infection if the body comes under attack. They also fight against laws that require children to be vaccinated in order to attend public schools.

위 글의 흐름상 가장 적합하지 <u>않는</u> 것을 고르시오.

① Ⓐ   ② Ⓑ

③ Ⓒ   ④ Ⓓ

16

A philosophy professor walks in to give his class their final. Placing his chair on his desk, the professor instructs the class, "Using every applicable thing you've learned in this course, prove to me that this chair DOES NOT EXIST."

A Time goes by, and the day comes when all the students get their final grades.

B He spends thirty seconds writing his answer, and then turns his final in to the astonishment of his peers.

C To the amazement of the class, the student who wrote for thirty seconds gets the highest grade in the class and his answer to the question: "What chair?"

D So, students are preparing to embark on novels proving that the chair doesn't exist, except for one student.

Choose the best order from A **to** D **for a passage starting with the sentences in the box.**

① A — B — D — C

② B — D — C — A

③ C — A — B — D

④ D — B — A — C

17

No one really knows how many species of animal there are in the world, but one estimate puts it at just under nine million.

A Some biologists calculate that between 0.01% and 0.1% of all species could become extinct annually. This rate would mean between 900 and 9,000 extinctions every year.

B While this is an alarming rate, it is not inevitable that an animal will become extinct. In fact, a number of animals that were close to dying out have actually been brought back from the edge of extinction.

C However, the majority of species have not been identified, and we are still discovering new ones at a rapid rate. Since we have identified so few animals, it is difficult to determine the rate of extinction.

Achieving such a feat may help ensure the biodiversity and health of the animal kingdom.

전체 글의 의미가 통하도록 A — C의 순서를 알맞게 배열한 것을 고르시오.

① A — B — C
② B — A — C
③ B — C — A
④ C — A — B

18

Abraham Lincoln's election to the presidency in 1860 brought to a climax the long festering debate about the relative powers of the federal and the state government. ⒶBy the time of his inauguration, six Southern states had seceded from the Union and formed the Confederate States of America, soon to be followed by five more. ⒷThe war that followed between North and South put constitutional government to its severest test. ⒸAfter four bloody years of war, the Union was preserved, four million African American slaves were freed, and an entire nation was released from the oppressive weight of slavery. ⒹThe war can be viewed in several different ways: as the final, violent phase in a conflict of two regional subcultures; as the breakdown of a democratic political system: as the climax of several decades of social reform; or as a pivotal chapter in American racial history. ⒺAs important as the war itself was the tangled problem of how to reconstruct the defeated South. However interpreted, the Civil War stands as a story of great heroism, sacrifice, triumph, and tragedy.

글의 흐름으로 보아, Ⓐ — Ⓔ 가운데 어색한 것은?

① . Ⓐ   ② Ⓑ

③ Ⓒ   ④ Ⓓ

⑤ Ⓔ

19

The most commonly held theory on the origin of cheese suggests that an Arab nomad unwittingly created the first batch of cheese after discovering the milk he'd stored in an animal-stomach bag (most likely that of a sheep) had curdled.

A But let's face it: Folks have been letting milk ferment for thousands of years, so it's very possible that cheese was "discovered" multiple times throughout history, in different parts of the world.

B The idea certainly makes sense. After all, cured animal skins and organs were frequently used as vessels or containers for food and water, and the stomach lining of young ruminants (cud-chewing mammals) such as sheep, goats, and cows naturally contain rennet, the enzyme used to make cheese.

C Thus, milk stored in an animal stomach, jostled around during a long day or days of traveling, and subject to a hot climate could very well result in the formation of cheese.

Choose the best order after the sentence in the box.

① A — C — B
② B — C — A
③ A — B — C
④ C — B — A

20

The heart is the pump that keeps blood flowing throughout the circulatory system. It is divided into four chambers. The top chambers of the heart are the atria. Below each atrium is a chamber called a ventricle. Each of the four chambers has a different job. The right atrium collects blood returning to the heart.

A Blood entering this atrium is oxygen-rich and ready to be sent throughout the body.

B Blood entering this atrium has little oxygen in it because the oxygen has already been delivered to cells throughout the body.

C The left atrium, on the other hand, receives blood from the lungs.

Both atria contract at the same time, pushing the blood into the ventricles. When the ventricle below the right atrium contracts, the blood leaves the right ventricle and enters the lungs. The left ventricle contracts at the same time, sending its blood into the rest of the body through blood vessels.

전체 글의 의미가 통하도록 A — C의 순서를 알맞게 배열한 것을 고르시오.

① A — B — C

② B — C — A

③ C — B — A

④ C — A — B

합격을 완성할 단 하나의 선택

김영편입 영어
독해

기출 **1**단계

09

문장삽입

EXAMPLE

Kindergartners are quite skillful with language. A Providing a "sharing time" gives children a natural opportunity for talking. However, many will need help in becoming good listeners. B Some sort of rotation scheme is usually necessary to divide talking opportunities between the talkative and silent extremes. C Teachers can provide activities or experiences for less confident children to talk about, such as a field trip, a book, or a film. D

Where would the following sentence best fit?

Most of them like to talk, especially in front of a group.

① A   ② B
③ C   ④ D

연결어, 지시어, 시간 순서에 유의해 적절한 위치를 살펴라

STEP 1 **우선 글의 도입부에서 소재 또는 주제를 찾는다.**
유치원생들의 말하기와 듣기 활동이 이 글의 소재다.

STEP 2 **중심 소재와 관련한 글의 전체적 흐름을 파악한다.**
우선 Ⓐ의 앞뒤 문장들은 말하기에 관한 내용이며, Ⓑ의 앞 문장은 듣기의 필요성에 대한 내용이다. 또한 Ⓑ 뒤의 두 문장에서는 말수가 적은 아이들이 말을 잘 하도록 격려하기 위한 방안을 제시해주고 있다. 이때 주어진 문장은 말하기에 관한 것이므로 글의 흐름상 Ⓐ에 들어가는 것이 적절하다.

STEP 3 **주어진 문장과 나머지 문장들 사이의 결정적 연결 어구 등을 찾는다.**
주어진 문장에서 in front of a group은 나머지 문장들 중 두 번째 문장의 sharing time과 자연스럽게 연결될 수 있다.

STEP 4 **선택한 위치에 문장을 넣어 다시 확인해본다.**
주어진 문장을 선택한 위치에 넣어 글이 자연스럽게 전개되는지 다시 확인해보는 것은 오답을 줄이는 데 있어서 매우 중요하다.

정답 ①

유치원생들은 언어를 다루는 데 꽤 능숙하다. <대부분의 유치원생들은 특히 사람들이 모여 있는 자리에서 말하고 싶어 한다.> '공유하는 시간'을 제공하는 것은 아이들에게 대화를 할 수 있는 자연스러운 기회를 제공해준다. 그러나 많은 유치원생들은 남의 말을 잘 들어주는 사람이 되는 데 있어 도움이 필요할 것이다. 일종의 돌아가며 말하는 방식이 수다스러운 아이들과 극도로 조용한 아이들 사이에 말할 기회를 나누어주기 위해 대개 필요하다. 선생님들은 말하는 데 있어 자신감이 다소 부족한 아이들에게 여러 가지 활동이나 경험을 제공해줄 수 있다. 이를테면, 현장학습, 책, 또는 영화 같은 것을 통해서 말이다.

kindergartner n. 보모; 유치원생 skillful a. 숙련된, 능숙한 opportunity n. 기회 good listener 남의 말을 잘 들어주는 사람 rotation n. 회전, 순환 scheme n. 계획, 체계 necessary a. 필요한 divide v. 나누다 talkative a. 수다스러운 extreme n. 양극단의 한쪽, 극단 confident a. 확신하고 있는, 자신만만한 field trip 현장학습, 견학

01

Public opinion has an important place in a democracy. Ⓐ The public, often lethargic or indifferent, is susceptible to a wide variety of influences. Ⓑ The most prevalent of these is the mass media. These communications media — the press, radio, and television — have a paramount position in initiating, influencing, and shaping public opinion. Ⓒ There has been a great deal of hostile comment leveled against these opinion molders. Ⓓ

Choose the most suitable position of the sentence below in the above passage.

Bearing this responsibility, the mass media are often accused of being remiss or negligent in their duty to inform the public.

① Ⓐ

② Ⓑ

③ Ⓒ

④ Ⓓ

02

Research on rats shows that when animals live in crowded conditions, they live disorderly, violent lives. Ⓐ Crowded inner cities are models of lawlessness; the crowded highways of Los Angeles encourage aggression by drivers, and even shootings. Ⓑ As our urban areas continue to grow in population density, these types of problems will surely also grow. Ⓒ That means more family violence and more fighting over available resources. Ⓓ The American dream will become just that — only a dream.

Choose the best place in the passage for the following sentence.

Humans are not different.

① Ⓐ   ② Ⓑ
③ Ⓒ   ④ Ⓓ

03

Ⓐ Every morning, no matter how late he had been up, my father rose at 5:30, went to his study, wrote for a couple of hours, made us all breakfast, read the paper with my mother, and then went back to work for the rest of the morning. Ⓑ Many years passed before I realized that he did this by choice, for a living, and that he was not unemployed or mentally ill. Ⓒ But the idea of spending entire days in someone else's office doing someone else's work did not suit my father's soul. Ⓓ I think it would have killed him.

Choose the best place for the following sentence.

I wanted him to have a regular job where he put on a necktie and went off somewhere with the other fathers and sat in a little office.

① Ⓐ   ② Ⓑ
③ Ⓒ   ④ Ⓓ

04

There are two ways in which one can own a book. Ⓐ The first is the property right you establish by paying for it, just as you pay for clothes and furniture. Ⓑ But this act of purchase is only the prelude to possession. Ⓒ An illustration may make the point clear. Ⓓ You buy a steak and transfer it from the butcher's icebox to your own. But you do not own the steak in the most important sense until you consume it and get it into your bloodstream. I am arguing that books, too, must be absorbed into your bloodstream to do you any good.

아래의 주어진 문장이 들어갈 가장 알맞은 곳을 고르시오.

Full ownership comes only when you have made the book a part of yourself, and the best way to make yourself a part of it is by writing in it.

① Ⓐ   ② Ⓑ
③ Ⓒ   ④ Ⓓ

05

Coins were very convenient to use, but they were heavy. Ⓐ In 10th century China, iron coins had square holes in the middle, and string was used to tie them together in heavy bundles of one hundred. Ⓑ People began leaving these bundles with merchants in exchange for receipts. Ⓒ The receipts could be used over time to purchase goods from the merchants. Ⓓ The money would be worthless if the government did not guarantee its value. Ⓔ Paper currency has no value if the people do not have confidence in its worth.

글의 흐름으로 보아, 주어진 문장이 들어가기에 가장 적절한 곳은?

In the 11th century, the Chinese government began issuing these receipts which became the world's first paper money.

① Ⓐ   ② Ⓑ
③ Ⓒ   ④ Ⓓ
⑤ Ⓔ

06

Archaeologists have excavated ancient pyramids in Egypt and more recent ones in Central and South America. Ⓐ Similarities have been noted in the design and construction of these monuments found thousands of kilometers apart. Ⓑ Thor Heyerdahl, the Norwegian explorer, put together a ship based on ancient Egyptian drawings and set sail for Barbados to lend support to the theory of cultural contact. Ⓒ Heyerdahl ran into various problems in his first attempt to reach Barbados and had to abandon his efforts. Ⓓ On a second try he did reach Barbados, as the ancient Egyptians might have done.

다음 글을 읽고 아래의 주어진 문장이 들어갈 가장 알맞은 곳을 고르시오.

Some researchers have attempted to determine through direct experiment whether contact could have existed between these pyramid builders.

① Ⓐ   ② Ⓑ

③ Ⓒ   ④ Ⓓ

07

In oral schools, children spent years just trying to learn to vocalize and lip-read. Often they were taught very little mathematics, geography, history, or literature in an effort to teach them vocalization and lip-reading. Ⓐ It's no surprise that oralism failed miserably. Ⓑ In the 1850s, in the heyday of deaf education in American Sign Language, the graduates of the Hartford asylum were as literate as the hearing population. Ⓒ But by 1972, the average reading level of the eighteen-year-old deaf high school graduate in the United States was at a fourth-grade level. Ⓓ A similar situation prevailed in Britain.

Choose the best place in the passage for the following sentence.

In other words, these schools were trying hard to essentially undo deafness, rather than to educate the deaf.

① Ⓐ   ② Ⓑ

③ Ⓒ   ④ Ⓓ

08

Sharks are no crueler than any other predator in the sea. $\boxed{A}$ The marine environment is a harsh and pitiless world. $\boxed{B}$ From the very start of life in the planktonic community, microscopic animal attacks and devours microscopic animal, in turn to be consumed by some larger form of life fighting the vicious and never-ending battle of survival. $\boxed{C}$ And so on upward in size through the cycle to the sharks, the dominant predator of the oceans. $\boxed{D}$ But the consumption of one living thing by another form of life is the order of survival, with nothing being wasted in nature. Only man is the indiscriminate killer.

아래의 주어진 문장이 들어갈 가장 알맞은 곳을 고르시오.

Small fish feed upon the minute life forms in plankton, and they in turn are fed upon by large fish and other animals.

① $\boxed{A}$ ② $\boxed{B}$
③ $\boxed{C}$ ④ $\boxed{D}$

09

Influenza is a constantly evolving virus. $\boxed{A}$ It quickly goes through mutations that slightly alter the properties of its H and N antigens. $\boxed{B}$ Due to these changes, acquiring immunity (either by getting sick or vaccinated) to an influenza subtype such as H1N1 one year will not necessarily mean a person is immune to a slightly different virus circulating in subsequent years. $\boxed{C}$ In other cases, however, the virus can undergo major changes to the antigens such that most people don't have an immunity to the new virus, resulting in pandemics. $\boxed{D}$ This antigenic shift can occur if an influenza A subtype in an animal jumps directly into humans.

Choose the best place for the following sentence.

But since the strain produced by this antigenic drift is still similar to older strains, the immune systems of some people will still recognize and properly respond to the virus.

① $\boxed{A}$ ② $\boxed{B}$
③ $\boxed{C}$ ④ $\boxed{D}$

10

There are 140 known natural satellites, also called moons, in orbit around the various planets in our solar system, ranging from bodies larger than our own moon to small pieces of debris. ${A}$ From 1610 to 1977, Saturn was thought to be the only planet with rings. ${B}$ Particles in these ring systems range in size from dust to boulders to house-size. ${C}$ And they may be rocky and/or icy. ${D}$ Ancient astronomers believed that Earth was the center of the universe, and that the sun and all the other stars revolved around Earth. ${E}$ Copernicus proved that Earth and the other planets in our solar system orbit our sun. Little by little, we are charting the universe.

Choose the best place in the passage for the following sentence.

We now know that Jupiter, Uranus, and Neptune also have ring systems.

① ${A}$ ② ${B}$
③ ${C}$ ④ ${D}$
⑤ ${E}$

11

Stoicism was one of the many philosophical movements which originated in Athens during its golden age. First formulated by Zeno of Citium in 301 BC, stoicism stresses indifference to both pleasure and pain, whether in a physical or emotional form. Stoics hold that reason should be the sole guide of one's actions, and that passions, such as pleasure and pain, cloud one's reason. ${A}$ Stoics train themselves to lead a materially simple life. ${B}$ Luxuries are to be avoided. ${C}$ Similarly, stoics seek to lead an emotionally simple life, free of emotional entanglements. ${D}$ Stoics taught themselves to live apart from their society, at least in an emotional sense.

Where should the following sentence be inserted to make the paragraph complete?

To a stoic, the ability to think clearly is the greatest of all virtues, and anything that impairs this ability should be avoided.

① ${A}$ ② ${B}$
③ ${C}$ ④ ${D}$

12

Gray wolves are social animals choosing to live to families, or "packs," of usually eight members. They establish a clear line of authority. Ⓐ There is always a dominant head male who makes the decisions. Ⓑ There is a head female who takes charge of the pups, the other females, and sometimes the weaker males. Ⓒ Usually, only the head male and female have pups. Ⓓ They are born in the spring, the number varying from one to as many as eleven pups. Ⓔ The mother feeds her little ones from her own milk. Later, the other pack members help to feed them by chewing and swallowing the food, then bringing it up.

글의 흐름으로 보아, 주어진 문장이 들어가기에 가장 적절한 곳은?

But the rest of the pack helps to look after them.

① Ⓐ   ② Ⓑ
③ Ⓒ   ④ Ⓓ
⑤ Ⓔ

13

The whole farm was deeply divided on the subject of the windmill. Snowball did not deny that to build it would be a difficult business. Ⓐ Stone would have to be carried and built up into walls, then the sails would have to be made and after that there would be need for dynamos and cables. Ⓑ But he maintained that it could all be done in a year. Ⓒ Napoleon, on the other hand, argued that the great need of the moment was to increase food production, and that if they wasted time on the windmill they would all starve to death. Ⓓ The animals formed themselves into two factions under the slogans, "Vote for Snowball and the three-day week" and "Vote for Napoleon and the full manger."

Choose the best place in the passage for the following sentence.

And thereafter, he declared, so much labour would be saved that the animals would only need to work three days a week.

① Ⓐ   ② Ⓑ
③ Ⓒ   ④ Ⓓ

14

There is a common belief that many Americans get fat because they eat too many carbohydrates. Ⓐ The idea is that a high-carbohydrate, low-fat diet leads to weight gain, higher insulin and blood glucose levels, and more diabetes, even if the calories are the same as in a higher-fat diet. That did not happen in the study. Others have said the opposite: that low-fat diets enable people to lose weight naturally. Ⓑ As for heart disease risk factors, the only one affected was LDL cholesterol, which increases heart disease risk. Ⓒ The levels were slightly higher in women eating the higher-fat diet, but not high enough to make a noticeable difference in their risk of heart disease. Ⓓ Although all the study participants were women, the results should also apply to men.

아래의 주어진 문장이 들어갈 가장 알맞은 곳을 고르시오.

But again, that belief was not supported by the data in the study.

① Ⓐ   ② Ⓑ
③ Ⓒ   ④ Ⓓ

15

It is easy enough to confuse cheetahs with leopards. Even in Africa, where people are used to seeing these animals, they are often called by the same Swahili name, *ngari*. The confusion is understandable. On a superficial level, the two have much in common. Ⓐ Both have light tan fur and dark spots. Ⓑ Both have about the same body weight, approximately 110 to 130 pounds. Ⓒ The cheetah has longer legs and a much smaller head. Ⓓ An agile climber, the leopards climbs trees to hunt monkeys; the cheetah, one of the fastest animals on Earth, takes its prey on the ground, running it down at full speed. Ⓔ The leopard consumes a varied diet. Even when game is scarce, it can subsist on mice and fruits. The cheetah, by contrast, relies primarily on antelope for food.

Which is the best place for the following sentence?

However, on closer inspection, there are clearly more differences than similarities between the two.

① Ⓐ   ② Ⓑ
③ Ⓒ   ④ Ⓓ
⑤ Ⓔ

16

In the late nineteenth century, British author H. G. Wells wrote about a fictional invasion of Earth by hostile Martians in his novel *The War of the Worlds*. Wells' imaginary Martians used a "heat ray" — something like the modern laser — as a weapon. In the twentieth century, science fiction depicted all kinds of visitors from other worlds. Ⓐ Some were nonhuman monsters. Others looked just like us. Ⓑ To them, we were the invading monsters! Ⓒ Such stories may be pure imagination, but there is some reason to think life may exist on other worlds. Ⓓ In principle, beings like us could exist on planets similar to Earth. So, scientists and non-scientists alike have long wondered: what will happen if — or when — we encounter intelligent beings from other planets?

아래의 주어진 문장이 들어갈 가장 알맞은 곳을 고르시오.

Some authors even told stories from the perspective of alien species.

① Ⓐ   ② Ⓑ
③ Ⓒ   ④ Ⓓ

17

Autism is a brain development disorder that impairs social interaction and communication and causes restricted and repetitive behavior, all starting before a child is three years old. Ⓐ The genetics of autism are complex and it is generally unclear which genes are responsible for it. Ⓑ Autism affects many parts of the brain but how this occurs is also poorly understood. Autism is strongly associated with agents that cause birth defects. Ⓒ The number of people known to have autism has increased dramatically since the 1980s. Parents usually notice signs in the first two years of their child's life. Ⓓ Early behavioral cognitive intervention can help children gain self-care, social and communication skills but there is no cure for it. Few children with autism live independently after reaching adulthood, but some become successful and an autistic culture has developed, with some seeking a cure and others believing that autism is a condition rather than a disorder.

Where should the following sentence be inserted to complete the passage?

Other proposed causes, such as childhood vaccines, are controversial and the vaccine hypotheses lack convincing scientific evidence.

① Ⓐ   ② Ⓑ
③ Ⓒ   ④ Ⓓ

18

Porpoises and other marine mammals are better equipped than humans physiologically to dive to considerable depths in the ocean. Ⓐ The blood of these animals has approximately 30 percent higher capacity for oxygen transport and storage than has human blood. Ⓑ They also possess increased stores of respiratory pigment in their muscles which may contribute significantly to their oxygen reserve. Ⓒ The respiratory center in the brain, which regulates breathing movements in all mammals, is driven by carbon dioxide in the surrounding blood. In porpoises and other diving mammals, this center is far less sensitive to carbon dioxide in fluids than in other mammals. Ⓓ Moreover, all diving animals, from birds to reptiles to mammals, experience a drastic slowing of the heart rate when diving. Ⓔ In seals, whose normal surface heart rate may be seventy to eighty times a minute, the heart slows to six and ten beats a minute upon diving.

Choose the most appropriate place to insert the following sentence.

Consequently, they can tolerate considerably higher concentrations of carbon dioxide.

① Ⓐ   ② Ⓑ

③ Ⓒ   ④ Ⓓ

⑤ Ⓔ

19

Machiavelli recounts in Book III of the *Discourses on the First Ten Books of Livy* the story of a rich Roman who gave food to the starving poor during a famine, and the Romans executed him for it. A They reasoned that he was building up a following in order to become a tyrant. B This response highlights the tension between morals and politics, and shows that the Romans cared more for freedom than for welfare. C It throws into relief the fact that the way we judge actions depends on our idea of what politics is. D Junius Brutus, who liberated the Romans from the tyrannical Tarquins, later executed his own sons for conspiring against the new regime. E Certainly these Romans cannot be fitted into the modern view that politics is merely a service industry allowing us to get on with the game of life, or that rulers must create a perfectly just society.

글의 흐름으로 보아, 주어진 문장이 들어가기에 가장 적절한 곳은?

Does this show that politics is a dirty business, or that it calls on the most heroic dispositions possible to human beings?

① A ② B
③ C ④ D
⑤ E

20

In general, our minds work best when focused completely on the task at hand. Indeed, we have a natural mechanism in our brains for suppressing irrelevant information. Nonetheless, this ability has its limits. Dubbed 'working memory' by scientists, our capacity for processing information necessary to make immediate decisions can easily become overloaded. When that happens, our mental powers become impaired. We make more mistakes and lose our abilities to be as creative, innovative or productive. Research suggests even answering a text message can break our concentration for up to 40 minutes. A Like a laptop with too many windows open, our ability to perform on any one task becomes impaired when a new mental task (window) is opened. B Unlike our laptops, however, our brains don't simply 'hang' when overloaded until windows can be closed or commands executed. C But again, that's not necessarily a good thing. D It's precisely this forcing of decisions that takes its toll on our creative and productive solutions, making them, at best, poorly executed.

Choose the best place for the following sentence.

As human beings, we have the ability to override being overloaded and force ourselves to make decisions.

① A   ② B

③ C   ④ D

10

빈칸완성

📌 EXAMPLE

Kimchi is the side dish that is making Korean food famous. Next to boiled rice, kimchi is the most important component of a Korean meal. Although the Chinese and Japanese also eat pickled vegetables, Ⓐ_____. Unlike the Chinese and Japanese vegetables, kimchi is seasoned with spices and condiments, such as chili pepper, garlic, anchovies, and even fresh fruit. Few Westerners who have ever tasted Korean kimchi will ever forget the hot, breathtaking experience. Its bold and subtle taste, texture and aroma invariably elicit comments, sighs and even tears at every meal.

이 글의 내용으로 보아 빈칸 Ⓐ에 가장 적절한 것은?

① kimchi is uniquely Korean
② Koreans do not like eating pickled vegetables
③ they enjoy the strong taste of kimchi
④ Korean kimchi is less expensive to make

빈칸의 앞뒤 문장을 살펴 빈칸의 내용을 추론하라

STEP 1 **먼저 무엇에 관한 글인지 파악한다.**
이 글은 한국 고유의 김치에 대해 이야기하고 있다.

STEP 2 **빈칸의 앞뒤 문장의 내용에 주목한다.**
빈칸 앞은 양보접속사 although를 내세워 중국과 일본 또한 절인 채소를 먹는다고 했으므로 빈칸에는 이와 반대되는 내용이 들어감을 추측할 수 있으며, 빈칸 뒤에 부연설명으로 다시 unlike가 나왔으므로 although와 같은 맥락임을 알 수 있다. 따라서 unlike 다음에 나오는 주절의 내용은 빈칸과 같은 맥락의 내용임을 알 수 있다.

STEP 3 **문제의 선택지를 빈칸에 적용시켜 연결이 자연스러운지를 확인한다.**
김치는 중국과 일본의 음식과는 다르다고 했으므로 "김치는 한국의 고유한 음식이다."라는 의미의 ①이 빈칸에 가장 자연스럽고, 다른 선택지는 대조되는 내용과는 상관이 없으므로 빈칸에 들어갈 수 없다.

정답 ①

김치는 한국 음식을 유명하게 만들고 있는 반찬이다. 김치는 한국인의 식사에서 밥 다음으로 가장 중요한 요소다. 중국과 일본 사람들도 절인 채소를 먹지만, 김치는 한국의 고유한 음식이다. 중국과 일본의 절인 채소들과는 달리, 김치는 매운 고추, 마늘, 젓갈, 그리고 심지어 신선한 과일과 같은 여러 양념과 조미료를 가지고 맛을 낸다. 한국 김치를 먹어본 서양인들 중에 김치가 매워서 깜짝 놀란 경험을 잊을 사람은 거의 없을 것이다. 김치의 뚜렷하고 미묘한 맛과 감촉과 향기는 먹을 때마다 언제나 여러 가지 의견과 한숨, 심지어는 눈물까지 유발한다.

condiment n. 양념, 조미료 breathtaking a. 깜짝 놀랄 만한 bold a. 대담한, 용감한; 두드러진, 뚜렷한 texture n. 직물; 감촉 invariably ad. 언제나 elicit v. (진리·사실 따위를 논리적으로) 이끌어내다; 꾀어내다 comment n. 논평, 비평, 의견 sigh n. 한숨

10

빈칸완성

ANSWERS P.268

01

Most children are taught the virtue of honesty from fairy tales and other stories. The celebrated story of Pinocchio, who begins life as a puppet, teaches the importance of telling the truth. Every time Pinocchio lies, his nose grows longer and longer. In the United States, young children learn the tale of young George Washington, who finally admits to his father that he cut down a cherry tree. These types of stories show children that Ⓐ"_____."

Which best fits in the blank Ⓐ?

① honesty is the best policy

② the tree is known by its fruit

③ truth lies at the bottom of a well

④ a liar ought to have a good memory

02

The philosophy of existentialism regards the individual as being the Ⓐ_____ agent of his or her own life's meaning. Further, it posits that people should live their lives passionately and honestly while fighting the "distractions" life places in a person's path such as negative emotions and actions as well as responsibility for other people and their possessions. Many of these thinkers attempted to seek out the consequential outcomes relating to the existence or non-existence of God. This philosophy became popular after World War 2 as the focus on an individual's self-esteem and freedom was in Ⓑ_____.

Which of the following is most appropriate for the blanks Ⓐ and Ⓑ?

① solitary — retrospect
② sole — vogue
③ separate — controversy
④ selfish — decline

03

Researchers have independently identified the phenomenon of positive procrastination, although there's some disagreement on what to call it. "Structured procrastination" is the preferred term of John Perry. Dr. Perry was a typical self-hating procrastinator until it occurred to him in 1995 that he wasn't entirely lazy. When he put off grading papers, he _____; he would sharpen pencils or work in the garden or play Ping-Pong with students. "Procrastinators," he realized, "seldom do absolutely nothing."

밑줄 친 부분에 들어갈 가장 적절한 것은?

① planned what to do next
② wrote his book instead
③ just set the deadline
④ didn't work anything
⑤ didn't just sit around idly

04

What is the origin of the word "OK"? There have been numerous attempts to explain the emergence of this expression, which seems to have swept into popular use in the US during the mid-19th century. One of the possible explanations is that the term originated as a(n) Ⓐ_____ of orl korrekt, a jokey misspelling of 'all correct' which was current in the US in the 1830s. The earliest written Ⓑ_____ result from its use as a slogan by the Democratic party during the American Presidential election of 1840. Their candidate, President Martin Van Buren, was nicknamed 'Old Kinderhook' (after his birthplace in New York State), and his supporters formed the 'OK Club'. This undoubtedly helped to popularize the term (though it did not get President Van Buren re-elected).

Which of the following best completes the blanks Ⓐ and Ⓑ?

① abbreviation — references
② shortage — appendices
③ phrase — propagandas
④ character — scriptures

05

Daniel Gabriel Fahrenheit, creator of the Fahrenheit temperature scale, discovered that salt mixed with ice creates a solution with a lower freezing point than water alone. Thus, salt causes snow and ice to melt. Most localities haven't found a better way to remove ice from roadways and sidewalks than salt. Salt is also effective in keeping hard packs of ice from forming in the first place. While a number of chemicals have been developed to melt ice, salt remains a much cheaper alternative. _____ Ecological problems have led some cities to ban the use of salt completely. Salt also causes corrosion of vehicles, pavement, bridges, and any unprotected steel in surrounding structures.

Which is the most suitable for the blank?

① Therefore, local areas use salt for economical reasons.
② Also, salt can help some ecological problems.
③ Can salt's function to melt snow and ice be proved?
④ Then why don't all local areas use salt to treat icy roads?

06

When we watch frightening movies, we know that a scary image is not real. But our brains and bodies react as if it were. Our heart and breathing rates increase; our palms sweat and our muscles tense; we gasp and cover our eyes. Brain scans show how this works. A research team used functional MRI to monitor the brains of fifteen children between the ages of 8 and 12 as they watched three different videos; a scene from a children's show, a nature scene, and a violent scene. Compared with the non-violent scenes, the violent one produced more activity in the center for emotional processing and in the amygdala, where the fear reflex is located. Significantly, the center for memory storage was also more active. This result helps explain why _____.

Choose the most appropriate one for the blank.

① children may be allowed to watch scary movies
② scary movies can have such lasting emotional consequences
③ watching scary movies can sometimes be helpful for learning
④ violent and scary scenes in movies should be used in moderation
⑤ brain scanning is hardly an effective device to understand human emotions

07

As the age of rail was beginning, political philosopher Karl Marx used the metaphor of its technology as a worldview. It was no more surprising that a mid-nineteenth-century European would use a railway metaphor than it is to hear someone comparing the mind to a computer today. In what became very influential terms, Marx claimed that human society and consciousness are what he called the superstructure, resting on the economic infrastructure of factories, mines and other forms of production. These were terms taken directly from the railway. Infrastructure meant tracks and associated systems, while the superstructure was the train. In short, for Marx, _____.

Choose the most appropriate answer to fill in the blank.

① the human mind was a mysterious machine
② the human mind was a train running on a set of economic tracks
③ the human mind could not be compared to a technological device
④ the railway was the most important invention of the nineteenth century
⑤ the development of human society was solely dependent on technology

08

Sapiens came to dominate the world because it is the only animal that can cooperate flexibly in large numbers. Prehistoric Sapiens were a key cause of the extinction of other human species such as the Neanderthals. The ability of Sapiens to Ⓐ_____ in large numbers arises from its unique capacity to believe in things existing purely in the imagination, such as gods, nations, money, and human rights. All large-scale human cooperation systems, including religions, political structures, trade networks, and legal institutions, Ⓑ_____ their emergence to Sapiens' distinctive cognitive capacity for fiction.

빈칸 Ⓐ와 Ⓑ에 들어가기에 가장 적절한 표현의 쌍은?

① access — appreciate
② inhabit — process
③ dominate — expend
④ harmonize — secure
⑤ cooperate — owe

09

John Stuart Mill himself described *The Essay on Liberty* as having been a 'joint production' with his wife, and the more one learns about its history the more true that description seems. Harriet Mill had died some months before *The Essay on Liberty* was published, and in the dedication there is an eloquent tribute to her share in the writing of it. Many readers have been tempted to think this tribute fulsome, and their reaction has been correspondingly skeptical; indeed, members of Mill's own circle doubted whether Harriet had the intellectual powers her loving husband so gallantly attributed to her. Hence until fairly recently Harriet Mill has not had the Ⓐ_____ she should have had, and which her husband hoped by his words to secure for her.

Which of the following is most appropriate for the blank Ⓐ?

① criticism   ② enthusiasm
③ recognition   ④ indifference

10

In a recent study published in *General Dentistry*, researchers found that the average kid's band instrument — even those that haven't been used in weeks — harbors an orchestra of mold, yeast, and bacteria that may lead to infections, allergies, or even asthma. Kedrik Merwin, director of music at Michigan's Interlochen Center for the Arts, says you can avoid a germy jam session by practicing good cleaning habits: sanitize plastic recorders in the dishwasher and soak brass instruments in cool water; use snakes and mouthpiece brushes to scrub hard-to-reach spots. Woodwind instruments should be swabbed out after each practice, though the reeds are the germiest part. "Remove them from the mouthpiece after every use and replace them often," says Merwin. Finally, don't let your child swap instruments with anyone. _____.

Choose the most appropriate one for the blank.

① Playing with other instruments makes performance perfect

② Germy instruments lead performers to have good cleaning habits

③ It would be always nice to see your kid play in harmony with others

④ Remember what is the easiest way to clean instruments for your child

⑤ Sharing is great, but when it comes to germs, solo performances are best

11

Decisions have opportunity costs because choosing one thing in a world of scarcity means _____. The opportunity cost is the value of the most valuable good or service forgone. One important example of opportunity cost is the cost of going to college. If you went to a public university in your state in 2008, the total costs of tuition, books, and travel averaged about $7,000. Does this mean that $7,000 was your opportunity cost of going to school? Definitely not! You must include as well the opportunity cost of the time spent studying and going to classes. A full-time job for a college-age high school graduate averaged $26,000 in 2008. If we add up both the actual expenses and the earnings forgone, we would find that the opportunity cost of college was $33,000 (equal to $7,000 + $26,000) rather than $7,000 per year.

Choose the one that would best fill in the blank.

① leaving school temporarily
② giving up something else
③ obtaining benefit from another
④ procuring extra valuable goods

12

The growing importance of education contributed to the emergence of a separate youth culture. The idea of adolescence as a distinct period in the life of an individual was for the most part new to the twentieth century. In some measure it was a result of the influence of Freudian psychology. But it was a result, too, of society's recognition that a more extended period of training and preparation was necessary before a young person was ready to move into the workplace. Schools and colleges provided adolescents with a setting in which they could develop their own social patterns, their own hobbies, their own interests and activities. An increasing number of students saw school as a place not just for academic training but for organized athletics, other extracurricular activities, clubs, and fraternities and sororities — that is, as an institution that _____.

Choose the most appropriate one for each blank.

① led young people to look for low-paying jobs
② specialized in teaching technical skills demanded in the modern economy
③ helped many men and women make more money to support their families
④ offered both instruction and services in traditional disciplines
⑤ allowed them to define themselves more in terms of their peer group

13

How is something as complex and vital as the head so evolvable? From an engineer's perspective, great evolvability seems counterintuitive. Any complex feature that is indispensable for survival should be difficult to change via an agentless process such as natural selection. For one, it seems reasonable to expect that complex, highly intricate objects will function less well if they are modified, because even small alterations are likely to have potentially Ⓐ_____ consequences. A second problem is that natural selection should act strongly to Ⓑ_____ any modifications to complex structures like heads that reduce functionality. Heads perform so many vital tasks — such as breathing, smelling, swallowing, seeing, and hearing — that mutations which lead to even a slight impairment of any function will likely cause a decrease in fitness. Thus one might expect heads to be highly constrained and conservative.

빈칸 Ⓐ, Ⓑ에 들어갈 가장 적절한 것은?

① negligible — taper off
② restrictive — speed up
③ deleterious — winnow out
④ mysterious — knock in
⑤ catastrophic — usher in

14

In Game Theory, there is a famous hypothetical scenario called the Prisoner's Dilemma in which two criminal suspects are apprehended by police and given a choice: stay silent, or rat out the other guy. But there is a catch. If both suspects stay silent, they both get off with a very light sentence. If they both turn on each other, they both get a longer sentence. And if only one of them rats out the other, the suspect who squeals goes free, while the one who stayed silent receives the worst sentence. Naturally, the best choice is for both prisoners to stay silent — they both get off with a very light sentence. But imagine that your accomplice is in there being interrogated. You know that he's been offered the same deal: if he rats you out, he'll go free while you take the heat. When it's your turn, would you stay silent and risk a huge prison sentence while he walks? The scenario points to an inevitable conclusion: _____.

빈칸에 들어가기에 가장 적합한 것을 고르시오.

① only one prisoner rats out the other, and he goes free

② each prisoner rats out the other, and they both do heavy jail time

③ only one prisoner rats out the other, and he gets a longer sentence

④ both prisoners stay silent, and they both get off with a light sentence

15

The most common treatment for post-traumatic stress disorder is known as exposure-based therapy. This asks those afflicted to imagine the sights and sounds that traumatized them, and helps them confront those memories. It often works. But not always. And it would undoubtedly be better if troops did not develop the condition in the first place. With this in mind, a team of engineers, computer scientists and psychologists led by Dr Skip Rizzo propose a form of psychological vaccination. By _____, Dr Rizzo hopes to inure squaddies to anything they might witness on the field of battle. The idea of doing this developed from Dr Rizzo's work using virtual reality to help with exposure-based therapy. Such VR enables the sights, sounds, vibrations and even smells of the battlefield to be recreated in the safety of a clinic, and trials suggest it can help those who do not respond to standard exposure-based therapy. The success of such simulation led Dr Rizzo to wonder if a similar regime, experienced before actual battle, might prepare troops mentally in the way that traditional training prepares them physically. His preliminary results suggest it might.

Which of the following is most appropriate for the blank?

① making soldiers relive the horrors of war as they come back

② presenting soldiers with the horrors of war before they go to fight

③ preparing soldiers more physically for battle

④ using a variety of stress-reduction tactics

⑤ speeding up the healing process with virtual training courses

16

The importance of standing out contradicts much Ⓐconventional wisdom. There is a common saying that I first heard in Japan but since have heard in Western Europe as well: _____. Many people believe this statement and as a consequence seek to fit in and not do anything to stand out too much. This rule may make sense in some places and at some times, but as general career advice, it stinks. For you to attain a position of power, those in power have to choose you for a senior role. If you blend into the woodwork, no one will care about you, even if you are doing a great job.

1 **Which of the following does best refer to Ⓐ"conventional wisdom"?**

① Success begins with preparation.

② There is no learning and personal development without reflection.

③ Ambition can help people overcome the temptation to give up or to give in to the irritations.

④ Getting noticed is not desirable and is harmful to you.

2 **Choose the saying that best fills in the blank.**

① the nail that sticks up gets hammered down

② a stitch in time saves nine

③ it never rains but it pours

④ many a little makes a mickle

Sugar contributes to premature ageing, just as cigarettes and UV rays do. When collagen and elastin — components that support the skin — break down from sun or other free-radical exposure, cells try to repair themselves. But this process slows down with age. And when sugar is present in the skin, it forms cross-links with amino acids that may have been damaged by free radicals. These cross-links jam the repair mechanism and, over time, leave you Ⓐ_____. Once cross-links form, they won't unhitch, so keep sugar intake Ⓑ_____. Avoid soft drinks and pastries, and swap sugar for cinnamon — it seems to slow down cross-linking, as do cloves, ginger and garlic.

* free radical: an atom or group of atoms having one or more unpaired electrons

1   **Which best fits into the blank Ⓐ?**

① with artificially sweetened cells
② with prematurely old-looking skin
③ with radically repaired mechanism
④ with a nutritionally balanced body

2   **Which best fits into the blank Ⓑ?**

① as low as you can
② as soon as possible
③ as long as you can
④ as much as possible

18

The knight, in European folklore, had an unlikely Ⓐ_____ in America: the cowboy. Both of them were seen as symbols of virtue and served as characters in morality plays where the forces of good defeated the forces of evil. In such stories they often wore white hats (symbols of virtue) Ⓑ_____ the "bad guys" wore black hats (symbols of evil). Cowboys in America played an important role in the expansion of the nation. Most of them lived on the American frontier, and they were like the advance parties of America's westward expansion. They lived far from civilization and had to rely on themselves for survival. Thus, the choice of the cowboy as a hero reveals two of Americans' core values: the need to expand and Ⓒ_____.

1 Which of the following is most appropriate for the blanks Ⓐ and Ⓑ?

① foe — lest

② double — otherwise

③ advocate — though

④ equivalent — whereas

2 Which of the following is most appropriate for the blank Ⓒ?

① equality

② brotherhood

③ independence

④ liberty

19

When people feel truly heard, they are more likely to return that favour by thinking highly of you, entertaining your points of view and cooperating with you. However, active listening requires effort. First of all, you have to stay in the moment, focusing fully on what the speaker is saying, both verbally and physically. If your mind wanders, Ⓐ_____ as soon as you notice. Most importantly, don't assume you know where the other person is going: be open to hearing something you may not have expected. Next, you should demonstrate to the speaker that you're listening. You can do this by making eye contact, nodding, inserting short acknowledgements such as 'Uh-huh' or 'Yeah', paraphrasing their comments or asking questions. It's true that some of these signals can be fudged, but watch out: many speakers can sense the difference between an active listener and a Ⓑ_____ listener.

1 **Which best fits in the blank Ⓐ?**

① own up
③ snap back

② get away
④ come forward

2 **Which best fits in the blank Ⓑ?**

① phony
③ positive

② prudent
④ penitent

20

Ⓐ_____. While attractive men may be considered better leaders, for instance, implicit sexist prejudices can work against attractive women, making them Ⓑ_____ likely to be hired for high-level jobs that require authority. And as you might expect, good-looking people of both genders run into jealousy — one study found that if you are interviewed by someone of the same sex, they may be less likely to recruit you if they judge that you are more attractive than they are. More worryingly, being beautiful or handsome could harm your medical care. We tend to link good looks to health, meaning that illnesses are often taken less seriously when they affect the good-looking. When treating people for pain, for instance, doctors tend to take Ⓒ_____ care over the more attractive people.

1 Which of the following is most appropriate for the blank Ⓐ?
① Good looks get you far in life
② A pleasing appearance can work its magic
③ There are pitfalls for the beautiful
④ No amount of beauty can make up for a bad personality
⑤ Beauty is only skin deep

2 Choose one that is most appropriate for the blanks Ⓑ and Ⓒ.
① less — less
② less — more
③ more — less
④ most — more
⑤ more — most

합격을 완성할 단 하나의 선택

**김영편입 영어
독해**

기출 **1**단계

해설편

01 제목

01 2017 광운대

코르크 마개가 펑 하고 터진다. 샴페인 병 속에서 생긴 갑작스러운 압력 변화로 인해 이산화탄소가 뿜어져 나온다. 거품이 일어난다. 일단 잔에 담기고 나면, 수백만 개의 거품이 잔의 가장자리에 붙어서 위로 떠 오른 후에 터진다. 그렇게 거품들이 터지면서 작은 물방울들이 나와 당신의 혀를 톡 쏘고 지나간다. 연구원들은 이산화탄소가 처음으로 형성되는 수확한 포도에서부터 그것이 당신의 잔속에서 터질 때까지 이산화탄소를 추적하고 있다. 각각의 거품이 일으키는 물보라에는 강렬한 향과 맛이 가득한 물방울들이 들어있다.

④   ▶ 이 글에서는 '샴페인 속의 거품이 생겨나서 잔을 거쳐 입으로 들어가 터지기까지의 역동적인 과정'을 기술적으로 설명하고 있다. 그러므로 제목으로는 ④가 가장 적절하다.

pressure n. 압력; 압축
release v. 풀어놓다; 방출하다; 해방하다
carbon dioxide 이산화탄소
cling to 달라붙다, 고착하다; 고수하다
burst v. 파열하다, 폭발하다; (거품 등이) 터지다
explosion n. 폭발, 폭파, 파열
droplet n. 작은 물방울
dart v. (창·시선을) 던지다, 쏘다; 돌진하다
harvest v. 수확하다
spray n. 물보라, 분무
intense a. 격렬한, 심한, 맹렬한
aroma n. 향기
flavor n. 맛, 풍미

02 2015 건국대

피츠버그 의과 대학 밖에서 시위대는 "동물은 소모품이 아니다"라는 내용의 팻말을 들고 있었다. 그러나 병원에서 회복중인 35세의 남성에게 그 선택은 삶과 죽음 사이의 선택이었다. 신원을 밝히지 않은 그 환자는 11시간의 수술 끝에 B형 간염으로 망가진 간을 새로운 간으로 이식받았다. (인간의 간을 이식했더라면) 그 바이러스가 이식받은 인간의 간을 마찬가지로 파괴했을 것이기 때문에, 의사들은 비비로부터 얻은 새로운 장기를 이식했다. 이것이 인간이 동물에게서 이식을 받은 첫 번째 사례는 아니었다. 수십 년 동안 신장과 심장은 침팬지, 비비, 그리고 원숭이로부터 인간에게 이식되어 왔다.

②   ▶ 비비를 비롯한 여러 동물의 장기가 인간에게 이식되어 인간의 생명을 구하고 있음을 설명하고 있으므로, '인간의 생명을 살리기 위한 동물의 생명'이라는 의미의 ②가 글의 제목으로 적절하다.

protester n. 시위자
expendable a. 소비[소모]해도 좋은
operation n. 수술
unidentified a. 확인되지 않은, 밝히지 않은
ravage v. 파괴하다, 상하게 하다
hepatitis n. 간염
transplant v. (기관·조직 따위를) 이식하다
baboon n. 비비(狒狒)
stem cell 줄기세포
death penalty 사형

03 2017 한국공학대

인공지능(AI)을 연구하는 사람들이 가진 주된 문제점 가운데 하나는 그들 모두가 동의할 수 있는 완전한 이론이 존재하지 않는다는 점이다. 과학자들은 지능이 무엇인지, 사람들이 어떻게 배우는지를 연구하고 있다. 그들은 일단 사고가 어떤 과정을 통해 이루어지는지를 이해해야만, 인공지능을 완전하게 달성할 수 있다고 믿고 있다. 이를 위해, 그들은 인간이 자연스럽게 말하는 방식뿐 아니라 인간이 세상을 보는 방식도 연구해야 한다. 그래서 심리학과 언어학은 초기의 과학자들이 생각한 것

artificial intelligence 인공지능
complete a. 완전한, 완벽한; 완비된
linguistics n. 언어학
process n. 진행, 경과, 과정
inclusion n. 포함, 포괄

보다 인공지능 연구에 있어 보다 중요하다. 그 과정에 더 많은 전문가를 포함시키는 것은 인공지능이 나아가야 할 가장 바람직한 방향에 대해 동의하지 않을지도 모르는 사람들이 더 많이 있게 된다는 것을 의미한다.

expert n. 전문가

disagree v. 일치하지 않다; 의견이 다르다

③ ▶ '인간이 사고하는 과정을 이해하면 인공지능을 완전히 달성할 수 있지만, 이를 위해서는 심리학과 언어학과 같은 기초학문의 도움이 필요하며, 이러한 분야의 전문가들이 참여하는 경우, 인공지능 연구의 방향 설정에 대해 합의가 쉽게 이루어지지 않을 수도 있음'을 말하고 있다. 따라서 글의 제목으로는 ③의 '미래에 이루어질 인공지능 연구에 대한 조망'이 가장 적절하다.

04   2020 광운대

만일 당신에게 자선단체에 기부할 10,000달러가 있는데 두 가지 선택지가 있다면 어떤 행동을 할지 한번 생각해보자. A라는 자선단체는 매우 가난한 사람들에게 비용은 적게 들지만 매우 효과적인 직업훈련 프로그램을 제공한다. 10,000달러로, 이 자선단체는 극심한 가난에서 즉시 벗어나게 해줄 직장에 취업할 수 있도록 100명의 성인들을 훈련시킬 수 있을 것이다. B라는 자선단체는 매우 가난한 가정의 아픈 아이들의 목숨을 구해줄 정교한 의료수술의 비용을 지불해준다. 10,000달러로, 이 자선단체는 한 아이의 목숨을 구할 수 있다. 그렇다면 당신은 어떻게 할 것인가? 100명을 극심한 가난에서 구해줄 것인가 아니면 아픈 한 아이의 목숨을 구할 것인가?

charity n. 자선단체, 구호단체

lift out of ~을 벗어나게 하다

sophisticated a. (기계·기술 따위가) 정교한, 복잡한; 세련된, 교양 있는

procedure n. 수술

excruciating a. 몹시 고통스러운, 참기 어려운

donation n. 기부

⑤ ▶ 이 글은 당신에게 기부할 10,000달러와 두 가지 선택지가 있는데, 하나는 10,000달러로 100명을 직업훈련 시켜 극심한 가난에서 벗어나게 해줄 수 있다는 것이고, 다른 하나는 10,000달러로 고도의 기술을 필요로 하는 수술을 행해 아픈 한 아이의 목숨을 구할 수 있다는 것이다. 이 두 가지 선택지 중에서 독자는 어떤 선택지를 고를지를 묻고 있는데, 두 가지 선택지 모두 경중을 따질 수 없어서 하나를 고르기 애매하다. 따라서 기부할 때 이러지도 저러지도 못하는 상황을 보여주는 ⑤의 '기부의 불편한 도덕적 딜레마'가 글의 제목으로 적절하다.

05   2018 한양대

성간 여행자들이 우리가 발견할 만한 물건들을 남겨놓지 않는다고 하더라도, 우리는 그들의 강력한 성간 우주선들은 탐지할 수 있을지 모른다. 광속에 가까운 속도로 이동할 수 있는 우주선들은 핵분열, 핵융합, 물질-반물질 추진체와 같은 에너지원들로 가동되는 엄청난 엔진을 가지고 있을 가능성이 높다. 이들 엔진들은 작동할 때 숨길 수 없는 신호를 남길 것인데, 이들 신호는 수백 광년, 심지어 수천 광년 떨어진 곳에서도 탐지할 수 있을 것이다. 비록 멀리 떨어진 로켓들에 대한 탐색은 제한적으로만 행해졌지만, 이런 유형의 현상들은 보다 관례적인 천문학 연구 도중에도 우연히 발견될지도 모른다.

interstellar a. 항성 간의

artifact n. 인공물, 사람이 만든 물건

fission n. 분열, 핵분열

telltale a. 숨길 수 없는; 자동의

inadvertently ad. 무심코, 부지불식간에

astronomical a. 천문학의

④ ▶ 필자는 만약 외계 우주선들이 성간을 여행하고 있다면, 광속으로 이동하는 데 반드시 필요한 우주선 엔진들의 특징들로 인해 그 흔적은 발견될 가능성이 높다고 말한다. 따라서 이 글의 주제는 '외계 우주선 발견의 가능성'이라고 말할 수 있으며, 그 제목으로는 ④가 적절하다.

01 제목   197

06 2016 인하대

우리의 의사소통 능력과 행동이 부분적으로 생물학에 바탕을 두고 있다는 사실은 분명하다. 의사소통이 '행동'이라는 사실은 보다 불분명할 수도 있는데, 그것은 정확히 말해 의사소통이 생물학에 기초하고 있기 때문이다. 초등학교에서 아빠가 직장에서 무슨 일을 하느냐는 질문을 받았을 때, 나의 딸아이는 "음... 아빠는 아무것도 안 하세요. 그냥 앉아서 이야기만 하세요."라고 대답했다. 확실히, 이야기하는 것을 행동하는 것 혹은 모종의 행동을 하고 있는 것으로 인식하지 못하는 사람들도 있다. 의사소통은 인간의 모든 행동 중에서 가장 기본적인 행동들 중 하나다. 이야기를 할 때, 사람들은 정신적, 신체적 행복에 있어 매우 중요한 무언가를 하고 있는 것이다.

① ▶ 본문에서는 '의사소통도 행동에 속하며, 사람들이 이야기를 할 때, 그들은 정신적, 신체적 행복에 있어 매우 중요한 무언가를 하고 있음'을 이야기하고 있다. 그러므로 제목으로 ①의 '행동으로서의 의사소통'이 적절하다.

behavior n. 행동, 동작; 태도
biology n. 생물학
obvious a. 명백한, 명료한
respond v. 응답하다, 대답하다; 응하다
recognize v. 알아보다; 인지하다, 인정하다
essential a. 근본적인, 필수적인; 가장 중요한
physical a. 신체의; 물질적인; 물리적인

07 2020 가톨릭대

뛰어나기 위해 노력하는 것과 완벽하기 위해 노력하는 것 사이에는 차이가 존재한다. 전자는 성취할 수 있고, 만족감을 주며, 건전하다. 후자는 종종 성취할 수 없고, 좌절감을 주며, 노이로제에 걸리게 한다. 후자는 또한 끔찍한 시간낭비이기도 하다. 사소한 실수 때문에 긴 서한을 다시 타이핑하는 속기사나 그렇게 다시 타이핑하도록 요구하는 직장 상사가 있다면, 독립선언문을 한번 검토해보는 것이 도움이 될지도 모르겠다. 이 독립선언문을 작성한 사람이 (글자를) 생략하는 실수를 두 번 저질렀을 때, 그는 행간에 빠뜨린 글자를 삽입해 넣었다. 만일 이러한 글자 삽입이 미국의 자유를 탄생시킨 문서에서 허용되는 것이라면, 그것은 누군가의 서류 캐비닛이나 쓰레기통으로 가는 도중에 잠깐 흘끗 보고 말 서한에서도 (똑같이) 허용되는 것일 것이다!

① ▶ 완벽하기 위해 노력하는 것은 시간낭비라고 하였고, 빠뜨린 글자를 독립선언문 위에다가 직접 삽입한 사례를 언급하며, 이렇게 중요한 독립선언문조차도 재작성하지 않고 수정만 할 정도이므로, 잠깐 보고 말 서한은 굳이 다시 타이핑하여 완벽을 기하려고 해서는 안 된다고 저자가 일침을 가하고 있다. 따라서 이 글의 제목으로 사소한 것에까지 완벽하려 하지 말라는 뜻의 ①이 적절하다.

gratifying a. 만족감을 주는
neurotic a. 노이로제에 걸린
stenographer n. 속기사
the Declaration of Independence
독립선언문
inscribe v. (이름 등을) 쓰다
omission n. 생략
give birth to ~을 낳다
glance at ~을 힐끗 보다
en route to ~로 가는 도중에
wastebasket n. 휴지통

08 2016 건국대

최근 몇 년간의 불확실한 경제 상황으로 인해 노동조합 대표들과 경영진들은 노동 문제를 해결하기 위한 많은 방법을 강구하게 됐다. 노동자들은 회사가 호황일 때 이익을 공유하길 항상 원해 왔다. 현재 경영진들은 "좋아요. 여러분이 우리와 손실을 함께 부담하고자 한다면 여러분과 이익을 나눌 것입니다."라고 말하고 있다. 노동자들은 불경기에 급료와 복지 혜택을 삭감당하는 위험을 감수할 용의가 있는지 결정해야 한다. 그들은 고용안정성이 다른 혜택들보다 더 중요한지 결정해야 한다. 요컨대, 그들은 이익공유의 대가를 지불할 용의가 있고 또 그럴 능력이 있는지를 결정해야 한다.

③ ▶ 회사가 잘 돼서 거둔 이익을 나눌 것을 요구하는 노동자들에게 경영진은 회사가 어려울 때 임금 삭감 등으로 손실도 나누어질 결심을 해야 한다고 말하고 있다. 손실을 분담한다는 것은 이익을 공유하는 것에 대한 대가로 볼 수 있으므로, ③의 '이익공유의 대가'가 글의 제목으로 적절하다.

uncertain a. 불확실한, 불투명한
union n. 노동조합
representative n. 대표, 대표자
explore v. 탐구하다, 탐험하다
handle v. 처리하다, 다루다
profit n. 이익, 수익
loss n. 손실
be willing to 기꺼이 ~하다

09 2013 명지대

원시인들은 자연동굴에서 비바람을 피했다. 그러나 자연동굴이 원시인들에게 피난처를 제공해주었다고 해서 자연동굴을 (인간이 만든) 건축물의 최초의 예로 여기는 것은 옳지 않다. 왜냐하면 자연동굴의 형태 결정에는 그 어떤 인간의 창조적 본능도 작용하지 않았기 때문이다. 서양의 경우, 건축물로서 알려져 있는 최초의 예는 유럽의 많은 지역, 특히 (프랑스 북서부 지역인) 브르타뉴(Brittany)에서 발견되는 고인돌이다. 고인돌은 두 개의 수직으로 세운 큰 평판과 이를 떠받치는 가로 평판으로 구성되어 있다. 따라서 고인돌은 기둥과 상인방을 응용하여 가장 단순한 형태로 표현한 것이라 할 수 있다. 고인돌이 어떤 목적으로 만들어졌는지는 알 수 없지만, 석기시대 건축가들에게 매장 기념물로 이용되었을 것으로 여겨지고 있다.

④ ▶ 이 글은 인간의 가장 초기 건축물이 원시인들이 거주했던 자연동굴이 아니라 유럽의 많은 지역에서 발견되는 고인돌이라는 주장과 이에 대한 부언 설명으로 구성되어 있다. 따라서 ④의 '건축물의 가장 초기 형태인 고인돌'이 글의 제목으로 적절하다. ① 건축물의 초기형태를 동굴로 볼 수 없다고 했다. ② 원시인들에게 피난처 역할을 한 것은 자연동굴이었다. ③ 영국에 대한 내용은 이 글에서 언급되지 않았다.

primitive	a. 원시적인, 구식의; 원시사회의
element	n. 악천후, 비바람
architecture	n. 건축물
inhabitant	n. 거주자, 주민
shelter	n. 피난처
dolmen	n. 고인돌
consist of	~로 구성되다
vertical	a. 수직의, 세로의
slab	n. 평판, 판
horizontal	a. 수평의, 가로의
application	n. 적용, 응용
post	n. 기둥
lintel	n. 상인방(上引枋)(창·입구 따위의 위쪽 가로대)
sepulchral	a. 무덤의, 매장의
monument	n. 기념물, 기념비

10 2016 인하대

때때로 당신은 어떻게 이런 일이 일어날 수 있는지 궁금히 여긴다. 당신의 아이가 나무랄 데 없는 어린 천사처럼 행동하다가도, 곧바로 친한 친구와 놀면서 그 아이를 무자비하게 부려먹고, 다른 아이도 그녀를 좀 타게 해주라는 당신의 지시를 무시하고, 혹은 얼굴에 설탕을 잔뜩 묻힌 채 당신의 눈을 똑바로 보면서 오빠의 생일 컵케이크에 손가락을 넣지 않았다고 맹세하고 있는 것이다. 그러나 긍정적인 면을 보도록 해야 한다. 많은 경우에 있어서, 당신을 화나게 만드는 바로 그 행동들이 아이의 발달 과정에서 흥미로운 큰 진전이 있음을 알려줄 수 있거나 바람직한 특성들이 생겨나고 있는 중임을 넌지시 비춰줄지도 모른다. "아이의 성격이나 기질이 성숙해지듯이, 몇몇 다루기 힘든 별난 행동들도 마찬가지입니다."라고 아동 심리학자 헤더 비텐베르크(Heather Wittenberg)는 말한다. 핵심은 아이의 부적절한 행동을 바로잡아가면서도, 이러한 긍정적인 자질을 받아들이고 발전시킬 수 있는 것이다.

① ▶ '아이가 한없이 착하다가도 곧바로 나쁜 행동을 하는 것이 잘못된 것이 아니며, 거기에 여러 의미가 있음'을 이야기하고 있는 글이다. 그러므로 제목으로는 ①이 적절하다.

boss	v. ~의 두목이 되다; 쥐고 흔들다, 부려먹다
mercilessly	ad. 무자비하게, 냉혹하게
swing	n. 그네, 그네타기
squarely	ad. 정면으로, 곧바로; 정직하게
frost	v. (케이크에) 당의를 입히다
swear	v. 맹세하다, 선서하다
enviable	a. 부러운, 탐나는, 바람직한
trait	n. 특색, 특성
in the works	완성 도상에 있어, 진행 중이어서
temperament	n. 기질, 성질, 성미
quirk	n. 변덕; 기벽(奇癖)
embrace	v. 껴안다, 포옹하다; (기꺼이) 맞이하다
inappropriate	a. 부적당한, 온당치 않은

11 2017 국민대

내가 25살이던 2008년 여름, 나는 한 청년회의에 참석했다. 나는 그 청년회의를 그저 도시에서 재미있는 주말을 보내는 것 정도로 생각했다. 첫째 날, 청년들이 수영을 하러 갔을 때 나는 약간 신경이 쓰였다. 4년 전에 발생한 맹장파열로 나는 배에 12cm의 흉터가 있었고, 나는 사람들이 내 배를 빤히 쳐다보며 어떻게 된 일인지 궁금해 하는 것을 참을 수가 없었다. 내가 거기서 만난 한 남자가 내 흉터를 보게 될지도 모른다는 것을 알고서 이런 감정은 더욱 심해졌다.
그 남자도 수영하는 것에 신경을 쓰고 있었다는 것을 나는 거의 알지 못하고 있었다. 17살 때 심각한 자동차 사고를 당해, 그의 배에도 15cm의 흉터가 있었던 것이다. 어색함을 깨기에 더할 나위 없이 좋은 점이었다. 거의 동일한 흉터에 너무나 많은 공통점이라니, 그건 운명이었다. 이제 우리는 결혼 6주년을 맞이했다.

attend	v. 출석하다, 참석하다
refreshing	a. (참신함·독창성이 있어) 재미있는
burst appendix	맹장파열
scar	n. 상처, 흉터
abdomen	n. 복부, 배
stare at	빤히 쳐다보다
icebreaker	n. 긴장·어색함을 깨는 것
identical	a. 동일한

②   ▶ 이 글은 저자가 청년회의에 참석했던 당시의 일화를 소개하는 글로, 배에 있는 흉터로 긴 장하고 있던 저자가 동일한 상처를 가진 남자를 운명같이 만나 결혼했다는 내용이므로, ②의 '놀라운 우연의 일치'가 글의 제목으로 적절하다.

star-crossed a. 운수가 나쁜, 불운한, 불행한
coincidence n. 우연; 우연의 일치

12   2013 숙명여대

유럽의 국가들은 15세기 중엽에 유목민과 유랑민을 비롯한 이주자들을 규제하는 법을 도입하기 시작했다. 이주자들은 불안요소로 여겨졌으며, 심지어 대다수 주민들의 안전을 위태롭게 만드는 위협적인 침략집단으로도 여겨졌다. 등록된 신분이 아니었던 많은 집시들은 자신들이 거주하는 지역사회의 시민으로서 완전히 격리된 채로 있었다. 끊임없이 이주 당하고 다시 정착하도록 강요받은 많은 사람들은 수세기에 걸쳐 이주자였으며, 심지어 그들이 시민권을 갖고 있는 국가의 국경 안에서도 그러했다. 대다수 주민과의 관계에 있어서의 비난, 실망, 오해뿐만 아니라, 우리는 여전히 집시들에 대한 뿌리 깊은 차별과 마주하고 있다.

④   ▶ "유럽의 국가들이 이주자들을 규제하는 법을 도입하기 시작했다."라는 내용, "많은 집시들은 수세기 동안 이주자였으며, 심지어 그들이 시민권을 갖고 있는 국가의 국경 안에서도 이주자였다."라는 내용, "대다수 주민과의 관계에 있어서의 비난, 실망, 오해뿐만 아니라, 우리는 여전히 집시들에 대한 뿌리 깊은 차별을 마주하고 있다."라는 내용 등을 통해 이 글은 집시들이 오랫동안 억압받아 왔음을 보여주고 있다. 그러므로 글의 제목으로 ④가 적절하다.

introduce v. 소개하다; 도입하다
migrating a. 이주하는, 이동하는
nomad n. 유목민
migrant n. 이주자
perceive v. 인지하다; ~을 …로 여기다
unsettling a. 불안하게 만드는, 동요시키는
jeopardize v. 위태롭게 하다
registered a. 등록된; 공인된, 정부 허가를 받은
identity n. 신원, 신분
territory n. 영토; 지역
constantly ad. 끊임없이
relocate v. 이주시키다
repopulate v. ~에 다시 거주하게 하다
citizenship n. 시민권, 시민의 신분
apart from ~외에도, 뿐만 아니라
accusation n. 비난
discrimination n. 차별

13   2019 명지대

대부분의 지필시험에서는 보통 난이도가 쉬운 문제부터 어려운 문제 순으로 수험생에게 문항이 제시되며, 수험생은 가능한 많은 문항을 풀어야 한다. 이 지필시험은 수험생의 능력에 관한 정보를 수집하는 데 있어서 가장 경제적인 방식은 아니다. 실력이 뛰어난 수험생이 쉬운 문항을 풀 필요는 없으며, 실력이 떨어지는 수험생이 어려운 문항을 풀 필요도 없기 때문이다. (반면) 컴퓨터 적응형 시험(CAT)은 아마도 수험생의 능력에 관한 정보를 수집하는 보다 효율적인 방식일지도 모른다. (컴퓨터 적응형 시험에서) 모든 수험생들은 처음에 평균 난이도의 문항을 풀게 된다. 컴퓨터는 직전에 풀었던 문항들의 성적에 의해 추정되는 수험생들의 외견상의 능력 수준에 알맞은 문항을 계속해서 개개의 수험생에게 제시하며, 계속 난이도를 조정하여 결국 수험생의 능력에 대한 믿을만한 평가가 달성된다.

④   ▶ 지필시험과 컴퓨터 적응형 시험을 비교하면서, 컴퓨터 적응형 시험이 지필시험보다 수험생의 능력을 보다 효율적으로 평가할 수 있음을 이야기하고 있다. 따라서 제목으로는 ④가 적절하다.

paper and pencil test 지필시험(연필이나 펜으로 종이에 답을 쓰는 형식의 시험)
test-taker n. 수험생
be presented with ~이 주어지다
item n. 항목, 안건; 문항
in ascending order 오름차순으로
candidate n. (자격 취득 시험의) 수험생
computer adaptive testing 컴퓨터 적응형 시험(응시자의 실력에 따라 난이도가 컴퓨터 내에서 조절되는 시험)
rationale n. 논리적 근거
sequence v. 차례로 배열하다
efficacy n. 효능, 능률

14 2017 가톨릭대

실시간 자동 번역의 정확성과 속도는 틀림없이 가까운 미래에 급격히 향상될 것이지만, 이 수단이 모든 사람들에게 전 세계적으로 확산되고 경제적인 측면에서 이용 가능하기까지는 훨씬 더 많은 시간이 걸릴 것이다. 자동 번역은 세계 공용어가 가진 현재의 효용성과 인기에 위협이 된다. 모든 증거는 세계 공용어로서의 영어의 위치가 더 강해질 것임을 보여준다. 자동 번역이 대중적인 의사 전달 수단으로 완성될 때면 이미 영어의 위치가 난공불락이 되어 있을 가능성이 매우 높다. 그때 어떤 일이 발생할지 알아보는 것은 매우 흥미로울 것이다. 세계 공용어의 존재가 세계 번역 서비스의 수요를 없앨 것인지, 아니면 자동 번역의 경제적인 측면이 세계 공용어를 학습하는 데 드는 비용을 낮추어 세계 공용어가 쓸모없게 될지가 궁금한 일이다.

③　　　▶ 자동 번역 기술이 향상되어 의사 전달 수단으로 완성될 때가 되면 세계 공용어인 영어가 더 이상 쓸모가 없게 될지 아니면 그때 그 위치가 더욱 확고해진 세계 공용어의 존재로 인해 세계 번역에 대한 수요가 없어질지에 대한 논쟁을 언급하고 있으므로, 이 글의 제목으로는 ③이 적절하다.

real-time a. 실시간의, 즉시의
translation n. 번역, 통역
undoubtedly ad. 틀림없이, 확실히
pose a threat 위협이 되다
mature v. 성숙하다; 완성되다
impregnable a. 무적의; 확고한
undercut v. ~보다 저가로 팔다[공급하다]
obsolete a. 더 이상 쓸모가 없는, 한물간

---

15 2021 한양대

카너먼(Kahneman)과 트벌스키(Tversky)는 1980년대에 전염병 통제 전략을 위한 두 가지 옵션을 제시하는 설문 조사를 실시했다. 그들은 참가자들에게 600명의 목숨이 위태롭다고 말했다. "옵션 A는 200명의 생명을 구합니다. 옵션 B는 600명 전원이 생존할 확률이 33%이고, 아무도 생존하지 못할 확률이 66%입니다." (200명의 생존자가 예상된다는 점에서) 옵션 A와 B는 비슷했지만, 응답자의 대다수는 "손에 든 새 한 마리는 덤불 속 새 두 마리의 가치가 있다."는 속담을 기억하면서 A를 선택했다. 같은 옵션을 재구성했을 때 정말 흥미로워졌다. "옵션 A는 400명을 죽입니다. 옵션 B는 아무도 죽지 않을 확률이 33%이고, 600명 모두 죽을 확률이 66%입니다." 이번에는 응답자의 극소수만 A를 선택했고, 대다수는 B를 선택했다. 연구자들은 거의 모든 참가자들로부터 180도 전환을 관찰했다.

③　　　▶ 내용은 같지만 표현하는 방식을 달리하자 응답자들의 반응이 처음과 완전히 달라졌으므로, ③의 '말의 내용보다 말하는 방식이 중요하다'가 제목으로 적절하다.

put forward 제시하다
at stake 위태로운
comparable a. 비슷한, 비교할 만한
respondent n. 응답자
adage n. 속담, 격언
reframe v. 재구성하다
fraction n. 부분, 일부
U-turn n. 유턴; (정책·행동 등의) 180도 전환

---

16 2022 한국항공대

젊은 경찰관이 처음으로 제복을 착용하면 거의 틀림없이 낯설고 생소하게 느껴진다. 그렇지만 다른 사람들은 그 제복에 대해 다소 예상 가능한 범주에 속하는 방식으로 반응하는데, 이는 그들이 사제나 흰 가운을 입은 의사에 대해 보이는 반응과 같다. 이런 반응들은 그 경찰관으로 하여금 자신이 제복의 일부라고 느끼고 제복에 동반되는 역할을 더 편안하게 느끼도록 하는 데 도움을 준다. 이것이 제복의 의미다. 즉, 제복은 사람들이 특정한 행동 방식을 취해야 한다고 생각하도록 하는 데 도움이 되며, 그 사람이 무슨 역할을 수행할 것으로 기대되는지를 다른 사람들에게 분명하게 전해준다. 우리의 복장과 외모 또한 좋든 싫든 일종의 제복이다. 그것들은 우리로부터 무엇을 기대할 수 있는지를 다른 사람들에게 매우 강력하게 나타내준다. 마찬가지로, 그것들은 우리 자신으로부터 무엇을 기대해야 하는지를 우리 자신에게 강력하게 나타내준다. 이것은 다른 사람들이 우리의 외양에 반응하는 방식과 함께 우리가 느끼고, 생각하고, 행동하는 방식을 강력하게 형성한다.

①　　　▶ 제복이 제복을 입은 당사자와 제복을 입은 것을 보는 사람들에게 어떤 의미를 가지며 또 어떤 역할을 하는가에 대한 내용이므로, ①이 제목으로 적절하다.

react v. 반응하다
predictable a. 예상할 수 있는
priest n. 성직자; 사제
behave v. 행동하다
function n. 기능, 역할
perform v. 실행하다, 이행하다
appearance n. 겉보기, 외양
statement n. 성명, 진술
shape v. 형체를 이루다, 구체화하다

17 2021 인하대

얼음과 눈은 분명히 겨울철 여행을 위험한 경험으로 만들 수 있다. 지형을 올바르게 읽는 것이 차량의 미끄러짐이나 사고를 피하는 데 중요하다. 전문가들은 도로 표면을 잘 살피고 잠재적으로 위험한 곳을 피해가는 길을 선택하는 것이 매우 중요하다는 데 동의한다. 만일 당신이 산의 그늘진 곳으로 운전하거나 심지어 키가 큰 나무들이 무리지어 있는 곳으로 운전한다면, 얼음이 있거나 미끄러운 환경이 그늘에 숨어 있을 수도 있다. 따라서 이런 단서를 보게 될 경우, 나머지 도로가 건조한 상태더라도 속도를 늦추는 것이 중요하다. 가장 현명한 길이 다른 운전자들이 다니고 있는 길이 아닐 때가 때때로 있다. 가장 위험한 상태는 바로 도로가 얼 무렵일 수 있다. 해가 나와서 얼음이 녹아 물기가 생길 때, 당신의 자동차 타이어가 매우 좋은 것이 아니면 곤경에 빠진다. 눈이 많이 오는 외딴 지역을 여행할 때 챙겨야 할 유용한 제품과 비품의 긴 목록에는 구급상자, 견인줄, 그리고 심지어 공기 압축기도 포함된다.

② ▶ 겨울철에 운전할 때 어떤 것을 조심해야 하고 무엇을 챙겨야 하는지를 이야기하고 있으므로, ②의 '추운 겨울에 운전하는 방법'이 제목으로 적절하다.

treacherous	a. 위험한
skid	n. (차량의) 미끄러짐
hazardous	a. 위험한
slippery	a. 미끄러운
clue	n. 단서
motorist	n. (승용차) 운전자
emergency kit	구급상자
tow strap	견인줄
air compressor	공기 압축기

18 2022 중앙대

이론적으로는, 사람들이 완전히 서로 분리되어 따로 살아간다면 그들은 뭐든 마음대로 할 자유를 완벽히 누릴 것이다. 그러나 인간은 함께 사는 사회적인 동물이므로 인간이 형성하는 집단은 플라톤(Plato)의 말대로 본디 구성원들 간의 합의체나 계약 관계다. 집단을 형성할 때 개인들은 자신의 자유의지 중 일부를 집단에게 넘긴다. 그러면 집단은 구성원의 행동에 대해 어느 정도의 통제를 가하며 구성원 전체의 이익을 위해 그 통제권을 행사하게 된다. 도둑질과 살인과 다양한 다른 행동을 금지하는 규칙은 집단 내에서 합의를 거쳐 만들어지며, 집단의 전 구성원은 그 규칙을 지켜야 하는 위치에 놓인다. 이러한 계약설에 따르면 사회 질서는 개인들이 마음대로 하기 위해 갖고 있는 힘의 일부를 제거하여 그만큼을 집단에게 넘기는 것에서 생겨난다. 집단의 집단적 의지는 개개인에게 부여되어야 밖으로 표현될 수 있다(집단의 의지는 개개인의 행동을 통해 표현된다). 집단 내 사람들이 특정 상황에서 특정 개인이 힘을 행사하는 것이 적절하다고 동의할 때 그 힘은 정당성을 갖는 것으로 간주된다. 정당성을 부여받은 힘을 권위라 한다.

② ▶ 집단에게 힘을 행사하도록 합의하는 과정과 거기서 나오는 사회 질서를 기술한 글이므로 '사회 질서와 정당한 힘'이라는 ②가 제목으로 적절하다.

isolated from	~에서 고립[분리]된
contract	n. 계약
subject to	~에 종속된, ~아래에 놓이는
collective	a. 집단의
appropriate	a. 적절한
legitimacy	n. 타당성, 적법성, 정당성
authority	n. 권위, 권력, 권한
illegality	n. 불법

19 2016 한양대

몇 년 전에 한 대학교수가 간단한 실험을 해보았다. 그는 전혀 모르는 사람 몇몇을 표본으로 정해 크리스마스 카드를 보냈다. 어느 정도의 반응을 기대했지만, 그가 받은 반응은 실로 놀라운 것이었다. 그에게 발송된 크리스마스 카드는 그를 만난 적도 없고 그에 대해 들은 적도 없는 사람들로부터 엄청나게 밀려들었다. 카드 답장을 보낸 사람들의 대다수는 그 낯선 교수의 신원에 대해 전혀 캐묻지 않았다. 그들은 그의 크리스마스 카드를 받았고 자동적으로 답장을 보냈다. 비록 범위는 좁지만, 이 연구는 우리 주변에 가장 강력한 영향력을 미치는 무기들 중 하나가 작용하고 있음을 잘 보여주는데, 그것은 다른 사람이 우리에게 준 것에 대해 우리가 같은 것으로 갚아야 한다는 것이다. 만약 한 여성이 우리에게 호의를 베풀면 우리는 답례로 그녀에게 호의를 베풀어야 하고, 한 남성이 우리에게 생일선물을 보낸다면 우리는 우리 자신이 마련한 선물로 그의 생일을 잊지 않고 챙겨야 한다. 그리고 만약 어떤 부부가 우리를 파티에 초대한다면 우리는 우리가 여는 파티들 중 하나에 반드시 그들을 초대해야 한다.

① ▶ 끝에서 두 번째 문장에 언급된 실험 결과의 의미가 이 글의 주제이며, 그것은 곧 "우리는 다른 사람이 우리에게 준 것에 대해 같은 것으로 갚아야 한다."는 것이다. 따라서 ①의 '상호작용(보답)의 법칙'이 제목으로 적절하다.

in return	보답으로, 답례로
scope	n. 범위; 기회, 능력
in kind	같은 것으로
favor	n. 호의, 은혜, 지지; 편애
reciprocation	n. 교환, 보답, 상호작용
ingenuity	n. 기발한 재주, 독창성

20 **2017 중앙대**

식물들은 독소를 생산하여 초식동물들의 약탈로부터 스스로를 보호한다. 예를 들어, 마다가스카르 (Madagascar)의 숲에는 대단히 독성이 강한 대나무가 자라고 있다. 그 죽순의 끝부분은 가장 내성이 강한 채식주의자들조차 꺼릴만한 양의 청산가리를 함유하고 있는데, 그 양은 대략 대나무 1파운드당 1/500 온스 정도 된다. 그러나 이 대나무를 먹는 동물이 있으니, 그것은 바로 대나무를 먹는 것으로 알려진 세 종류의 여우원숭이들 가운데 하나인 황금대나무 여우원숭이다. 다른 두 종류의 회색 애기여우원숭이와 큰대나무 여우원숭이는 대나무 잎과 두꺼운 대나무 줄기는 먹지만, 독성을 띤 죽순은 황금대나무 여우원숭이에게 남겨준다. 이 동물은 매일 17.5파운드에 달하는 독성을 띤 죽순을 먹고 소화하는데, 이는 인간의 치사량의 12배에 해당하는 양이다. 어떻게 이런 일이 가능한지는 아직 수수께끼이지만 몇 가지 설명이 가능하다. 그 중 한 가지는 아마도 시행착오의 과정을 거치면서 그들의 서식처에 있는 철분이 풍부한 토양을 섭취함으로써 독성을 중화시키는 법을 그들이 터득하였다는 것이다. 토양 속의 철분은 청산가리와 결합하여 독소의 형성을 막는다. 토양 속의 점토 역시 인간 의약품의 카올린 역할을 한다. 그것은 내장 속에서 물질들과 결합함으로써 그것들의 해로운 영향을 감소시켜준다.

①   ▶ 식물의 독성에 대해 내성을 지닌 여우원숭이를 소개하면서, 이 원숭이가 어떻게 그런 놀라운 능력을 갖게 되었는지에 대한 가설을 소개하는 글이다. 따라서 ①의 '마다가스카르 여우원숭이가 청산가리를 섭취하고도 생존할 수 있는 이유에 대한 가능성 있는 설명'이 제목으로 적절하다.

---

ravage n. 유린, 파괴, 약탈

herbivore n. 초식동물

shoot n. (새로 돋아난) 순[싹], 어린 가지

cyanide n. 시안화물, 청산가리

deter v. 단념시키다

vegetarian n. 채식주의자

oz n. 온스(= ounce)

lemur n. 여우원숭이

gentle lemur 애기여우원숭이

feast on ~을 마음껏 먹다, 포식하다

lb n. (무게를 나타내는) 파운드

equivalent n. 동등한 것, 등가물

lethal a. 치명적인

trial and error 시행착오

neutralize v. 중화시키다

kaolin n. 고령토, 카올린

gut n. 소화관, 내장

detrimental a. 해로운, 손해되는

02 주제·요지

01 2015 상명대

1721년 이후로 덴마크 보호령이 된 그린란드를 탐험하고 싶은 욕망이 덴마크 여왕의 궁전에서 근무하는 근위 기병대의 하사관인 예스퍼 올센(Jesper Olsen)에게 생겼다. 23살이었던 예스퍼는 뭔가 다르고 더 모험적인 일을 동경했다. "저는 저 자신을 몰아세우기를 좋아합니다."라고 그는 말한다. 2008년에 그는 최정예 특수부대에 지원을 했는데, 그 부대는 군인을 인간 능력의 한계까지 몰아넣기로 유명한 북부 그린란드 경비대(The Sirius Patrol)였다.

④

▶ "덴마크 여왕의 궁전에서 근위 기병대의 하사관으로 근무했던 예스퍼는 그린란드를 탐험하고 싶어 했으며, 모험적인 일에 대한 동경이 그로 하여금 최정예 특수부대인 북부 그린란드 경비대(The Sirius Patrol)에 지원하게 만들었다."는 글이므로, 이 내용을 아우르는 주제문으로는 ④가 적절하다.

protectorate n. (강대국의 지배를 받는) (피)보호국
sergeant n. 하사관, 병장
Life Guards 근위 기병대
yearn for 동경하다, 갈구하다
push oneself 스스로 채찍질하다, 분투하다
special forces unit 특수부대

02 2018 한국공학대

"누구나 대학교육을 받을 기회를 동등하게 가져야 한다."라는 말은 종종 잘못 이해되고 있다. 마치 앵무새처럼, 어떤 사람들은 이 말이 함축하고 있는 의미는 생각해보지도 않고 이 말을 되뇌곤 한다. 분명 대학교육으로부터 혜택을 받을 수 있는 사람은 누구나 그 기회를 가져야 하겠지만, 그런 이상적인 상태에는 아직 이르지 못했다. 그러나 그러한 이상은 누구나 다 받을 수 있도록 대학교육의 질을 낮추어야 한다는 생각과 같은 그런 것이 아니다. 결국, 고등교육이란 자신의 정신을 단련하고 싶어 하는 사람들을 위한 지적 훈련인 것이다.

②

▶ "누구나 대학교육을 받을 기회를 동등하게 가져야 한다."는 것은 대학교육으로부터 혜택을 받을 수 있는 기회가 누구에게나 주어져야 한다는 것이지, 누구나 다 받을 수 있도록 대학교육의 질을 낮춰야 한다는 것은 아니라는 내용이므로, ②가 정답으로 적절하다.

misunderstand v. 오해하다, 잘못 생각하다
implication n. 내포, 함축, 암시; 연좌, 관련
benefit from 이익을 얻다
notion n. 관념, 개념, 생각
degrade v. 지위를 낮추다, 좌천시키다; 타락시키다
capability n. 능력, 역량, 재능
in the last analysis 결국
discipline n. 훈련, 훈육; 단련, 수양; 규율
exercise v. 연습[훈련]시키다; (권력·권리·역량 등을) 행사[발휘]하다

03 2017 건국대

전통적인 교배육종보다 유전공학을 택한 식물 육종가들은 원하는 특성을 더 빠르고 더 일관성 있게 얻을 수 있다. 그러나 유전자 변형 식품의 안전성은 이 생산물들을 시장에 내놓는 데 중요한 문제가 돼 왔다. 음식에 알레르기가 있는 소비자들은 유전적으로 변형된 식품들이 알레르기 반응을 일으킬 것이라고 우려한다. 예를 들어, 밀의 유전자가 옥수수의 질병을 막는 데 사용된다면, 밀 성분에 알레르기가 있는 사람이 유전적으로 변형된 옥수수를 먹은 후에 알레르기 반응을 보일 것인가 하는 게 문제가 되는 것이다.

③

▶ '밀의 유전자를 이용하여 만든 옥수수를 먹는 경우, 밀 성분에 알레르기가 있는 사람이 이 옥수수에 대해 알레르기 반응을 보일 것인가'하는 문제 제기는 유전자 변형 식품의 안전성에 대해 우려를 나타내고 있는 것이다. 그러므로 ③의 '유전자 변형 식품의 잠재적인 위험성'이 글의 주제로 적절하다.

plant breeder 식물 육종가
cross-breeding n. 교배육종
trait n. 특색, 특성
consistency n. 한결같음, 일관성
genetically ad. 유전적으로
allergic a. 알레르기(체질)의
resistance n. 저항; 반대

04 2021 성균관대

이야기하라. 단순히 생각을 종이 위에 기록하는 것으로 그치지 마라. 당신의 말을 당신 자신을 표현하는 통로로 이용하라. 당신이 가진 여러 정밀한 기술이나 폭넓은 경험을 똑같이 가진 사람은 아무도 없다는 의미에서 이력서와 질문서가 독특한 것일 수 있지만, 이력서와 질문서의 언어는 메마르고 정적이다. 반면에, 에세이는 당신의 인성을 설명해줄 수 있는 동적인 이야기다. 에세이는 아마도 어떤 문제나 사건에 대한 경험이나 철학을 통해서, 당신의 성격의 어떤 측면을 포착해야 한다.

⑤ ▶ But으로 시작하는 세 번째 문장이 주제문이다. 이력서에서든, 질문서에서든, 에세이에서든, 당신의 말을 통로로 이용하여 당신 자신의 생각을 표현하라는 내용이다. 따라서 ⑤가 글의 요지로 적절하다. ③ 객관적이 아니라 주관적으로 표현해야 한다.

conduit n. 도관(導管)	
resume n. 이력서	
questionnaire n. 질문서	
skillset n. 다양한 재주	
static a. 정적인	
potential n. 잠재력; 가능성	
explicate v. 상세히 설명하다	
facet n. 관점	

05 2015 가톨릭대

의사는 당신의 혈압이 정상인지를 확인하는 검사를 대개 한쪽 팔에 하지만, 우리 연구팀의 최근 연구는 양 팔에 측정하는 것이 심장병 발병 위험이 높은 환자들을 더 잘 확인하는 데 도움이 될지도 모른다는 것을 보여준다. 연구원들이 13년 동안의 약 3천 4백 명의 환자들에 대한 자료를 분석했을 때, 그들은 참가자들 중 약 10%가 한쪽 팔에서 더 높은 심장 수축 수치를 보여준다는 것을 확인했다. 양 팔에서 10포인트 이상의 차이가 나는 사람들은 심장마비, 뇌졸중, 또는 그 외의 관상동맥질환을 앓을 가능성이 38% 더 높았다. 이러한 불균형은 대동맥에 찌꺼기(혈전)가 있다는 것을 보여줄지도 모른다.

② ▶ 양 팔의 혈압을 측정해서 그 수치가 다르면 심장마비, 뇌졸중, 관상동맥 질환 등을 앓을 가능성이 높다고 했으므로, 이 글의 요지로는 ②가 적절하다.

blood pressure 혈압	
systolic a. 심장 수축의	
discrepancy n. 불일치	
coronary a. 관상(冠狀) (동맥)의	
artery n. 동맥	

06 2017 인하대

베이글, 머핀, 도넛과 같이 탄수화물이 많이 들어 있는 아침식사로 하루를 시작하는 것은 당신을 매우 고단한 상태로 만들 수 있다. "식사에 당도가 높으면, 몸은 많은 인슐린을 만들어내는 것으로 반응합니다."라고 크위나르(Cwynar) 박사는 설명한다. "인슐린이 과잉보상(과잉작용)하면서, 혈당을 낮추게 되고, 그렇게 되면 힘이 빠지게 됩니다." 이런 상황은 몸으로 하여금 계속 움직일 수 있도록 하기 위해 훨씬 더 많은 당분을 갈망하도록 만든다. 계란, 살코기, 유제품, 콩과 같은 식품에 들어 있는 단백질을 선택함으로써, 그 같은 악순환을 멈추게 해야 한다. 단백질은 탄수화물보다 소화하는 데 더 많은 시간이 걸리며 혈당 수치를 안정된 수준으로 유지시키는 데 도움을 준다. "우리는 탄수화물 과잉 사회에 살고 있습니다. 탄수화물을 너무나도 편리하게 구할 수 있고 값도 싸기 때문이죠. 하지만 저는 아침식사로 단백질을 드시라고 말씀드리고 싶습니다."라고 크위나르 박사는 말한다.

⑤ ▶ 탄수화물이 많이 들어 있는 아침식사를 하는 경우 분비된 인슐린이 과잉작용을 하다 보니 혈당치가 낮아져 몸이 무기력해지는 등, 몸에 나쁜 영향을 끼치므로 단백질이 풍부한 식사를 할 것을 권하는 내용의 글이다. 따라서 ⑤가 적절하다. 이 글에서는 단백질이 혈당치를 안정하게 유지하는 데 도움을 준다고 했을 뿐 단백질과 인슐린의 관계는 언급하지 않았다.

meal n. 식사, 식사시간	
respond v. 응답[대답]하다; 반응하다	
overcompensate v. 과잉보상하다	
lower v. 낮추다, 낮게 하다	
crash v. 무너지다, 파산하다; 힘이 빠지다	
trigger v. (일련의 사건·반응 등을) 일으키다	
crave v. 열망하다, 갈망하다; 간절히 원하다	
vicious cycle 악순환	
protein n. 단백질	
lean meat 살코기	
dairy n. 낙농장; 낙농업; 유제품	
digest v. 소화하다; 요약하다, 간추리다	
carbohydrate n. 탄수화물	

07 2020 가톨릭대

노년은 일의 역할이 덜 제한하는(일에 덜 속박당하는) 시기로 특징지을 수 있다. 여가가 인생에서 의미를 찾는 방법으로서 일을 대신할지도 모른다. 우리는 여가를 단순히 은퇴 후에 더욱 쉽게 갖게 되는 '마음대로 할 수 있는 시간'이라고 여길지도 모른다. 그러나 좀 더 깊숙이 들여다보면, 여가는 그 자체를 위해 몰두하는 활동, 즉 그 자체로 목적인 것이라고 정의 내릴 수 있다. 여가는 단순히 '남은 시간'을 가지고 우리가 하는 활동일 뿐 아니라, 돈을 받고 일하는 것, 집안일을 하는 것, 또는 그 밖의 유용한(수단이 되는) 활동들과는 다른 다차원적인 질의 삶이기도 하다. 아리스토텔레스(Aristotle)는 여가를 인간이 삶의 필요사항들을 해결하고 났을 때 자기개발을 위한 자유를 쟁취하는 영역이라고 말했다.

② ▶ 이 글은 노년기에 여가가 갖는 의미를 이야기하고 있는데, 여가를 남은 시간에 하는 활동일 뿐 아니라 자기개발을 위한 자유를 쟁취하는 영역이라고 소개하고 있으므로, 글의 요점으로는 ②가 가장 적절하다.

constricting a. 제한하는, 억제하는
take something's place ~를 대신하다
discretionary a. 임의로 결정할 수 있는
retirement n. 은퇴
for its own sake 그것 자체를 위해
an end in itself 그 자체로 목적인 것
leftover a. 남은
multidimensional a. 다차원적인
realm n. 영역

---

08 2019 건국대

모기는 의심할 바 없이 여름에 견뎌내야 하는 가장 큰 골칫거리 중 하나다. 모기는 우리에게 이롭지 않고 해만 입히는 것처럼 보인다. 모기는 극도로 짜증스럽지만, 실제로는 먹이 사슬에서 매우 필수적이고 중요한 존재다. 모든 모기들이 사람들을 공격하는 것은 아니다. 번식을 위해서 사람들의 피를 빨아먹는 것은 실제로 암컷 모기들뿐이다. 하지만 수컷 모기들은 꽃의 꿀을 먹고 산다. 실제로 모기는 벌에 이어서 두 번째로 가장 활발한 꽃가루 전달자로서, 꽃을 피우는 데 상당히 중요한 역할을 한다! 만일 모기가 지금처럼 꽃가루를 많이 퍼뜨리지 않는다면, 꽃들은 사라지기 시작할 것이다. 그러나 여기서 끝이 아니다. 식물을 먹는 동물 또한 영향을 받게 되는 등등의 일이 일어날 것이다.

③ ▶ 인간에게 해를 입히는 것처럼 보이는 존재인 모기가 실제로 먹이 사슬에서 중요한 역할을 하고 있다는 내용의 글이므로, ③이 글의 주제로 적절하다.

nuisance n. 성가신[귀찮은] 사람[것, 일], 골칫거리
reproduce v. 생식하다, 번식하다
nectar n. (꽃의) 꿀
substantial a. 실질적인; 실제상의; 상당한
pollen n. 꽃가루, 화분

---

09 2018 강남대

많은 사람들은 우리가 더 나은 세상을 향해 계속해서 진보를 이루고 있다고 생각하지만, 이것은 환상일지도 모른다. 우리는 1950년에 비해 지금 훨씬 더 많은 상품을 생산하고 있다. 하지만 우리가 만들어낸 몇 가지 것들을 살펴보도록 하자. 우리는 많은 핵폭탄을 가지고 있다. 우리는 심지어 컴퓨터로 조종되는 소형 폭탄도 개발했다. 나는 이런 유형의 상품들이 우리의 세상을 더 좋은 곳으로 만드는지에 대해 의문을 가지고 있다. 소비자 심리의 일부는 우리가 항상 최신 제품을 더 많이 사길 원한다는 것이다. 그래서 우리는 그 제품들을 구입하기 위해 많은 돈이 필요하다고 느낀다. 그러나 우리는 2, 3년마다 새 차를 살 필요가 정말 있는 것인가? 우리가 돈을 갖는 것에 대해 덜 생각하고 주변 사람들과 좋은 관계를 발전시키는 데 대해 더 많이 생각한다면, 우리는 삶의 질을 향상시킬 수 있을 것이다.

② ▶ "많은 사람들은 우리가 더 나은 세상을 향해 계속해서 진보를 이루고 있다고 생각하지만, 이것은 환상일지도 모른다."라고 한 첫 문장이 주제이며, 나머지 부분은 주제문을 뒷받침하기 위한 부연설명에 해당한다. 그러므로 ②가 정답이 된다.

continual a. 거듭되는, 끊임없는
progress n. 진전; 진척
illusion n. 환각, 환상
nuclear bomb 핵폭탄
mentality n. (개인·집단의) 사고방식
latest a. 최근의, 최신의

10   2022 인하대

뉴턴의 법칙과 역학 전체는 우리에게 고전 역학 연구를 위한 기본적인 원리를 제공한다. 아마도 역학에서 나온 가장 중요한 개념은 일(물체에 적용된 힘)의 개념일 것이다. 일에 대한 이해는 많은 물리적인 상황을 상당히 단순화시킨다. 그것은 우리가 거리와 시간에 걸쳐 작용하는 힘을 평가할 수 있게 하여 주고, 주어진 물체에 작용하는 힘뿐만 아니라 주어진 이동 과정에서 그 물체에 어떤 일이 일어나는지에 대해 더 폭넓은 이해를 제공한다. 또한 일의 개념은 계산을 더 쉽게 하고, 우리의 연구를 다른 영역으로 확장할 수 있도록 해준다. 우리가 수학적으로나 개념적으로 일에 대한 이해를 하게 되면, 우리는 그것을 새로운 개념인 에너지에 적용할 수 있고 일-에너지 정리를 정립할 수 있다. 일은 더 발전된 역학 개념으로 가는 관문만은 아니다. 그것은 물리학의 모든 분야에서 사용되는 개념이다.

⑤   ▶ 역학에서 일의 개념에 대한 이해는 물체에 어떤 일이 일어나는지에 대한 폭넓은 이해를 제공하며 연구를 확장할 수 있도록 해준다고 했다. 이것은 물리학의 모든 분야에서 사용되는 개념으로 물리학 연구를 위해서는 일에 대한 올바른 이해가 필요하다고 설명하고 있으므로, 글의 요지로는 ⑤가 적절하다.

axiom n. 자명한 이치; 원칙, 원리
derive v. ~에서 나오다, 유래하다
work n. 일(물리적 변화를 일으키는 힘의 작용), 일량
simplify v. 간소화[단순화]하다
evaluate v. 평가하다, 사정하다
extend v. 확대[확장]하다
realm n. 영역, 범위
mathematically ad. 수학적으로
conceptually ad. 개념상으로
theorem n. (특히 수학에서의) 정리(定理)
gateway n. 입구, 관문

11   2019 명지대

영국에는 지명(地名)에서 유래한 성(姓)이 많은데, 이 성에 관해 흥미로운 사실은 이 지명들이 대부분 사람들이 거의 들어본 적 없는 잘 알려지지 않은 곳이라는 점이다. 왜 런던(London)보다 미들턴(Middleton)을 성으로 쓰는 사람들이 훨씬 더 많고, 브리스틀(Bristol)보다 워싱턴(Worthington)을 성으로 쓰는 사람들이 훨씬 더 많을까? 중세 영국의 주요도시인 런던, 요크(York), 노리치(Norwich), 글래스고(Glasgow)는 수많은 사람들이 그 곳에 살았음에도 불구하고, 상대적으로 성으로는 드물게 쓰인다. 겉보기에 모순적인 이런 상황을 이해하기 위해서는, 성을 사용하는 목적이 한 사람 또는 한 가문을 수많은 대중과 구별하기 위한 것이라는 점을 기억해야 한다. 만일 어떤 사람이 자신을 런던이라는 성을 가진 피터(Peter)라고 부른다면, 그는 그저 런던이라는 성을 가진 수백 명의 피터 중 한 명에 불과해, 그를 찾고자 하는 사람이라면 누구나 어찌할 바를 모를 것이다. 따라서 대체적으로, 런던이라는 성을 가진 피터는 런던이라는 이름이 분명하게 일반 대중과 구별해주는 특징이 될 시골지역으로 이사를 갔을 경우에만 런던이라는 성을 가진 피터로 알려지겠지만 그런 일은 자주 일어나지 않았다.

②   ▶ "영국의 성(姓)은 지명(地名)에서 유래한 것이 많은데, 그 지명이 중세 영국에서 사람들이 많이 거주했던 '주요 도시의 지명'이 아니라 '잘 알려지지 않은 지명'이며, 이렇게 잘 알려지지 않은 지명을 쓴 목적은 한 사람이나 한 가문을 일반 대중과 쉽게 구분하기 위한 것"이라는 내용이다. 따라서 ②의 '영국의 성(姓)에 있어서 주요 도시 이름이 드문 이유'가 글의 주제로 적절하다.

surname n. 성(姓)
place name 지명(地名)
obscure a. 잘 알려지지 않은
medieval a. 중세의
paradox n. 역설; 모순된[이치에 맞지 않는] 말
distinguish v. 구분하다, 구별하다
be at a loss 어쩔 줄을 모르다
as a rule 일반적으로
feature n. 특징
scarcity n. 부족, 결핍
untold a. 알려지지 않은
myth n. 신화; 지어낸 이야기

12   2017 가톨릭대

미술은 장식 이상의 것인데, 담겨 있는 내용이 때때로 피상적이거나 모호하더라도 미술에는 의미가 담겨 있기 때문이다. 미술은 우리가 이해하는 것을 달리 표현될 수 없는 (미술만의) 방식으로 전달할 수 있게 해준다. 정말이지 그림은 그 기술적(記述的) 가치뿐만 아니라 상징적인 중요성에서도 천 마디의 말만큼 가치 있다. 언어에서와 같이, 인간은 미술에서도 그 무엇보다도 복잡한 생각을 새로운 방식으로 전달하는 상징의 발명가다. 우리는 미술을 일상적인 산문의 관점에서 생각하지 말고 시(詩)라고 생각해야 하는데, 시는 새롭고, 종종 다양한 의미와 분위기를 전달하기 위해 통상적인 어휘와 구문을 자유롭게 재배열할 수 있다. 마찬가지로 그림도 그것이 말하는 것보다 훨씬 더 많은

shallow a. 얕은, 피상적인
obscure a. 분명치 않은, 모호한
descriptive a. 서술하는
symbolic significance 상징적인 중요성[의미]
rearrange v. 재정리하다
conventional a. 평범한, 인습적인

것을 암시한다. 시처럼 미술의 가치도 그것이 말하는 내용과 그 내용을 말하는 방식에 똑같이 존재한다. 미술은 부분적으로는 비유이야기, 자세, 얼굴표정 등을 통해 의미를 함축한다거나 선, 형태, 색 및 구성과 같은 시각적 요소를 통해 의미를 환기시키는 방법으로 그렇게 한다(실제 말하는 내용보다 훨씬 더 많은 것을 전달한다).

④　　▶ "시와 마찬가지로, 미술도 다양한 표현을 통해 그것이 전달하고자 하는 것보다 훨씬 많은 것을 전달한다."는 것이 이 글의 요지다.

syntax n. 통사론, 구문론
allegory n. 우화, 풍자
pose n. 자세, 포즈
evoke v. 불러일으키다

13　2016 성균관대

1979년에 그 당(黨)이 한 자녀 정책을 도입했을 때, 당에서는 강압적인 방법을 사용하는 것이 인구 증가가 떠받칠 수 없는 수준이 되지 않게 하는 유일한 방법으로 생각했다. 그 이후로 당은 그 정책이 4억 명의 출생을 막는 데 도움을 주었다고 주장했다. 실제로 이 주장을 뒷받침할 만한 증거는 거의 없다. 1970년대 초 이래로 중국의 출산율은 교육운동만으로도 급격하게 줄어들었다. 출산율은 새로운 정책으로 계속해서 감소했지만, 다른 나라들은 잔인한 정책과 억압에 의지하지 않고도 비슷한 감소 추세를 보여 왔다. 여성의 취업 증가, 교육의 향상, 만혼(晩婚), 급격히 증가한 교육비와 주거비 등이 중국의 낮은 출산율의 이면에 있던 보다 중요한 요소들이었음을 그들의 경험은 암시한다. 한 자녀 정책의 주된 영향은 정책을 무시하는 소수의 사람들에 대하여 터무니없는 인권 남용을 조장한 것이었다.

⑤　　▶ 출산율을 낮추기 위해 중국에서 시행된 가족계획 정책인 '한 자녀 정책'이 인구 감소의 주된 요인이 아니며, 여성의 취업 증가, 교육의 향상, 만혼 등이 낮은 출산율을 야기했다고 소개하고 있으므로, 이 내용을 포괄적으로 포함하는 ⑤의 '중국의 가족계획'이 글의 주제로 적절하다.

coercion n. 강제; 위압
unsustainable a. 지속 불가능한
back v. (주장 따위를) 강화[뒷받침]하다
resort v. 의지하다, 호소하다(to)
cruelty n. 잔인한 행위
foster v. 기르다, 양육하다; 조장하다
egregious a. 엄청난, 터무니없는
human-rights abuse 인권 남용

14　2015 명지대

자연도태는 대개 생존을 약속하는 행동들을 선호하는 것으로 여겨지지만, 미술이 생존을 직접적으로 촉진시켜준다고 주장한 미술 이론가는 거의 없다. 미술은 너무나도 많은 시간과 에너지를 쓰게 하면서도 하는 일은 거의 없다. 이런 문제는 미술에 관한 진화론적인 이론 구축에 있어 매우 일찍이 인식되었다. 1897년, 에른스트 그로시(Ernst Grosse)는 그의 저서인 『미술의 기원(The Beginning of Art)』에서 미술의 무용론(無用論)에 관해 언급하면서, 자연도태대로라면 오래 전에 이미 그렇게 무의미한 방식으로 그들의 노력을 낭비하는 사람들을 배격하고 쓸모 있는 재능을 가진 사람들을 선호했을 것이라고 주장했으며, 미술은 지금까지 실제로 발달해온 것만큼 그렇게 고도로 화려하게 발달하지 않았을 것이라고 주장했다. 다윈(Darwin)에게, 고비용과 쓸모없어 보이는 것과 명백한 아름다움은 어떤 행동에 구애의 기능이 숨어있음을 일반적으로 나타내었다. 그러나 대부분의 미술 이론가들에게, 미술의 고비용과 쓸모없어 보이는 것은 다윈의 접근방식이 적절치 못함을, 즉 미술은 자연도태의 비용절감 절약성에서 독특하게 제외된다는 것을 일반적으로 암시해 왔다.

②　　▶ 마지막 문장이 이 글의 저자가 독자들에게 하고 싶은 말에 해당한다. 그러므로 "자연도태는 미술을 그럴 듯한 방식으로 설명하지 못한다."는 ②가 글의 요지로서 적절하다.

natural selection 자연도태
assume v. 추정하다, 가정하다
evolutionary a. 진화론적인, 진화의; 발달의
manifest a. 명백한, 분명한
indicate v. 가리키다, 지적하다, 보이다
courtship n. 구애
inappropriate a. 부적절한
be exempt from ~에서 면제 받다
frugality n. 검약, 검소

15 2018 상명대

1328년에, 흑사병이 유럽을 장악해서 이후 20년 동안 놓아주지 않았다. 수억 명의 사람들이 흑사병으로 목숨을 잃었고 의학계는 효과적인 치료법을 전혀 갖고 있지 않았기 때문에, 사람들은 그 전세계적 유행병을 피하기 위한 절박한 시도로 기묘한 방법들을 시험해보기 시작했다. 어떤 사람들은 좋은 냄새가 그 병을 막을 수 있다고 믿어서, 달콤한 냄새가 나는 꽃이나 허브를 들고 다녔다. 그러나 이것이 가져다준 유일한 효과는 잠시 동안 사람에게서 좋은 냄새가 나게 하는 것뿐이었다. 소수의 사람들이 선택했던 보다 덜 유쾌한 방법은 하수도에서 사는 것이었는데, 지하의 공기가 그 질병에 오염되지 않았다고 생각했기 때문이었다. 물론, 이것은 지하로 가서 살기로 결정한 가련한 사람들에게 아무런 도움도 되지 못했다. 사실, 이것은 비위생적인 환경으로 인해 그들로 하여금 더 많은 질병에 걸리도록 했을 뿐이었다.

⑤
▶ 흑사병에 대한 제대로 된 치료법이 존재하지 않던 상황에서 사람들이 이 질병의 치료를 위해 시도했던 기묘한 치료법들의 내용과 그 결과에 대해 이야기하고 있으므로, 글의 주제로는 ⑤가 적절하다.

Black Death 흑사병
take hold of ~을 장악하다, 사로잡다
succumb v. 굴복하다; 쓰러지다, 죽다
effective a. 효과적인
treatment n. 치료, 치료법
experiment v. 실험하다, 시험하다
odd a. 이상한, 기묘한, 특이한
desperate a. 절박한, 필사적인
stave off 피하다, 간신히 모면하다
pandemic n. 전 세계적인 유행병
odor n. 냄새, 향기, 악취
herb n. 풀, 약초
sewer n. 하수구, 하수도
contaminate v. (접촉하여) 더럽히다, 오염시키다
come down with (병에) 걸리다
unsanitary a. 비위생적인

16 2022 명지대

E = mc2인 핵반응에서 소량의 질량(m)에서 엄청난 양의 에너지(E)를 얻을 수 있기 때문에 핵에너지(원자력)는 밀도에서 그 최종결과를 나타낸다(결국 밀도에 달려있다). 원자력을 얻기 위해 우라늄을 채굴하는 것은 석탄, 석유, 천연가스를 채굴하는 것보다 환경에 상처를 훨씬 더 적게 남기며, 원자력 발전소를 짓는 데는 풍력 발전소나 태양열 발전소를 짓는데 필요한 부지의 약 1/500이 필요하다. 원자력은 24시간 이용가능하며, 농축에너지를 필요한 곳에 제공하는 전력망에 연결할 수 있다. 원자력은 태양열 에너지, 수력 에너지, 바이오매스보다 탄소배출량이 적으며, 이들 에너지보다 안전하기까지 하다. 원자력과 함께 한 60년 동안 1986년에 있었던 체르노빌 참사로 31명이 죽었다. 다른 두 가지 유명한 사건인 1979년 스리마일 섬과 2011년 후쿠시마 섬에서는 한 명도 죽지 않았다. 그러나 가연성 물질을 태워 발생하는 오염과 채굴하다가 발생하는 사고로 엄청난 숫자의 사람들이 하루도 빠짐없이 사망한다. 원자력과 비교했을 때 천연가스는 생산전기의 킬로와트시 당 38배나 더 많은 목숨을 잃게 했고, 바이오매스는 63배, 석유는 243배, 그리고 석탄은 387배나 더 많은 목숨을 잃게 했다.

①
▶ 이 글은 소량의 연료로 엄청난 양의 에너지를 얻을 수 있고, 발전소를 짓는 데 필요한 부지도 적으며, 다른 에너지원에 비해 오염도 적고 안전하다고 언급하는 등 원자력이 갖는 장점에 대해 이야기하고 있으므로, 글의 주제로 ①이 정답이다.

density n. 밀도(단위부피당 질량)
mass n. (물체의) 질량
mine v. (광석을) 채굴하다
around the clock 24시간 내내
power grid 전력망
concentrated a. 농축된
carbon footprint 탄소 발자국(온실 효과를 유발하는 이산화탄소의 배출량)
day in, day out 하루도 빠짐없이
combustible n. 가연성 물질
petroleum n. 석유

17 2020 중앙대

실험실과 발견은 상관관계가 깊은 말들이다. 실험실을 억압하면, 물상과학은 메말라 죽게 될 것이다. 그것은 진보와 미래의 과학이기보다는 무기력한 정보에 불과해져 버리고 말 것이다. 물상과학에 실험실을 돌려주라. 그러면 생명, 다산 그리고 힘이 다시 출현할 것이다. 실험실을 떠나 있는 물리학자와 화학자들은 전쟁터에서 무장해제당한 군인일 뿐이다. 이러한 원리에 따른 결론은 분명하다. 인류에 유용한 정복들이 당신을 감동시킨다면, 전기 전신, 마취, 은판 사진술과 다른 많은 경탄

correlative a. 상관관계가 있는
physical science 물상과학(생명과학 제외)
stricken with ~에 시달리는
barrenness n. 불모, 불임
fecundity n. 다산

스러운 발견들의 경이로움 앞에 어안이 벙벙하다면, 그리고 이런 경이로움에 이바지한 당신 조국의 몫에 몹시 마음을 쓴다면, '실험실'이라고 뜻깊게 명명된 지성소들에 관심을 가져주기를 나는 간절히 바란다. 부디 실험실들이 많아지고, 완성되기를 요청하라. 실험실이야말로 미래와 부와 안락함의 전당이다. 여기서 인류는 더 크게, 더 잘, 더 강하게 성장할 것이다.

③ ▶ 본문의 요지는 "과학에 실험실을 돌려주고, 실험실들이 더 많아지도록 북돋아야 한다. 미래가 과학 실험실에 있기 때문이다."는 것으로 요약할 수 있는데, 이를 가장 적절하게 나타낸 것은 ③이다. 한편, ①에서 언급한 '생명, 다산, 힘'은 과학의 산물을 가리키지만 '과학' 그 자체를 언급하지는 않으므로 ①은 글의 요지로 부족하다. 또한, ②의 '지성소', ④의 '전쟁터와 군인'은 비유로 사용되고 있는 보조 개념들이므로 글의 요지를 담기에는 적절하지 않다.

deduction n. 연역적 추론에 의한 결론
confounded a. 어리둥절한
telegraphy n. 전신
anaesthesia n. 마취
daguerreotype n. 은판 사진술
be jealous of ~을 선망하다, 몹시 마음을 쓰다
implore v. 간청하다

18 **2019 한양대**

프랑스 철학자 르네 데카르트(René Descartes)가 1637년에 제시했던 생각, 즉 오로지 인간만이 생각한다(그러므로, 인간만이 도덕적 우주 속에 존재한다)는 생각이 현대 과학에 여전히 만연해 있으므로, 세계에서 가장 널리 인정받는 과학자들 가운데 하나인 제인 구달(Jane Goodall)조차도, 그녀가 20년간 야생 침팬지들을 관찰한 그녀의 가장 흥미로운 연구 중 일부는 너무나 심한 위험을 느껴서 출간하지 못했다. 탄자니아 곰베 스트림(Gombe Stream) 보호구역에서의 광범위한 연구에서, 그녀는 예를 들어 다른 개체들이 과일을 발견하지 못하게 하기 위해 먹이를 달라는 울음을 억누르는 것처럼 야생 침팬지들이 의도적으로 다른 침팬지들을 속이는 것을 여러 번 관찰하였다. 그녀가 그런 내용을 글로 발표하는 것이 오랫동안 지연된 것은 그녀가 자신의 연구 대상들을 의인화했다는, 즉 그 대상들에게 '인간적' 감정을 투사했다는, 다른 과학자들의 비난을 두려워했기 때문이었는데, 동물의 의인화는 동물 과학에서 가장 중요한 죄이다. 나는 곰베의 다른 연구자들과도 대화했는데, 그들은 1970년대부터 발견한 연구 결과들을 동료 과학자들이 믿지 않을 것이라는 두려움 때문에 아직 출간하지 못하고 있었다.

③ ▶ 이 글은 "사고, 감정 능력이 오로지 인간의 전유물이라는 고정관념이 여전히 과학계를 지배하고 있으므로, 그것을 반증하는 연구 결과를 발표하는 데 제인 구달처럼 저명한 과학자들조차 위협을 느끼고 있다."고 지적하는 글이다.

pervasive a. 널리 퍼져 있는
intimidate v. 위협하다
intriguing a. 호기심을 자아내는
stifle v. 숨 막히게 하다; 억누르다
anthropomorphize v. 인격화하다, 의인화하다
cardinal a. 가장 중요한

19 **2022 덕성여대**

고대 이집트에서 여성은 남성과 똑같은 권리를 누렸다. 그녀가 받는 사회 보장 수급 권리가 정당한지는 그녀의 성별이 아니라 그녀의 사회계급에 달려있었다. 모계가 사실의 문제인 반면, 부계는 견해의 문제라는 가정에 따라 모든 재산이 모계로 전해졌다. 남성이 상속녀와 결혼하면, 남성은 여성이 살아있는 동안에만 여성의 재산을 누릴 수 있었으며, 그녀가 사망했을 때에는 그녀의 재산이 그녀의 딸과 딸의 남편에게로 전해졌다. 고대 이집트에서 결혼은 국가가 전혀 관심을 기울이지 않고, 국가가 어떠한 기록도 남기지 않는 지극히 사적인 일이었다. 여성은 자신이 원하는 대로 재산을 관리하고 처분할 자격이 있었다. 즉 여성은 사고 팔 수 있었고, 유언을 집행할 수 있었으며, 법률 문서에 대해 증언할 수 있었고, 법정에서 소송을 제기할 수 있었고, 아이를 입양할 수 있었다. 그에 비해, 고대 그리스 여성은 남성 후견인의 감독을 받았기에, 프톨레마이오스 시대 동안 이집트에서 살고 있던 많은 그리스 여성들은 이집트 여성들이 남성 후견인 없이 다닐 수 있는 것을 목격하고는 자신도 그렇게 해볼 용기를 얻었다.

② ▶ 이 글은 고대 이집트의 여성들이 실생활의 여러 측면에서 어떤 일을 자유롭게 할 수 있는 법적인 능력을 갖고 있었는지를 설명한 글이므로 ②가 글의 주제로 적절하다. ① 첫 문장에서 여성은 남성과 똑같은 권리를 누렸다고 했으므로 성차별은 아니다.

entitlement n. (사회 보장·실직 수당 따위의) 수급권, 수혜권
property n. 재산, 부동산
descend v. (재산 등이) 전해지다
maternity n. 어머니임, 모성, 모계
paternity n. 아버지임, 부성, 부계
heiress n. 여자 상속인
be entitled to ~을 받을 자격이 있다
administer v. 관리하다, 운영하다
dispose of ~을 처분하다
executor n. (유언) 집행자
will n. 유언
bring an action 소송을 제기하다
male guardian 남성 후견인

20 2021 명지대

모차르트(Mozart)의 국가 정체성 의식과 그 의식에 함축된 그의 정치적 견해와 관련한 논쟁은 19세기로 거슬러 올라갈 수 있다. 한쪽에는 모차르트를 '대단히 뛰어난' 세계주의적인 작곡가로 여기는 사람들이 있었다. 프리드리히 니체(Friedrich Nietzsche)는 『선악을 넘어서(Jenseits von Gut and Böse)』(1886)라는 에세이에서 로베르트 슈만(Robert Schumann)의 편협한 국가주의적 견해('독일에서 일어난 사건')와 편협하지 않은 모차르트('수 세기 동안 존재했던 위대한 유럽 취향의 마지막 울림')를 대비시키면서, 그와 같은 주장을 펼쳤다. 독일 음악사에 대한 이런 해석은 전기에 나오는 확실한 증거로 뒷받침되었기 때문에 거의 논란으로 여겨진 적이 없었다. 독어, 불어, 그리고 이탈리아어가 유창했으며, 다양한 음악적 전통에 관심이 많았던 모차르트는 국가의 경계라는 한계를 초월한 것으로 보인다. 게다가, 모차르트의 음악은 독일과 오스트리아에서와 마찬가지로, 영국과 프랑스에서도 비슷한 수준의 인기를 얻었으며, 그의 보편적인 매력은 19세기와 그 이후에 거의 모든 주요 유럽 언어로 출판된 그 작곡가의 수많은 전기로 또한 입증될 수 있다.

②   ▶ 모차르트를 세계주의적인 작곡가로 여긴다는 니체의 주장을 언급하면서, 전기에 나오는 확실한 증거가 이런 견해를 뒷받침한다고 이야기하고 있으므로, ②가 글의 요지로 적절하다.

implication n. 함축	
trace back to ~의 기원이 …까지 거슬러 올라가다	
cosmopolitan a. 세계주의적인	
composer n. 작곡가	
par excellence 특히 뛰어난	
nationalist a. 국가주의적인	
echo n. 울림, 메아리	
interpretation n. 해석	
deem v. ~라고 여기다	
solid a. 탄탄한, 확실한	
biographical a. 전기의	
fluent a. (말이) 유창한	
responsive a. 감응하기 쉬운, 즉각 반응하는	
transcend v. 초월하다	
attain v. (많은 노력 끝에) 획득하다	
appeal n. 매력	

03 내용일치·내용파악

01 2018 광운대

고전시대와 중세시대에, 음악의 연구는 수학 분야와 많은 공통점이 있었는데, 예를 들어 비례, 특수한 비율, 반복 패턴 등에 관심을 갖고 있었다는 점을 들 수 있다. 20세기에, 12음 음악이 도입되고 컴퓨터가 광범위하게 사용됨에 따라, 음악적 능력과 수학적 능력 사이의 관계에 대해 더 깊은 연구가 이뤄지게 되었다. 음악 공연을 위해서는 종종 복잡한 비율에 민감해야 한다. 또한 리듬이 작동하는 것을 이해하기 위해, 연주자는 반드시 숫자와 관련된 기본적인 능력을 갖추고 있어야 한다.

②   ▶ 본문의 첫 번째 문장은 "고전시대와 중세시대에 음악과 수학이 관심 분야를 공유했다."는 것이고, 두 번째 문장은 "현대에 들어서도 음악적 능력과 수학적 능력 사이의 관련성에 대해 연구를 하고 있다."는 내용이다. 이는 곧 '사람들이 오랫동안 음악과 수학이 서로 밀접하게 관련돼 있음을 인식하고 있어 왔음'을 의미한다. 따라서 ②가 정답으로 적절하다.

medieval a. 중세의
feature n. 특징, 특색
discipline n. 학과, 교과, (학문의) 분야
interest n. 관심, 흥미
proportion n. 비율; 조화; 몫
ratio n. 비율
recurring a. 되풀이하여 발생하는
introduction n. 받아들임, 도입; 소개
widespread a. 널리 보급돼 있는, 만연한
inspire v. 고무하다, 고취하다; 격려하다
sensitivity n. 세심함, 감성, 예민함
complex a. 복잡한, 어려운
appreciate v. 평가하다; 진가를 인정하다; 감상하다
numerical a. 수의, 수를 나타내는, 숫자상의
competence n. 적성, 자격, 능력

02 2021 한국공학대

딕시랜드 재즈는 1800년대 후반 뉴올리언스에서 시작되었다. 이 재즈의 특징은 소규모 앙상블 그룹이었다. 이 그룹은 보통 프론트라인과 백라인 뮤지션들로 구성되었다. 멜로디가 나아져가면서 연주자들은 멜로디를 즉흥 연주하기 시작했다. 1910년대에는 이미 이 음악은 다른 도시 지역으로 퍼져가기 시작했다. 딕시랜드 재즈는 세인트루이스나 시카고와 같은 곳에서 남부의 재즈보다 더 강렬하고 반응이 좋았다. 또한 솔로연주도 더 흔해졌다. 1920년대에는 이미 미국에 새로운 재즈 시대가 열렸고, 독특한 스타일들이 미국 전역에서 등장하고 있었다.

①   ▶ 둘째 문장에서 "이 재즈의 특징은 소규모 앙상블 그룹이었다."라고 했으므로 "소규모 그룹이 연주했다."는 ①이 사실이다.

pick up 다시 시작하다, 나아지다, 향상되다
improvise v. 즉흥 연주하다
migrate v. 이주하다
counterpart n. 상대방
distinctive a. 독특한
spring up 솟아나다

03 2018 가천대

에드먼드 말론(Edmund Malone)은 한때 정치에 깊숙이 몸담고 있었다. 그러나 그 뒤 에드워드 말론은 사랑에 빠졌는데, 그의 연애는 불분명한 이유로 파국으로 끝나버려, 모든 것에 대한 그의 관심이 사라져버렸다. 그러다가 그는 지푸라기라도 잡는 심정으로 책과 글쓰기에 의지하게 되었다. 이렇게 해서 평론가들은 만들어진다. 그들은 (주류가 아닌) 주변부에서 그들이 관찰하는 것을 고통 속에서 학습한다. 말론은 어쩔 수 없이 평론가라는 직업을 갖게 되었지만, 그는 그 직업을 곧 좋아하게 되었고, 열정적이면서도 노련한 책 구매자가 되었으며, 자신을 위해 그리고 그의 친구들을 위해 시장에서 서적을 매우 성공적으로 거래했다.

be engaged in ~에 종사하다
fall in love 사랑에 빠지다
cease v. 중단하다, 사라지다
as a last resource 최후의 수단으로
commentator n. 평론가, 논객
margin n. 가장자리[끝]; 주변부

③ ▶ 에드먼드 말론은 어쩔 수 없이 평론가라는 직업을 갖게 되었지만, 그는 곧 그 직업을 좋아하게 되었고, '열정적'이며 노련한 책 구매자가 되었다고 했으므로, ③이 정답이다.

04　2021 가톨릭대

디트로이트 경찰관 로버트 펠드(Robert Feld)는 300달러의 벌금을 물고 경찰관에서 사직하는 데 동의했다. 그는 운전자를 발로차고 수갑으로 때린 혐의로 기소되었다. 펠드에 의한 무항변 인정(이의제기 포기)은 그가 유죄를 인정하지 않았음에도 불구하고 대응하기 힘든 증거를 인정했다는 것을 의미한다. 피고측 변호사 스티븐 피쉬맨(Steven Fishman)은 의뢰인의 경찰 경력이 우수하다고 설명했지만 무항변 인정이 펠드에게 가장 유리하다고 말했다. 당국은 펠드가 음주운전의 의심이 들어 운전자를 멈추게 한 뒤 체포 과정에서 그를 발로 차고 때렸다고 밝혔다. 그 사건은 차내의 경찰 비디오카메라에 정확히 포착되었다.

② ▶ 음주운전의 의심이 들어 운전자를 멈추게 한 뒤 체포 과정 중에 운전자를 때렸다고 했으므로, 운전자가 취해있었다고 생각했을 것이다. 따라서 ②가 정답이다.

05　2015 상명대

현대의 쇼핑센터는 앞서 있었던 소매 혁신의 직접적인 결과물로, 고객들을 위한 주차시설을 갖추고 한 건물에 다양한 가게를 입점(入店)시키려 한 자동차 이용객 중심의 쇼핑센터다. 최초의 현대적인 쇼핑센터는 컨트리 클럽 플라자(Country Club Plaza)로, 1924년에 캔자스시티에서 개점했다. 1950년대 중반에는 이미 작은 '상가 거리'에서 대형 종합상가에 이르는 다양한 쇼핑센터가 전국적으로 급증했고, 주차장 부족과 중산층 주민들의 교외 이주로 타격을 입은 전통적인 시내중심가 상업 지구에 도전장을 내밀고 있었다.

④ ▶ 최초의 현대적인 쇼핑센터는 컨트리 클럽 플라자로 1924년 캔자스시티에 개점했다고 했으며, 그 후 나온 다양한 쇼핑센터가 전국적으로 '급증'했다고 했으므로 '천천히 증가'했다고 한 ④는 본문의 내용과 일치하지 않는다.

06　2018 서강대

미국 국립보건원 전문가들은 미국의 성인 2,530만 명이 만성 통증을 안고 살아가고 있는 것으로 추정한다. 비록 미국 질병관리센터(CDC)에서는 만성 통증 치료의 제일선에서 통상적으로 사용되는 오피오이드의 사용에 대해 반대하는 입장이지만, 최근 몇 년 사이에 오피오이드에 대한 처방 비율이 급증하고 있어서, 오피오이드 중독, 과다 복용 및 그로 인한 사망이 급속히 늘어나는 추세다. 오피오이드 처방이 늘어나는 데에는 환자들의 요구, 환자 만족도에 따른 보험료 지급 등 다양한 요인들이 있다.

②   ▶ 미국 질병관리센터가 오피오이드 사용을 '경고'하고 있음에도 불구하고, 만성 통증 환자들이 그것의 사용을 '요구하고' 또 '환자의 만족도에 따라 보험 회사들이 의사들에게 보험료를 지급하는' 상황으로 인해, '중독과 과다 복용 및 그로 인한 사망'과 같은 '공중 보건상의 위기'를 불러온 데 대해 '의사들이 일정 정도 책임이 있다'고 볼 수 있으므로, ②의 진술은 본문의 내용과 일치한다.

overdose n. 과다 복용

epidemic n. 유행병; (병·사상 따위의) 유행

reimbursement n. 변제, 상환

satisfaction n. 만족(감)

---

07   2015 한양대 에리카

미국의 농업은 1930년대에 엄청난 충격을 겪었다. 미국의 심장부에 장기간 이어진 가뭄과 먼지 폭풍에다 대공황까지 겹쳐, 설자리를 잃게 된 농민들은 부근의 도시나 약속의 땅 캘리포니아로 집단적으로 빠져나갔다. 존 스타인벡(John Steinbeck)의 소설 『분노의 포도(The Grapes of Wrath)』(1939)와 그 책을 원작으로 하여 인기를 끈 영화에서는 재산을 잃은 한 가정이 오클라호마에서 캘리포니아로 가는 여정을 따라가면서, 그들의 비참한 처지를 정확하게 담아냈다. 그 책이 모습을 드러내기 전에, 스타인벡은 지역 이주민들과의 인터뷰를 바탕으로 한 연재 신문 기사를 쓴 적이 있었는데, 이 기사들은 나중에 『추수하는 집시들(The Harvest Gypsies)』이라는 책 속에서 한데 모이게 되었다.

③   ▶ 미국의 농업은 1930년대에 엄청난 충격을 겪었다고 하면서, 그것에 대해 구체적으로 '미국의 심장부에 가뭄과 먼지 폭풍이 장기간에 걸쳐 발생했음'을 언급하고 있다. 그러므로 ③이 옳은 진술이다.

devastating a. 황폐시키는, 파괴적인, 치명적인

impact n. 충돌, 충격; 영향

the Great Depression 대공황

prolonged a. 오래 끄는; 장기적인

drought n. 가뭄

dust storm 모래 폭풍, 황사

heartland n. (한 국가나 지역의) 심장부, 중심지역

spur v. 박차를 가하다; 자극하다, 격려하다

exodus n. 집단적 대이동[대이주]

displace v. 바꾸어 놓다; 대신하다; 쫓아내다; 추방하다

capture v. ~을 (사진·문장 등에) 담다, 표현하다

plight n. 곤경, 궁지

dispossessed a. 쫓겨난, 재산을 빼앗긴

article n. 기사, 논설; 조항

migrant n. 이주자

---

08   2021 덕성여대

러디어드 키플링(Rudyard Kipling)은 저널리스트이자 신문 편집자로서 직업 경력을 시작한 뒤 결국 영국에서 전업 작가가 되었다. 키플링은 작가로 유명세를 누렸고 41세에 노벨 문학상을 수상한 최연소 작가였다. 식민지 시대라는 주제는 영국의 제국 건설의 마지막 단계에서 쓴 그의 문학 전반에 걸쳐 존재했다. 키플링의 어린 시절 고향인 인도의 문화와 전설도 많은 그의 가장 유명한 작품들의 기초를 형성했다. 그의 시와 소설은 영국의 식민지 개척자들과 원주민들 사이의 관계를 탐구한 것으로 유명하다.

④   ▶ "키플링의 어린 시절 고향인 인도의 문화와 전설도 많은 그의 가장 유명한 작품들의 기초를 형성했다."고 했으므로, 그의 작품은 인도의 전통에 뿌리를 두고 있다고 할 수 있다. 따라서 ④가 본문의 내용과 일치한다.

celebrated a. 유명한

present a. 있는, 존재하는

be notable for ~로 유명하다

exploration n. 탐구, 조사

colonist n. 식민지 주민; 식민지 개척자[이주자]

native a. 토착[원주]민의

inhabitant n. 주민, 거주자

09 2022 광운대

프로젝트 구텐베르크(Project Gutenberg) 전자책은 대부분의 전자책들이 미국 저작권법의 보호를 받지 않기 때문에 미국에서는 무료로 이용될 수도 있다. 이 전자책이 다른 국가에서는 저작권법으로부터 자유롭지 않을 수도 있다. 미국 밖의 독자들은 전자책을 접속, 다운로드, 재배포하기 이전에 거주하는 국가의 저작권 조건을 확인해야 한다. 우리는 또한 저작권을 가진 수많은 출판물을 이용할 수도 있는데, 저작권 소유자가 그 출판물을 비상업적으로 사용하는 것을 전 세계에 무제한 허용했기 때문이다. 프로젝트 구텐베르크 웹사이트는 오직 인간만이 이용할 수 있다. 기계가 생성한 자동화된 도구로 웹사이트에 접속하면 접속이 차단될 수 있다. 이 사이트는 인간이 최대한 이용할 수 있도록 쿠키, 캡차, 그리고 관련 기술들을 이용한다.

③　　▶ 프로젝트 구텐베르크 전자책을 이용하는 미국 밖의 독자들은 전자책을 이용하기 전에 거주 국가의 저작권 조건을 확인해야 한다고 했을 뿐, 일반적으로 독자들이 전자책을 '이용할 때마다' 저작권 조건을 확인해야 한다는 말은 아니므로, ③이 정답이다.

copyright law 저작권법
redistribute v. 재배포하다.
title n. 서적, 출판물
generate v. 생성하다
trigger v. 촉발시키다, 유발하다
block n. 차단
cookie n. 쿠키(사용자가 네트워크나 인터넷을 사용할 때마다 중앙 서버에 보내지는 정보 파일)
captcha n. 캡차(자동 로그인 방지 시스템)

10 2016 가톨릭대

중세 건축에 대한 우리의 설명은 주로 건축양식의 발달과 관련된 것이기 때문에, 지금까지 우리는 그 시대의 가장 대표적이며 야심찬 노력이었던 종교 건축물에 관심이 국한돼 있어왔다. 사실, 세속적(비종교적)인 건축물도 일반적인 경향을 동일하게 반영하고 있지만, 이런 일반적인 경향은 교량에서부터 왕궁에 이르는, 그리고 헛간에서부터 시청에 이르는 건물 유형의 다양성에 가려져서 종종 알아보기가 어렵다. 게다가, 교회 설계에서보다 이런 세속적 건축에서 사회적, 경제적, 실용적 요소들이 더 중요한 역할을 하고 있기에, 건물이 유용하게 사용되는 기간이 (종교 건축물에 비해) 훨씬 더 짧은 경향이 있다. 그 결과, 고딕 이전 중세의 세속적 건축물에 대한 우리의 지식은 여전히 매우 단편적이다.

④　　▶ "중세 건축에 대한 관심사는 주로 종교 건축물에만 국한돼 있어왔기 때문에, 비종교적(세속적) 건축물은 그만큼 많은 관심을 받지 못했으며, 그 결과, 세속적 건축물에 대한 내용은 잘 알려지지 않게 되었다."라고 본문에서 지적하고 있다. 그러므로 본문의 내용과 일치하는 진술은 ④이다.

account n. 설명
confine v. 한정하다, 제한하다
ambitious a. 야심찬
secular a. 세속적인, 현실의
obscure v. 불명료하게 하다, 애매하게 하다
diversity n. 다양성
fragmentary a. 단편적인, 불완전한

11 2018 강남대

자연보호론자들에게 있어 가장 큰 문제는 우리가 특정 종(種)을 보호하는 법을 만들 수는 있지만, 그 종들이 서식하고 새끼를 낳는 환경은 종종 통제할 수 없다는 점이다. 그것을 막기 위한 조치를 취함에도 불구하고, 우리는 강을 오염시켜 물고기를 불임으로 만들지도 모른다. 농작물을 먹는 해충을 박멸하려는 우리의 의도가 아무리 좋다 하더라도, 이와 동시에, 우리는 해충을 먹고 사는 새들에게서 먹이를 뺏는 것이다. 인간은 아직 자연의 균형을 다루는 법을 배우지 못했으며, 무슨 일을 해도, 인간은 자신도 모르는 가운데 반드시 환경을 바꾸어 놓게 된다. 그러나 모든 멸종위기에 처한 종들을 보호하는 것은 불가능할지 모르지만, 너무 늦기 전에 이들 종들의 심각한 상황을 알게 됨으로써 대다수의 종을 보호할 수는 있을지도 모른다.

③　　▶ "인간은 아직 자연의 균형을 다루는 법을 배우지 못했다."라고 했으므로 ③이 글의 내용과 다르다.

conservationist n. 자연보호론자
breed v. 새끼를 낳다
take action 조치를 취하다
pollute v. 오염시키다
sterile a. 불임의
deprive v. 빼앗다, 탈취하다
be bound to 반드시 ~하다
alter v. 변하다; 바꾸다, 고치다
endangered a. 멸종위기에 처한
become aware of ~을 알게 되다

12 2019 한국공학대

입체파는 1907년경에 파리에서 시작된 현대 미술 운동이었다. 입체파의 창시자는 파블로 피카소(Pablo Picasso)와 조르주 브라크(Georges Braque)였다. 초창기 입체파 화가들 대부분은 기하학적인 형태, 평면, 파편 등을 중심으로 다루었다. 입체파 화가들은 제재(그리는 대상)의 완전하거나 전체적인 모습을 표현하는 데 더 관심이 많았다. 공간과 부피는 입체파의 그림에서 중요한 역할을 했다. 게다가, 입체파 화가들은 사실적이거나 정확한 그림을 피했다. 대신, 그들은 사물을 다양한 시각에서 보아 캔버스 위에 표현하는 데 중점을 두었다. 자연적인 형태를 추상적인 형태로 환원(단순화)하는 것도 또한 입체파 화가들의 특성이었다. 자연을 모방하는 것은 더 이상 예전의 예술 운동에서만큼 중요하지 않았다. 폴 세잔(Paul Cezanne)은 초기 입체파 화가들에게 중대한 영향을 미친 인물로 간주된다.

① ▶ 세 번째 문장에서 "초창기 입체파 화가들 대부분은 기하학적인 형태, 평면, 파편 등을 중심으로 다루었다."라고 했으므로 ①이 정답이다. 입체파는 ② 제재의 세부 사항이 아닌 제재의 전체적인 모습을 표현하는 데 관심이 많았으며, ③ 사물을 다양한 시각에서 보아 캔버스에 표현하는 것에 중점을 두었다고 했고, ④ 자연을 모방하는 것은 예전의 예술 운동에서만큼 중요하지 않았다고 했다.

cubism n. 입체파, 큐비즘
revolve around ~을 중심으로 다루다
geometric a. 기하학의; 기하학적인
fragmentation n. 분열, 파쇄, 파편
subject matter 제재, 테마
reduce v. 줄이다, 환원하다, 단순화하다
trait n. 특성
imitation n. 모방

13 2022 한양대

과학철학자 칼 포퍼(Karl Popper)가 강조했듯이, 좋은 과학 이론의 특징은 그 이론이 하는 많은 예측이 원칙적으로 관찰로 반증될 수 있다는, 즉 틀린 것으로 입증될 수 있다는 사실이다. 새로운 실험이 그 이론의 예측과 일치하는 것으로 관찰될 때마다 그 이론은 살아남으며, 그 이론에 대한 우리의 신뢰도 증가한다. 그러나 한번이라도 새로운 관찰이 (그 이론의 예측과) 불일치하는 것으로 밝혀지면 그 이론을 버리거나 바꾸어야 한다. 가령 아인슈타인의 일반 상대성 이론은 뉴턴의 이론과 약간 다른 운동을 예측했다. 아인슈타인의 예측이 관찰된 내용에 들어맞았던 반면에 뉴턴의 예측은 맞지 않았다는 사실, 그 사실이야말로 그 새로운 이론에 대한 중요한 확증 중 하나였다.

⑤ ▶ 첫 문장의 내용으로 보아 반증이 가능해야 좋은 이론이므로 관찰만 충분하면 반증이 없어도 이론이 정당화된다는 진술은 본문과 맞지 않다. 따라서 정답은 ⑤이다.

characterize v. ~을 특징으로 하다
prediction n. 예측
in principle 원칙상
observation n. 관찰, 관측
general theory of relativity 일반 상대성 이론
provisional a. 잠정적인
falsify v. ~이 틀렸음을 입증하다

14 2020 덕성여대

나무와 식물은 성장할 때 공기에서 이산화탄소를 제거한다. 그것들은 타거나 썩을 때, 저장된 이산화탄소를 대기 중으로 다시 방출한다. 브라질과 같은 나라에서는, 수천 평방 마일의 열대우림이 개간되고 불에 타면서 많은 사람들이 뒤따르는 이산화탄소 축적을 우려하고 있다. 전 세계적으로 매년 수백만 에이커에 묘목들이 심어지지만, 새로운 연구는 삼림파괴가 지구 온난화에 미치는 영향에 대한 신뢰할 만한 자료가 없다는 것을 밝힌다. 연구는 숲의 탄소 함량은 한때 생각했던 것에 비해 대단히 과장되었다는 것을 보여주며, 삼림파괴가 한때 생각했던 것만큼 이산화탄소의 큰 근원은 아니라는 것을 시사한다.

① ▶ 본문은 '삼림파괴가 지구 온난화에 미치는 영향에 대한 신뢰할 만한 자료가 없으며', '삼림파괴가 한때 생각했던 것만큼 이산화탄소의 큰 근원은 아니라는 것을 시사하는' 연구 결과를 소개하고 있다.

decay v. 부패하다, 썩다
buildup n. 축적
vastly ad. 대단히, 엄청나게
exaggerate v. 과장하다
deforestation n. 삼림파괴

15 2019 인하대

유리 가가린(Yuri Gagarin)은 최초로 우주선을 타고 지구 궤도를 돈 인물이었다. 그는 소련의 공군 소령이었다. 1961년 4월 12일, 그가 탄 보스토크 1호 우주선이 발사됐다. 그 비행은 지상 327킬로미터까지 올라갔다. 보스토크 1호는 한 차례의 궤도 비행을 했으며, 시간은 1시간 48분이 걸렸다. 그 우주선이 발사대를 떠날 때, 전체 길이는 38미터였다. 이것의 대부분은 우주에서 타버렸다. 가가린은 폭이 228cm에 불과한 둥근 캡슐을 타고 지구로 돌아왔다. 가가린의 비행 직후, 두 명의 미국인 우주비행사가 우주를 향해 발사되었다. 1년 후에, 존 글렌(John Glenn)은 미국인 최초로 지구궤도에 올랐다. 우주비행을 한 지 7년 후에, 가가린은 비행기 추락 사고로 사망했다.

⑤ ▶ "가가린의 비행 직후, 두 명의 미국인 우주비행사가 우주를 향해 발사되었으며, 그로부터 1년 후에, 존 글렌(John Glenn)은 미국인 최초로 지구궤도에 올랐다."고 했으므로, ⑤가 본문의 내용과 일치하는 진술이다. ① 가가린은 공군 소령이었다. ② 가가린의 국적은 소련이었다. ③ 우주선의 대부분이 불에 탔다. ④ 궤도 비행을 성공한 첫 번째 나라는 소련이었고, 그다음이 미국이었다.

orbit v. (인공위성 따위를) 궤도에 진입시키다 n. 궤도
major n. 소령
launch v. (새로 만든 배를) 진수시키다; 발진(發進)시키다; (로켓 등을) 발사하다
launch pad 발사대
spherical a. 구(球)의; 둥근
astronaut n. 우주비행사

16 2017 명지대

영화, 특히 높은 완성도의 대작 영화를 제작하는 것은 비용이 많이 든다. 평균적인 할리우드 장편영화의 제작비용은 1980년대 초의 1,100만 달러에서 1990년대에는 5,000만 달러로, 그리고 2005년에는 6,400만 달러로 꾸준히 증가해왔다. 그리고 이 수치는 순제작비(복수의 인화필름을 만들게 될 첫 음화 필름을 제작하는 비용)만 나타낼 뿐이다. 많은 영화 제작자들에게, 이 순제작비에 견줄만한 금액이 광고와 배급에 필요하다. 이 말은 영화 제작사가 손익분기점에 이르기 위해서만도 제작비의 3배를 벌어야 한다는 것을 의미한다. 비록 할리우드 이외의 영화들을 제작하는 것은 일반적으로 더 비용이 적게 들긴 하지만, 프랑스나 일본 예술영화의 예산은 1,000만 내지 1,500만 달러에 달할 수 있다. 이와 같은 비용으로 인해, 자금조달은 종종 영화 제작자에게 있어 가장 큰 도전과제다.

③ ▶ 세 번째 문장에서 the negative cost가 무엇을 의미하는지를 대시 다음에서 설명하는데, 그것은 첫 음화 필름을 제작하는 비용이라고 했다. 따라서 negative cost라는 용어에서 negative는 '부정적인'이라는 의미가 아니라 '음화 필름'이라는 의미로 쓰였음을 언급한 셈이다. 따라서 ③의 '순제작비라는 용어에서 'negative'가 의미하는 것'이 정답이다. 대작 영화의 제작에 비용이 많이 드는 이유는 순제작비가 꾸준히 증가해 왔고 이에 견줄만한 광고비용과 배급비용이 또한 필요하기 때문이라고 언급했지만 ①의 '영화제작비가 증가하는 이유'에 대해서는 언급하지 않았다. 그리고 영화제작에 비용이 많이 든다고는 했지만 ② 그 비용을 아낄 수 있는 방법에 대한 언급은 없으며, 자금조달이 큰 문제라고는 했지만 ④ 그 해결책에 대한 언급은 없다.

feature n. 장편 극영화
steadily ad. 착실하게, 견실하게; 꾸준히
negative cost 순제작비(영화의 첫 프린트를 제작하는 비용)(= production cost)
negative film 인화필름을 추가로 만들게 되는 첫 음화 필름
distribution n. 배급
break even 본전이다, 득실이 없다, 손익분기점에 이르다
budget n. 예산; 경비, 운영비
financing n. 자금조달
cost-effective a. 비용효과가 큰

17 2021 광운대

"대기근"은 1845년부터 1849년까지 아일랜드에서 기아와 질병이 대규모로 발생한 시기였다. 아일랜드 서부와 남부 지역이 가장 심한 피해를 입은 가운데, 그 시기는 동시대 아일랜드어로 "An Drochshaol"로 알려졌는데, 이것은 대략적으로 "힘든 시기"(혹은 글자 그대로 "나쁜 인생")로 번역된다. 이 기간 중 최악의 해는 "검은 47년"으로 알려지게 된 1847년이었다. 그 기근 동안, 약 100만 명이 목숨을 잃고 100만 명 이상이 나라를 떠나, 아일랜드의 인구는 25% 감소했다. 그 기근이 발생한 대체적인 원인은 1840년대에 유럽 전역의 감자 작물을 덮쳤던 감자 마름병이었는데, 이로 인해 아일랜드 밖에서도 10만 명이 추가로 사망했으며 1848년에 유럽 곳곳에서 혁명이 일어나서 많은 소요가 발생하는 데도 영향을 미쳤다.

famine n. 기근, 식량부족
starvation n. 굶주림, 기아
affected a. 영향을 받은; (병 따위에) 걸린, 침범된
contemporaneously ad. 같은 시대에, 동시대에
loosely ad. 막연히, 엉성하게
translate v. 번역하다
literally ad. 글자 뜻 그대로; 사실상
proximate a. 가장 가까운[근접한]

②

▶ "대기근은 1845년부터 1849년까지 아일랜드에서 기아와 질병이 대규모로 발생한 시기로, 아일랜드 서부와 남부가 가장 심한 피해를 입은 가운데, 그 시기는 동시대 아일랜드어로 An Drochshaol로 알려졌다."라고 돼 있으므로, An Drochshaol이 곧 대기근이다. 따라서 ②가 본문의 내용과 일치하지 않는 진술이다.

blight n. (식물의) 마름병

infect v. ~에 감염시키다; ~에 병균을 전염시키다; (병이) 덮치다

crop n. 농작물

additional a. 부가적인, 추가적인

influence v. ~에게 영향을 미치다

unrest n. (사회적인) 불안

---

18 2017 명지대

위더(Whydah)호는 18세기 초 아메리카 대륙 연안에서 활동했던 영국의 선원출신 해적인 샘 벨러미(Sam Bellamy)의 소유물이었다. 아메리카 대륙 연안은 큰 벌이가 되던 지역이었는데, 신세계의 금과 은을 실은 스페인의 배와 값비싼 화물을 실은 다른 나라의 배들이 오가고 있었기 때문이다. 위더호는 이러한 무역환경에서 런던 밖에서 운항하는 노예수송선으로 활동을 시작했는데, 서아프리카 해안에서 무기와 공산품들을 주고 금, 상아, 그리고 특히 노예들을 받는 교역을 했다. 이들 노예들은 노예매매가 가능한 아메리카 대륙으로 실려 갔으며, 수익금으로 설탕과 현지 농산물을 구매하여 영국으로 가져갔다. 그러나 1717년 2월, 위더호는 두 척의 해적선에 의해 강탈당했다. 위더호의 선장인 로렌스 프린스(Lawrence Prince)는 거의 싸워보지도 않고 항복했으며, 해적선의 선장인 샘 벨러미는 위더호로 옮겨가서 위더호의 선원 일부를 징집했으며, 위더호의 선장이었던 로렌스 프린스와 나머지 사람들은 해적들이 원래 타던 설타나(Sultana)호에 풀어주었다.

whydah n. 선녀조(仙女鳥)

pirate n. 해적

rich pickings 큰 벌이

mercantile a. 상업의

milieu n. (사회적) 환경

barter v. 물물교환하다

proceeds n. 수익

turn loose ~을 풀어주다

engagement n. 약속, 맹세; 교전

③

▶ 위더호는 서아프리카 해안에서 무기와 공산품들을 주고 금, 상아, 노예들을 받는 교역을 했으므로, ③이 본문의 내용과 일치하는 진술이다. ① 위더호의 원래 선장이었던 로렌스 프린스는 위더호를 해적에게 빼앗겼다. ② 위더호 선장인 로렌스 프린스는 거의 싸워보지도 않고 해적에게 항복했다. ④ 샘 벨러미는 위더호의 선원이 아니라 영국의 선원출신 해적이었다.

---

19 2020 인하대

네팔은 세계 다른 어느 나라보다 더 작은 공간에 더 많은 지리적 다양성이 한데 모아져 있다. 이 땅에 사는 사람들은 이러한 다양성을 그대로 보여준다. 네팔에는 다수 문화가 존재하지 않는다. 모두가 소수 문화다. 이러한 문화들 가운데 가장 유명한 것 중 하나는 셰르파(Sherpa)다. 셰르파는 쿰부(Khumbu)로 알려진 지역에 위치한 에베레스트 산의 그늘진 남쪽에 있는 높은 계곡에서 살고 있다. 그들은 불교 신자들이고, 문화적으로는 티베트인들이며, 전체 네팔 인구에서 수적으로 매우 작은 비중을 차지한다. 그들의 마을은 대부분 고도 10,000~13,000피트의 바위, 얼음, 눈 위에 위치해 있으며, 좁은 산길을 통해 연결돼 있다. 셰르파들은 전통적으로 매우 낮은 수준의 기술과 관련된 일을 해 왔는데, 감자, 순무, 콜리플라워를 재배하는 것, 손으로 양털 옷을 짜는 것, 여름에 야크 떼를 쫓아 높은 곳에 위치한 목초지로 가는 것 등이었다. 지역사회 기념행사는 대체로 계절의 흐름에 의해 정해져 있는 양식을 따라 지역 수도원을 중심으로 열린다.

diversity n. 차이; 변화; 다양성

inhabit v. 살다, 거주하다

majority n. 대부분, 대다수

minority n. 소수파, 소수자의 무리

Buddhist n. 불교도

numerically ad. 숫자상으로, 숫자로

insignificant a. 무의미한, 하찮은

portion n. 일부, 부분

altitude n. 고도, 높이

footpath n. 작은 길

turnip n. 순무, 순무의 뿌리

cauliflower n. 콜리플라워, 꽃양배추

weave v. (직물·바구니 따위를) 짜다, 뜨다, 엮다

woolen a. 양털의, 모직물의

pasture n. 목장; 목초지

celebration n. 축하; 축전, 의식

monastery n. 수도원

⑤

▶ "셰르파들은 전통적으로 매우 낮은 수준의 기술과 관련된 일을 해 왔으며, 손으로 양털 옷을 짜왔다."라고 돼 있으므로, ⑤가 정답이다. ① 셰르파의 종교, ② 지리적 다양성, ③ 셰르파 마을의 위치, ④ 소수 문화들의 우세에 대한 내용은 본문에 언급되어 있다.

20 2016 명지대

먹이그물의 가장 중요한 요소들 중에는 데트리터스(생물체 등에 의한 자연발생적인 쓰레기) 포식자와 분해자가 있다. 데트리터스 포식자는 탈피한 갑각류의 겉껍질, 낙엽, 배설물, 그리고 시체와 같은 생명체의 유기물을 먹고 사는 엄청나게 많은 작은 동물들과 원생생물들이다. (데트리터스는 '부스러기'를 의미한다.) 데트리터스 포식자로 이루어진 네트워크는 복잡하다. 육지 생태계의 경우, 데트리터스 포식자의 네트워크에는 지렁이, 진드기, 지네, 선충류 벌레, 그리고 심지어 독수리와 같은 대형 척추동물들도 있다. 이들 생물은 죽은 유기체를 섭취해서, 그 죽은 유기체에 저장된 에너지들 중 일부를 얻은 다음, 보다 분해된 상태로 죽은 유기체를 배설한다. 이 생물들의 배설물들은 다른 데트리터스 포식자들과 분해자들에게 영양분 역할을 한다. 분해자들은 주로 곰팡이와 박테리아다. 분해자들은 소화효소를 자연환경에 분비함으로써 그들의 몸 밖에서 음식을 소화한다. 분해자들은 그들이 필요한 영양분을 흡수하고 나머지 영양분은 자연환경으로 배출한다.

① ▶ "데트리터스 포식자들의 배설물들은 다른 데트리터스 포식자들과 분해자들에게 영양분 역할을 한다."라고 했으며, "분해자들은 그들이 필요한 영양분을 흡수하고 나머지 영양분은 자연환경으로 배출된다."라고 했으므로 ①이 사실인 진술이다.

strand	n. (어떤 것을 이루는) 요소; (이야기 등의) 맥락
decomposer	n. 분해자
protist	n. 원생생물
refuse	n. 유기물, 쓰레기
molt	v. 털갈이하다, 탈피하다
exoskeleton	n. 외골격, 갑각류의 겉껍질
debris	n. 잔해, 부스러기
terrestrial	a. 지구의; 육지의
mite	n. 진드기
centipede	n. 지네
nematode	a. 선충류의
vertebrate	n. 척추동물
extract	v. 추출하다, 뽑아내다, 얻다
excrete	v. (노폐물을) 배설하다, 분비하다
excretory	a. 배설의
nutrient	n. 영양분
fungi	n. 균류, 곰팡이류
digest	v. 소화시키다
secrete	v. 분비하다
enzyme	n. 효소

21 2022 가톨릭대

금성은 동이 트기 전에 동쪽에서 밝게 빛나거나 다른 때 해가 진 후에 서쪽에서 빛나 보이기 때문에, 한때 두 개의 이름을 가지고 있었다. '저녁별'은 각각 저녁을 의미하는 라틴어와 그리스어에서 유래한 '베스페루스(Vesperus)' 또는 '헤스페루스(Hesperus)'라 불린 반면, '아침별(샛별)'은 포스포로스(빛을 가져오는 자) 또는 헤오스포로스(새벽을 가져오는 자)라고 불렸다. 그리스인들은 처음에 그 두 별이 서로 다른 두 천체라고 생각했지만, 나중에 그 별이 하나이고 같은 것이라는 바빌론의 견해로 생각을 바꾸었다. 언어 철학에는 '헤스페루스는 포스포로스이다(저녁별은 샛별이다).'라는 유명한 문장이 있는데 이것은 이 사실을 이해하고 있음을 암시한다. -4등급에 가까운 빛을 내는 금성은 달 다음으로 밤하늘에서 가장 밝게 빛나는 물체다. 그 구조와 관련하여, 많은 과학자들은 금성이 중심핵, 맨틀, 지각으로 이루어진 지구와 매우 유사한 내부 구조를 가지고 있다고 생각한다. 금성의 대기는 대체로 소량의 질소와 함께 이산화탄소로 구성된 것으로 보인다.

④ ▶ 그리스인들은 처음에는 금성을 의미하는 저녁별과 아침별이 서로 다르다고 생각했지만, 나중에 그 둘은 하나이고 같은 것이라는 바빌론의 견해로 생각을 바꾸었다고 했으므로 ④가 이 글의 내용과 일치한다.

venus	n. 금성
dawn	n. 새벽, 여명, 동이 틀 무렵
sunset	n. 해질녘, 일몰
derive	v. 유래하다, 파생하다
come around to	~로 생각을 바꾸다
magnitude	n. 등급, 광도(光度)
core	n. (지구의) 중심핵
mantle	n. (지구의) 맨틀
crust	n. 지각
carbon dioxide	이산화탄소
nitrogen	n. 질소

22 2020 명지대

임마누엘 칸트(Immanuel Kant, 1724-1804)는 오늘날 러시아에 위치해 있으며 칼리닌그라드(Kaliningrad)라고 불리는 프러시아(Prussia)의 쾨니히스베르크(Königsberg)에서 태어났다. 칸트는 한 번도 자신이 살던 마을을 떠난 적이 없으며, 그의 생애 대부분을 대학교 강단에 섰는데, 1770년에

metaphysics	n. 형이상학
astronomy	n. 천문학
geophysics	n. 지구물리학

논리학·형이상학 교수가 되었다. 그는 자연과학에 깊은 관심이 있어서, 그의 초기 작품은 천문학과 지구물리학 문제들과 관련이 있었다. 그의 제자들 중 한 명은 "배울만한 가치가 있는 것이라면 어떤 것이든 교수님이 관심을 가졌다."라고 글에서 언급했다. 칸트는 인생 후반기에 그의 가장 영향력 있는 작품을 내놓았다. 비록 그의 작품 수는 많았지만, 그의 가장 영향력 있는 작품은 3대 비판서인『순수이성비판』,『실천이성비판』,『판단력비판』이다. 제일 처음 발간한『순수이성비판』은 철학분야의 걸작들 중 하나이지만, 또한 가장 읽히지 않는 작품들 중 하나다. 칸트 본인도『순수이성비판』을 "무미건조하고, 이해하기 힘들며, 모든 평범한 생각과 반대되고, 게다가 지루할 정도로 길다"라고 말했다. 두 번째로 발간된『실천이성비판』은 첫 번째 작품과 비교해 볼 때 실망스럽지만, 도덕적 철학과 관련해『실천이성비판』에서 주장한 그의 견해는 지금까지 널리 영향력이 있다. 세 번째 작품인『판단력비판』은 미적 판단력이라는 특성과 관련이 있다.

② ▶ ① 칸트는 한 번도 자신이 살던 마을을 떠난 적이 없으며, 그의 생애 대부분을 대학교 강단에 섰다고 했다. ③ 제일 처음 발간한『순수이성비판』은 철학분야의 걸작들 중 하나이지만, 또한 가장 읽히지 않는 작품들 중 하나라고 했다. ④ 세 번째 작품인『판단력비판』은 미적 판단력이라는 특성과 관련이 있다고 했다. 반면 칸트는 인생 '후반기'에 그의 가장 영향력 있는 작품을 내놓았다고 했으므로, ②가 정답이다.

pupil n. 학생, 제자
indifferent a. 무관심한
reason n. 이성
masterpiece n. 걸작
obscure a. 이해하기 힘든
on top of that 게다가
prolix a. 지루하게 긴

23 2016 한국외대

공과 스틱을 가지고 경기를 하는 전통적인 북미 스포츠인 라크로스는 최근 들어서 인기가 많아졌다. 그러나 사실은 북미 원주민 부족인 이로쿼이 족이 그 경기를 수 세기 전에 만들었다. 그들은 그 게임을 '창조주의 게임'이라고 이름 지었는데, 그 게임은 그들에게는 신의 선물이었고 그들은 그 경기를 통해 신에게 경의를 표했기 때문이었다. 최초로 유럽에 알려지게 된 것은 1637년 프랑스 예수회의 한 선교사에 의해서였다. 그는 이 스포츠를 프랑스어인 'la crosse(스틱)'을 사용하여 설명했다. 수년간 그 게임은 레크리에이션을 목적으로 이용되었다. 그러나 그때에도 이로쿼이 족은 라크로스를 영적인 치유의 스포츠로 간주했다. 라크로스의 초기 형태에서는 많은 사람들이 한 경기에 참여했다. 전해지는 바에 따르면, 한 번에 백 명이 넘는 사람들, 종종 수천 명의 사람들이 경기를 했다고 한다. 그리고 골문은 500미터에서 수 킬로미터 떨어져 있었다. 라크로스의 전통적인 형태에서는 종교 의식이 게임에 앞서 진행된다. 이로쿼이 족에게 라크로스는 그들의 정체성의 본질적인 요소다. 그러나 유럽 정착민들은 그 게임을 그들만의 즐거움을 위해 도용했고, 현재 라크로스는 캐나다와 미국에서 전문 스포츠다.

② ▶ "라크로스는 북미 원주민 부족인 이로쿼이 족이 만든 경기였으며 그 부족은 그 경기를 영적인 치유의 스포츠로 생각했고, 게임을 통해 신에게 경의를 표했다. 그들에게 라크로스는 그들의 정체성의 본질적인 요소였다."라고 했으므로, 라크로스는 전통적인 문화를 상징함을 알 수 있다. 따라서 ②가 정답이다. ① 프랑스 예수회 선교사를 통해 라크로스가 알려지게 되었다. ③ 라크로스 경기를 만든 것은 이로쿼이 족이다. ④ 현재 라크로스는 전문 스포츠 경기이므로 종교와는 아무런 관련이 없다.

honor v. 존경하다, 존중하다; 찬미하다
Jesuit a. 예수회 수사의
missionary n. 선교사, 전도사
recreational a. 오락의, 기분 전환의
spiritual a. 영적인
ceremony n. 의례, 의식
precede v. ~에 선행하다, ~보다 앞서다
appropriate v. 도용[전용]하다

24 2019 한양대

18세기 후반 무렵, 자연사 분야는 이른바 성직 박물학자들이 지배하였다. 교구 목사, 성직자, 대수도원장, 부제(副祭), 수사들이 정원을 가꾸며 식물과 동물 표본을 수집하여 신의 창조의 경이로움에 일조하고자 했지만, 대개 그 근본적 가정들에 의심을 던지는 일은 스스로 회피하였다. 그 결과, 이 분야는 특유의 왜곡을 겪었다. 식물과 동물 표본을 분류하는 분류학이 번성했지만, 생물의 기원에 대한 탐구는 금지된 변방으로 격리되어 있었다. 자연사는 역사 없는 자연 연구에 맡겨졌다. 다윈은 자연을 이처럼 정적으로 이해하는 관점에 대해 매우 곤혹스러움을 느꼈다. 다윈은 물리학자가 공기 중의 공의 움직임을 기술하듯이, 자연사 학자는 인과의 관점에서 자연 세계를 기술할 수 있어야 한

parson n. 성직자
vicar n. 교구 목사
abbot n. 대수도원장
deacon n. (가톨릭) 부제
monk n. (가톨릭) 수사
veer away from ~로부터 느슨하게 풀다
taxonomy n. 분류학

다고 생각했다. 다윈의 파괴적 천재성의 본질은 자연을 사실이 아니라 과정, 연속, 역사라고 생각할 수 있는 그의 능력이었다.

③ ▶ "생물의 기원에 대한 탐구는 금지된 변방으로 격하되어 있었다."고 하였으므로, ③은 본문의 내용에 비추어 거리가 멀다.

relegate to ~로 격하시키다
devolve v. 양도하다, 맡기다
disruptive a. 파괴적인

25 2022 명지대

5,000만 내지 8,000만 명이 제2차 세계대전에서 목숨을 잃었다. 이 사상자들 중 2,000만 명이 군인이었지만, 최소한 같은 수의 민간인들이 전쟁으로 농작물이 파괴됨에 따라 굶주림으로 서서히 목숨을 잃었다. 전쟁이 장기화되고 이 충격적인 인도주의적 문제의 중대함이 명백해짐에 따라, 미네소타 대학교 연구원인 앤셀 키스(Ancel Keys) 박사는 이런 희생자들을 어떻게 도와야 할지 걱정하기 시작했다. 장기적인 식량 부족이 인체에 미치는 영향에 대해 과학자들은 거의 아무것도 모르고 있다는 것을 키스는 너무나 잘 알고 있었다. 다수의 굶어죽는 사람들을 돕기 위해서는 먼저 그들의 몸 안에 무엇이 일어나고 있는지를 보다 잘 이해할 필요가 있었다. 전쟁이 끝났을 때, 수백만 명의 굶주린 사람들이 파시즘이나 공산주의에 더 영향받기 쉬울 것이라고 키스와 또 다른 사람들은 또한 우려했다. 따라서 인도주의적인 이유로, 그리고 지정학적인 전략적 이유로, 미국 정부는 굶주림과 재건이 자발적 실험 참가자들에게 미치는 영향을 포괄적으로 연구하라고 키스에게 돈을 제공했다. 병역을 거부했지만 인간 실험 대상이 됨으로써 남을 돕고 싶어 하는 양심적 병역 거부자들에게 키스는 호소했다. 결국, 그들 중 36명이 자원해서 실험에 참가했다.

③ ▶ ① 굶어죽는 사람들을 돕기 위해서는 먼저 그들의 몸 안에 무엇이 일어나고 있는지를 이해할 필요가 있어서 실험을 했다고 했다. ② 미국 정부가 돈을 제공했다고 했다. ④ 양심적 병역 거부자들에게 호소해 그들 중 36명이 실험에 참가했다고 했다. 반면, 이 실험이 얼마나 지속되었는지는 본문에 언급되지 않았으므로, ③이 정답이다.

casualties n. 사상자
perish v. (끔찍하게) 죽다
drag on (오랫동안) 질질 끌다
staggering a. 충격적인
deprivation n. 박탈, 부족
be susceptible to ~에 영향 받기 쉽다
fascism n. 파시즘, 독재적 국가 사회주의
rehabilitation n. 재건, 부흥
conscientious objector 양심적 병역 거부자
guinea pig 실험대상

26 2016 한성대

몇몇 사람들은 담낭 질환을 앓는데, 이것은 담낭이라는 장기 안에 돌이 생길 때 발생한다. 담낭은 췌장 부근에 있는 작은 주머니다. 담낭의 기능은 담즙을 저장하는 것인데, 담즙은 간에서 생성되어 지방을 소화시키고 비타민과 무기질을 흡수하는 데 도움을 준다. 담즙은 지질(지방), 물, 콜레스테롤, 지방을 분해하는 천연 세척제인 담즙산염, 그리고 담즙을 녹황색으로 보이게 만드는 색소인 빌리루빈으로 주로 구성되어 있다.
담석은 콜레스테롤과 빌리루빈이 결정체를 만들고, 이 결정체가 담낭 속에서 녹아 돌을 형성할 때 만들어진다. 담석은 모래알 크기의 작은 알갱이에서부터 골프공만큼 큰 돌에 이르기까지 크기가 다양하다.

1 ④ ▶ ① 빌리루빈은 담즙을 녹황색으로 보이게 만드는 색소이고, 지방을 소화시키는 데 도움을 주는 것은 담즙이다. ② 담즙산염은 지방을 분해하는 '천연' 세척제다. ③ "담석은 모래알 크기의 작은 알갱이에서부터 골프공만큼 큰 돌에 이르기까지 크기가 다양하다."라고 했다. ④ '담낭의 기능은 담즙을 저장하는 것'이라고 했다. 따라서 ④가 정답이다.

2 ① ▶ '담낭의 기능은 담즙을 저장하는 것'이라고 했으므로, 췌장에 저장된다는 ①이 사실이 아닌 진술이다.

ailment n. 병, 질환
gallbladder n. 담낭, 쓸개
sac n. 낭(囊), 주머니
pancreas n. 췌장
bile n. 담즙
lipid n. 지질
bile salt 담즙산염
detergent n. 세제, 세척제
bilirubin n. 빌리루빈(담즙에 함유된 적황색 색소)
pigment n. 색소, 그림물감
greenish-yellow a. 녹황색의
gallstone n. 담석
crystal n. 결정체
fuse v. 녹다, 융합하다
speck n. 반점, 알갱이, 입자
grain n. 낟알, 알갱이

27 2022 단국대

사람이 결정을 내릴 때, 뇌의 서로 다른 부분들이 갑자기 작동하기 시작한다. 뇌의 변연계는 감정적 반응을 일으키고, 전두엽 피질은 이성적 사고를 일으킨다. 십대들의 의사결정이 다른 한 가지 이유는 뇌의 보상 중추에 있는 도파민이라는 화학물질과 관련이 있다. 도파민은 뇌에서 사람들을 행복하게 하는 신호를 전달하는 것을 돕는다. 도파민과 상호작용하는 뇌 수용체의 수는 삶의 다른 어느 시기보다 청소년기에 더 많다. 이것은 십대가 칭찬과 같은 보상에 노출될 때 보상 중추가 성인이나 어린이보다 더 강하게 반응한다는 것을 의미한다. 당신은 왜 또래 압력의 영향이 청소년들 사이에서 훨씬 더 강한지 이해하기 시작할 수 있다.

1 ③　▶ 청소년들은 도파민과 상호작용하는 뇌 수용체의 수가 많아서 칭찬과 같은 보상에 노출될 때 보상 중추가 성인이나 어린이보다 더 강하게 반응한다고 했다. 이는 이성적이라기보다는 감정적이라고 할 수 있으므로 ③이 본문의 내용과 다르다.

2 ④　▶ 전두엽 피질은 이성적 사고를 일으킨다고 했다. ①, ②, ③은 모두 이성적 사고가 필요한 경우에 해당하지만, ④의 '사물을 인식하고 시각적 정보를 처리하는 것'은 단순한 감각적 행동으로, 이성적 사고가 필요하지 않다. 따라서 ④가 정답이다.

spring into 갑자기 행동[작동]하기 시작하다	
limbic system (대뇌) 변연계	
prefrontal a. 전두엽의	
cortex n. (대뇌) 피질	
receptor n. 수용기, 감각 기관; 수용체	
adolescence n. 청소년기	
compliment n. 칭찬(의 말), 찬사	
adolescent n. 청소년, 청년	

28 2019 서울여대

카를 보슈(Carl Bosch)는 막대한 양의 암모니아 생산을 가능하게 만들었는데, 이 암모니아 중 많은 양은 질소가 풍부한 질산암모늄 비료가 된다. 조심스럽게 추정한 바에 따르면, 합성 비료가 전 세계 인구의 대략 질반을 먹여 살리고 있다. 식물은 질소화합물에 의지해서 단백질과 DNA를 만든다. 자연에서, 질산염은 썩어가는 동식물 물질에서 생겨나며, 대기로부터 질소를 고정시키는 특정 박테리아에서도 생긴다. 그러나 보슈가 남긴 영속적인 유산은 양날의 검이다. 인공 비료는 수백만 명의 사람들을 굶주림으로부터 구했지만, 인공 비료로 인해 1910년 18억 명에서 100년 뒤 70억 명으로 엄청나게 증가한 인구가 세계의 자원에 부담을 주고 있다. 인공 비료를 생산하는 데 전 세계 에너지의 약 1%를 소비하고 있으며, 인공 비료의 사용은 오염을 초래하고 있는데, 예를 들어, 농지에서 유출된 화학물질(비료)은 필요 이상의 질소로 인해 호수와 강어귀에 '유해한 녹조 현상'을 일으킨다.

1 ②　▶ 카를 보슈는 막대한 양의 암모니아 생산을 가능하게 만들었는데, 이 암모니아 중 많은 양이 질소가 풍부한 질산암모늄 비료가 된다고 했다. 따라서 ②의 '합성 비료 제조'가 정답이다.

2 ④　▶ "카를 보슈는 막대한 양의 암모니아 생산을 가능하게 만들었는데, 이 암모니아 중 많은 양은 질소가 풍부한 질산암모늄 비료가 된다."라고 했으므로, ④가 정답이다. ① "농지에서 유출된 화학물질은 필요 이상의 질소로 인해 호수와 강어귀에 '유해한 녹조 현상'을 일으킨다."라고만 했을 뿐, 동물들의 농지유출 화학물질 섭취 및 그에 따른 결과에 대해서는 본문에 언급되지 않았다. ② 기아구호기금에 대한 내용은 본문에 전혀 언급되지 않았다. ③ 썩어가는 동식물 물질이 오염원이 될 수는 있겠지만, 본문에서 "농지에서 유출된 화학물질이 필요 이상의 질소로 인해 호수와 강어귀에 '유해한 녹조 현상'을 일으킨다."라고 했으므로, 썩어가는 동식물 물질보다 농지에서 유출된 화학물질을 '주요 오염원'으로 봐야 할 것이다.

nitrogen-rich a. 질소가 풍부한	
ammonium nitrate 질산암모늄	
fertilizer n. 비료	
synthetic a. 합성의	
feed v. 먹이를 주다; 먹여 살리다	
compound n. 화합물	
protein n. 단백질	
decaying a. 썩어가는	
animal matter 동물질(動物質)	
lasting legacy 영속적인 유산, 오래 지속되는 유산	
double-edged a. 칼날이 양날인	
starvation n. 기아, 굶주림	
put a strain on ~에 지장[부담]을 주다	
runoff n. 유출, 유실, 유출화학물질, 유출액체	
algae bloom 녹조, 녹조현상	
estuary n. (강이 바다로 흘러들어 가는) 어귀	
infection n. 감염	
be engaged in ~으로 바쁘다	
relief fund 구호 기금	

29 2021 한국외대

영국에서 조지 오웰(Orwell)의 『동물농장(Animal Farm)』은 대체로 호평을 받았는데, 특히 시릴 코널리(Cyril Connolly)가 호평을 했고, 4,500부의 초판이 2~3일 만에 매진되었으며, 뒤이어 재판(再版)본도 그러했다. 오웰은 여러 해 동안 상대적으로 홀대받은 끝에 이제 각광을 받고 수요가 있

notably ad. 특히, 뚜렷이	
initial print run 초판본	
neglect n. 방치, 소홀	

게 되었다. 그 책은 미국에서도 출간되었다. 그것은 미국의 '이달의 책' 클럽에 의해 선정된 책이었는데, 이달의 책 선정은 곧 54만 부가 인쇄되었다는 것을 의미했으며, 저명한 평론가 에드먼드 윌슨(Edmund Wilson)의 논평도 있었는데, 그는 『뉴요커(The New Yorker)』지에서 『동물농장』은 '절대적으로 최상의 작품'이라고 말했으며 오웰은 '이 시기에 영국인들이 배출한 가장 유능하고 재미있는 작가' 중 한 명으로 등장할 것이라고 예측했다. 1950년 1월 21일에 그가 사망하기 몇 주 전, 극도로 쇠약한 오웰은 "내가 이 모든 돈을 벌어놓고 이제 죽음을 앞두고 있구나."라고 암울하게 말했다. 1950년대에, CIA는 『동물농장』을 반소련 정치 선전의 소재로 이용하여 엄청나게 많은 수의 사본을 배포했다. 그것은 물론 소련과 그 위성국가들 안에서 금지되었고, 오늘날에도 많은 독재 국가에서 불법으로 되어 있다.

1 ④ ▶ 마지막 문장에서 오늘날에도 『동물농장』이 독재 국가에서는 불법 출판물이라고 했을 뿐, 이 책이 독재정권의 타도에 사용되고 있다는 말은 아니므로 ④가 본문의 내용과 일치하지 않는다. ② 초판이 매진되고 나서 이어서 재판이 나왔다는 것은 초판본의 수로는 이 책에 대한 수요를 다 충족시키지 못했다는 말이다.

2 ④ ▶ CIA가 『동물농장』의 사본을 배포한 것은 반소련 정치 선전의 소재로 이용하기 위함이었다. 이로 인해 오웰의 명예가 훼손되었다는 내용은 없으므로, ④가 본문의 내용과 일치하지 않는다.

fete v. 잔치를 베풀어 축하하다; 향응[환대]하다	
break through 돌파하다, 나타나다	
mortally ad. 치명적으로; 매우	
propaganda n. 정치 선전	
circulate v. 순환시키다, 유포하다	
outlaw v. 불법화하다	
oppressive a. 억압하는, 압제적인	
overthrow v. 전복하다, 타도하다	
defame v. 헐뜯다, 명예를 훼손하다	

---

30 2020 서울여대

한 세기 전 귀스타브 르봉(Gustave Le Bon)은 사람들이 모여서 군중을 형성할 때 작용하는 신비한 힘에 대한 글을 썼다. 군중 속에서 느끼는 소속감은 자아의 확대(권력 의식), 충동의 방출, '전염 의식', 그리고 고조된 암시 감응성 등에 기여한다고 그는 주장했다. 이러한 심리적인 특징들은 개인의 정체성이 군중의 정체성으로 흡수되는 데서 비롯된다고 르봉은 주장했다. 유능한 군중 지도자는 직접 행동을 지시하는 단순하고 이미지 같은 생각을 확언하고 이러한 이미지 같은 생각을 반복하는 것에 의존한다고 르봉은 판단했다. 확언은 이미지를 불러일으키고, 이미지는 감정을 불러일으키고, 감정은 행동으로 이어진다는 것이다. 군중 속에서 개인은 지도자의 행동을 흉내 내고, 일단 이것이 시작되면, 이러한 흉내는 참석한 모든 사람들을 감염시킨다. 르봉은 감정의 전염 자체에는 관심이 없었지만, 집단행동에 대한 그의 관찰은 감정 전염에 가장 취약할 가능성이 높은 사람들의 특징 중 일부를 보여주는 단서를 포함할지도 모른다.

1 ② ▶ 르봉에 따르면 유능한 군중 지도자는 단순하고 이미지 같은 생각을 반복적으로 보여준다고 했으므로 ②가 정답이다.

2 ④ ▶ "군중 속에서 개인은 지도자의 행동을 흉내 내고, 일단 이것이 시작되면, 이러한 흉내는 참석한 모든 사람들을 감염시킨다."고 했으므로, 군중 속에 있는 개인들은 먼저 지도자를 흉내 낸다. 따라서 ④가 정답이다.

congregate v. 모으다, 집합시키다	
enlargement n. 확대, 확장, 증대	
contagion n. (병의) 감염; (사상·태도·감정·악평 등의) 전파, 전염	
heightened a. 고조된	
suggestibility n. 암시 감응성(感應性)	
derive v. 끌어내다, 얻다	
absorption n. 흡수, 통합	
affirmation n. 확언, 단언, 지지, 확인	
evoke v. 불러일으키다, 환기하다	
per se ad. 그 자체가, 그 자체로는	
mob n. 군중	
feature n. 특징	
susceptible a. (~의) 영향을 받기 쉬운	

04 내용추론

01 2016 인하대

외국인들이 계속 들어오도록 하는 것에 대해 경비 요원들이 꺼려했던 것도 당연하다. 한레(Hanle)에 위치한 국영 천문대를 향해 가는 소수의 과학자들을 제외하면, 대부분의 서양인들은 1962년 인도와 중국 간의 전쟁이 끝난 이래로 접근이 금지돼 왔다. 중국 스파이가 국경을 넘어 한레로 몰래 들어갈 것을 우려한 인도 정부는 그 지역에 대해 출입금지를 선포했는데, 한레는 분쟁 중인 국경지대로부터 불과 12마일 떨어진 곳에 위치해 있다.

④   ▶ "소수의 과학자들을 제외하면 서양인들은 1962년부터 접근이 금지돼 왔다."는 문장을 통해 ④가 추론할 수 없는 내용임을 알 수 있다.

reluctance n. 마음이 내키지 않음, 마지못해 함
handful n. 소량, 소수
observatory n. 천문대, 기상대; 관측소
deny access 접근을 거부하다
slip v. 몰래 들어가다
dispute v. 논쟁하다, 논박하다
frontier n. 국경, 국경지방; 변경
off-limits a. 출입금지의

02 2019 가톨릭대

유능한 의사결정자들은 오로지 신중한 분석에만 의존하지 않는다. 대신에, 그들은 또한 빠른 판단이나 직감으로 결론에 도달하는 방법인 직관을 사용하기도 한다. 직관에 의존한다는 것은 결정을 내려야 할 때 본능에 의존하는 것과 같다. 직관은 뇌가 기억 속에 저장돼 있는 정보를 수집하고 그것을 새로운 통찰력이나 해결책으로 포장할 때 일어난다. 따라서 직관은 저장된 정보를 재편성하거나 재포장한 것으로 간주할 수 있다. 훌륭한 직관을 계발하는 데는 오랜 시간이 걸릴 수도 있는데, 이는 매우 많은 정보가 저장돼 있어야 하기 때문이다.

①   ▶ "직관은 뇌가 기억 속에 저장돼 있는 정보를 수집하고 그것을 새로운 통찰력이나 해결책으로 포장할 때 일어나며, 많은 정보가 기억 속에 저장돼 있는 경우에 훌륭한 직관을 계발할 수 있다."는 내용을 통해 "오랜 시간에 걸쳐 축적된 지식이나 정보가 직관을 계발시킨다."는 사실을 추론할 수 있다.

effective a. 유효한; 효과적인; 유능한
analysis n. 분석, 분해
intuition n. 직관, 직감
conclusion n. 결말, 결론
gut n. 감정, 본능, 직감
instinct n. 본능; 직관, 육감
package v. 포장하다; (특정한 방식으로) 제시하다
insight n. 통찰력
solution n. 해결, 해법
reorganize v. 재편성하다, 개조하다

03 2017 인하대

어느 날 아침 내가 운영하는 주유소에 45분 늦게 도착한 나는 손님들을 향해 소리쳤다. "지금 바로 기름펌프를 열어드릴게요!" 내가 모르고 있었던 사실은 야간 담당 직원이 밤새도록 기름펌프를 열어두었다는 것이었다. 이것은 아무 차라도 공짜로 기름을 가득 채우고 갈 수 있었을 거라는 뜻이다. 내가 사무실에 도착했을 때는 대부분의 차들이 이미 기름을 넣고 떠난 뒤였다. 오직 한 명의 손님만이 돈을 내기 위해 남아 있었다. 가슴이 철렁 내려앉았다. 그때 그 손님이 주머니에서 현금 다발을 꺼내서 내게 건네주었다. "우리는 마지막 사람에게 돈을 계속 전해줬어요. 우리는 당신이 곧 올 거라고 생각했거든요."라고 그가 말했다.

②   ▶ 기름을 넣은 후에 그냥 떠날 수도 있었던 상황이었지만, 뒤에 오는 사람에게 돈을 전달해서 나중에 도착한 주유소 주인이 받을 수 있게 했으므로, 손님들은 매우 정직한 사람들이었다고 할 수 있다. ④ 세 번째 문장에서 "이것은 아무 차라도 공짜로 기름을 가득 채우고 갈 수 있었을 거라는 뜻이다."라고 한 것은 손님이 부정직한 마음을 먹었으면 그렇게 할 수 있었을 거라는 뜻일 뿐 기름펌프가 열려있다고 아무 차나 그렇게 할 수 있다는 말은 아니다. ⑤ 글쓴이가 기름 값을 받지 못한 차는 없으므로 some이 아니라 all이다.

pull into ~에 도착하다, ~에 차를 대다
service station 주유소; 고속도로 휴게소
shout v. 외치다, 소리[고함]치다
customer n. 손님, 고객; 단골
crew n. 승무원; 동료
sink v. 가라앉다, 함몰하다; 풀이 죽다
bunch n. 다발, 송이; 떼
figure v. ~하다고 생각하다, 판단하다

04 2021 서강대

물질적인 물건들은 그 물건들을 지닌 (실세계에) 구체적으로 존재하는 인간 주체와의 관련 속에서 힘과 의미를 획득하며, 인간 주체는 또한 물건들로 하여금 문화적(그리고/혹은 역사적)으로 규정된 사회적 가치를 지니는 일에 참여하게 만든다. 이런 의미에서, 물건은 사회적 형식이고, 사람들 사이에서 의미를 지닌다고 주장할 수 있다. 때때로 물건은 사회적 유대를 매개하는 수단이며, 물건들의 의미는 관계를 통해 생겨나고 물건들의 가치나 의미는 절대적이지도 않고 내재적이지도 않다. 물건을 지닌 인간 주체가 그렇듯이, 모든 물건은 역사적 특수성을 갖고 있다.

②   ▶ ②를 제외한 모든 보기는 "모든 물건은 문화적으로 규정된다."는 글의 주제와 일치한다. ②는 탐욕의 재생산이라는 자본주의의 속성을 이야기하고 있다. 결혼반지, 책, 고층건물은 모두 물질적인 물건(객체, 대상)이지만 자본주의는 관념적 실체이므로 이 글의 내용 범위를 벗어난다.

embody v. 구현하다, 구체화하다
in turn 이번에는; 차례차례, 결국
mediate v. 매개하다
immanent a. 내재된
particularity n. 독특함, 특수성

05 2018 가톨릭대

12월 31일에 턱시도와 등이 깊게 파인 검정 드레스를 입고 갈 생각은 버리십시오. 올해는 파카와 귀 덮개가 달린 모자를 꺼내 입고 싶을지도 모릅니다. 뉴잉글랜드에서 텍사스에 이르기까지, 기상예보관들은 12월 31일의 기온이 예년보다 화씨 20~40도 더 낮을 것이라고 경고하고 있습니다. 미국의 많은 지역에서 하루 종일 기온이 영상으로 올라가지 않을 것입니다. 만약 현재의 기상예보가 들어맞는다면, 이는 1907년에 시작된 이래로 세 번째로 가장 추운 날에 진행되는 뉴욕 시의 새해맞이 공 던지기 행사가 될 전망입니다. 예상 최저기온은 화씨 11도이며, 체감온도는 화씨 0도가 될 것입니다. 그 수치들은 12월 31일에 미니애폴리스와 시카고가 기록하게 될 기온에 비하면 미미합니다.

①   ▶ 12월 31일의 뉴욕의 최저기온을 화씨 11도로 예상하는 상황인데, 마지막 문장에서 '이 기온은 시카고가 기록하게 될 기온에 비하면 미미한 것이 될 것임'을 언급했으므로, ①이 추론 가능한 진술이다. ② 12월 31일에 뉴욕 시에서 공 던지기 행사를 한 것은 1907년부터 시작됐지만, 12월 31일을 기념하는 것 자체가 언제 시작되었는지는 본문에서 알 수 없다.

tux n. 턱시도
bust out 갑자기 ~하기 시작하다
parka n. 두건 달린 긴 웃옷, 파카
earflap n. (보통 pl.) 방한모의 귀 덮개
weather forecaster 기상예보관
freezing n. 결빙, 냉동, 빙점
windchill n. 체감온도
pale v. 창백해지다, (색·빛 등이) 엷어지다

06 2015 단국대

경제 자료들을 비교하는 동안, 한 사회학자 연구팀은 특정 소득 수준의 모든 사람들 가운데, 시골 지역 사람들의 구매력이 도시나 교외 지역에서 살고 있는 사람들의 구매력보다 크다는 결론을 내렸다. 그 연구팀은 도시 중심부 특정 반경 내의 인구밀도, 가구당 인구, 맞벌이 가구의 비율 등을 비롯한 몇 가지 자료 측정값을 계산했다. 그러나 결국, 주된 전제는 도시와 교외 거주자들이 필수적으로 필요한 식료품과 주택에 쓰는 돈을 시골 가구에서는 선택적 소비재의 구입에 사용할 수 있을 것이라는 점이었다.

④   ▶ 소득 수준이 비슷할 때, 시골 지역 사람들의 구매력이 도시나 교외 지역에 살고 있는 사람들의 구매력보다 큰 것은, 도시와 교외 지역 거주자들이 식료품과 주택에 쓰는 돈을 시골 가구에서는 선택적 소비재의 구입에 사용할 수 있기 때문이라고 설명하고 있다. 이것을 바꿔 말하면, 시골 가구에서는 도시나 교외 지역의 가구에 비해 식료품과 주택에 더 적은 돈을 쓴다는 것이 된다.

purchasing power 구매력
suburban a. 도시주변의, 교외의
factor in 계산에 넣다
population density 인구밀도
radius n. 반지름; 행동반경; (활동 따위의) 범위
household n. 가족, 세대
premise n. (주장의) 전제
dweller n. 거주자, 주민
fundamental a. 기초의; 근본적인, 중요한
discretionary a. 임의(任意)의, 자유재량의

07 2018 서강대

면역체계는 암세포와의 싸움에서 신체의 첫 번째 방어선이다. 면역체계는 가장 작은 위협들까지도 확인하고 공격하여 그것들이 위험이 되지 못하도록 사전에 차단하며, 신체의 정상세포와 종양세포들을 구별하여 우리 몸의 필수 체계들을 방어한다. 그러나 면역체계가 항상 성공하는 것은 아니다. 종양세포들은 면역반응을 교묘히 피하거나 억제하는 기제를 가지고 있어서 정상세포처럼 가장하여 마음대로 자랄 수 있다. 연구자들은 면역체계와 종양들의 공존 방식을 더 잘 이해하기 위해 종양의 미세 환경을 연구함으로써, 궁극적으로 미래의 암 치료를 위한 정보를 제공하게 될 것이다.

④ ▶ 종양세포들이 면역반응을 교묘히 피하거나 억제하는 기제를 가지고 있어서, 면역체계가 항상 이를 막는 것은 아니라고 했다. 이는 면역체계가 강하고 약한 것과 상관없는 종양세포의 특성이므로, 면역체계가 약화된 사람들에게 종양세포가 나타날 가능성이 더 높다고 보기는 어렵다. 따라서 ④가 정답이다.

evade v. 피하다, 빠져나가다
masquerade v. 가장하다
restraint n. 제한, 규제
microenvironment n. 미세 환경
coexist v. 공존하다

08 2015 숙명여대

분명히, 에너지 가격이 더 싸면, 귀중한 에너지원을 조금씩 허비하고픈 마음도 점차적으로 늘어난다. 그 결과, 자동차 엔진을 공회전하도록 내버려 두거나 전등을 끄기 위해 위층으로 굳이 올라가지 않게 된다. 사소한 습관이 중요하다. 왜냐하면 기후 대재앙을 향해 무자비하게 시간이 흘러가고 있는 상황에서, 사소한 모든 것들이 타격을 줄 수 있기 때문이다. 유가폭락이 여기에 얼마나 많은 피해를 입힐 것인가는 이어서 일어나는 일에 달려 있다. 과거의 경우, 세계는 에너지 가격의 상승뿐만 아니라 하락에 의해서도 큰 영향을 받았다. 만약 떨어지는 에너지 가격이 곧 반등한다면, 그러한 직접적인 영향은 그다지 크지 않은 것으로 드러날 수도 있다. 장기적으로 더 중요한 의미를 가지게 될 것은 에너지 기반 시설에 대한 막대한 영향이다.

① ▶ 대체 에너지란 기존의 화석연료, 특히 석유를 대신해서 쓸 수 있는 새로운 에너지를 말한다. 만약 석유의 가격이 낮다면, 계속해서 석유를 사용하면 되므로 굳이 새로운 에너지를 개발할 필요성은 현저히 낮아질 것이고, 그에 따라 대체 에너지 개발을 위한 투자 또한 위축될 것이다.

incrementally ad. 증가하면서, 점차적으로
temptation n. 유혹
fritter away (시간·정력 등을) 조금씩 허비하다
idle v. (기계가) 헛돌다, 공회전하다
remorselessly ad. 냉혹하게, 무자비하게
catastrophe n. 대이변; 큰 재해
stun v. 기절시키다; 깜짝 놀라게 하다
wane v. 작아지다, 약해지다
wax v. 커지다, 증대하다
profound a. 깊은; 뜻깊은, 심원한; 충분한
infrastructure n. 기간 시설; (경제) 기반

09 2021 한국공학대

몇몇 심리학자들은 얼굴 표정이 인간의 의사소통에 필수적이기 때문에 인간은 표현들 사이의 미묘한 차이를 알아볼 수 있는 특별한 신경계를 발달시켰다고 이론화했다. 이제 비둘기가 그 생각에 의문을 던지고 있다. 사실 감정이 실린 얼굴 표정을 알아볼 수 있는 능력은 인간 아기에게 반드시 선천적인 것은 아니고, 비둘기가 배우는 것과 대단히 유사한 방식으로 학습되어야 할 수도 있다. 아이오와 대학에서 실시된 실험에서 비둘기도 인간처럼 여러 사물의 이미지들을 많은 논리적 범주로 편성한다는 사실이 밝혀졌다. 그 결과들 중 어떤 것도 동물에서 인간으로의 지적 발달의 지속성에 대해 오래 전에 글을 쓴 찰스 다윈(Charles Darwin)에게는 놀랄 일이 아니었을 것이다.

③ ▶ 마지막 문장에서 "그 결과들(실험 결과들) 중 어떤 것도 동물에서 인간으로의 지적 발달의 지속성에 대해 오래 전에 글을 쓴 찰스 다윈에게는 놀랄 일이 아니었을 것이다."라고 했으므로 ③을 추론할 수 있다.

theorize v. 이론을 세우다
vital a. 필수적인
subtle a. 미묘한
innate a. 선천적인
organize A into B A를 B로 편성하다

10 2019 서강대

인류가 먹이 사슬의 맨 꼭대기로 올라가는 길에 내디딘 중요한 걸음은 불을 길들인 것이었다. 어떤 인류 종(種)들은 일찍이 80만 년 전에 이따금 불을 사용했을지도 모른다. 약 30만 년 전에는 이미 호모 에렉투스, 네안데르탈인, 그리고 호모 사피엔스의 선조들이 매일 불을 사용하고 있었다. 인류는 이제 빛과 따뜻함을 얻을 수 있는 신뢰할 만한 원천을, 그리고 먹이를 찾아 배회하는 사자에 맞설 치명적인 무기를 갖게 되었던 것이다. 그로부터 얼마 지나지 않아, 인간은 신중하게 횃불로 그들의 동네를 밝히기조차 시작했을지도 모른다. 신중하게 통제하면서 발생시킨 화재는 아무도 지나다닐 수 없는 메마른 덤불을 사냥감이 넘쳐 나는 대초원으로 뒤바꿀 수 있었다. 게다가, 일단 불이 잦아들고 나면, 석기 시대의 기업가들은 연기가 나는 잔해 사이를 걸어 다니면서 불에 탄 동물, 견과류, 덩이줄기를 수확할 수 있었다.

③　　▶ 초기 인류가 신중하게 통제하면서 불을 낸 것은 방화 습관 때문이 아니라 덤불을 대초원으로 바꾸고 불에 탄 동물, 견과류, 덩이줄기 등, 먹을 것을 얻기 위한 것이었다. 따라서 ③의 "초기 인류는 불장난을 즐긴 방화광들이었다."는 적절하지 않다.

significant a. 중대한, 중요한	
domestication n. 길들이기, 익숙해지기	
species n. 종(種), 종류	
occasional a. 이따금씩의, 때때로의	
forefather n. 조상, 선조	
on a daily basis 매일	
dependable a. 신뢰할 수 있는	
prowl v. (먹이를) 찾아 헤매다, 배회하다	
deliberately ad. 신중히; 고의로	
torch v. 불을 지르다, 태우다	
impassable a. 통행할 수 없는, 지나갈 수 없는	
barren a. (땅이) 불모의, 메마른	
thicket n. 수풀, 덤불	
teem v. 풍부하다, 많이 있다	
game n. 사냥감	
entrepreneur n. 기업가, 사업가	
harvest v. 수확하다	
charcoal v. 숯불로 굽다	
tuber n. (감자 따위의) 덩이줄기	
pyromaniac n. 방화광	

11 2015 한성대

애나(Anna)는 최근에 직장을 잃었고 그녀의 아파트에 강도가 들었다. 그녀가 조심스럽게 숨겨둔 값비싼 보석들만 도난을 당했다. 애나는 그 보석들이 어디에 숨겨져 있는지 알았던 유일한 사람이 그녀의 약혼자 루이(Louis)였다고 주장한다.
루이는 강도가 든 시간에 일을 하고 있었다고 주장한다. 그는 보석이 숨겨져 있던 장소에 대해 어느 누구에게도 말하지 않았다. 루이의 상사는 강도가 든 시간에 루이가 직장에 있었다고 주장하며 루이를 보증했다. 하지만 루이의 상사는 그 시간 내내 루이와 함께 있지는 않았는데, 그는 루이의 교대 근무 시간이 끝나기 전에 퇴근했다. 루이의 상사는 보험사기로 몇 년 전에 유죄 판결을 받았다. 보석에 대한 애나의 보험은 수천 달러의 가치가 있다. 그녀는 최근 보석을 재평가 받았다.

③　　▶ 애나는 보험가입자로서 보험금을 탈 수 있으며 최근에 실직했다. 애나의 약혼자인 루이는 애나를 제외하고 보석을 숨겨둔 곳을 아는 유일한 사람이다. 루이의 상사는 보험사기 전과가 있으며 루이의 알리바이를 제공했다. 이 사실을 종합해 보면 세 사람 모두 범인으로 의심받을 만하다. 따라서 세 사람 모두 범죄에 연루되었을 가능성이 있다고 한 ③이 적절한 추론이다. ① 보험금을 받기 위해 강도사건이 있었음을 입증해야겠지만, 이미 했는지 아직 하지 않았는지를 본문의 내용을 통해서는 알 수 없다. 한편, 보석 재평가는 통상 정기적으로 하는 것으로 사고 입증과는 무관하다. ④ 보험금과 무관하게 두 사람이 공모한 강도사건일 가능성은 있지만 그렇다고 단정 지을 수는 없다.

rob v. 강탈[약탈]하다, 빼앗다	
jewel n. 보석	
vouch for 보증하다; 보증인이 되다	
shift n. 교대, 교대 근무 (시간)	
be convicted of ~로 유죄 판결을 받다	
insurance n. 보험; 보험료	
reappraise v. 재평가[검토]하다	

12 2020 한국공학대

내가 적성 검사를 봤을 때, 보통 100인데 비해 나는 160을 받았다. 나는 내가 똑똑하다며 자기 만족감을 느꼈고, 다른 사람들도 그렇게 생각하리라 예상한다. 그러나 사실 그 점수는 나와 비슷한 지적 성향을 가진 지능 검사를 만든 사람들이 답할 가치가 있다고 여길만한 이론적 질문 유형들에 답하는 것에 내가 매우 익숙하다는 것을 의미할 뿐이다. 예를 들어, 나는 이런 지능 테스트에서 내 짐작으로는 80 이상을 받기 어려운 자동차 정비공을 알고 있었다. 나는 항상 그보다 내가 훨씬 더 똑똑하다는 것을 당연하게 여겼다. 그러나 내 차에 문제가 생길 때마다 나는 서둘러 그에게 차를 갖고 갔고, 그는 언제나 내 차를 고쳐주었다.

① ▶ 필자는 현행 지능(혹은 적성) 검사가 과연 어떤 사람의 지능을 올바로 평가하는 것인지에 대해 의문을 제기하고 있는 것으로 볼 수 있다. 그러므로 이 글 앞에서는 '지능이란 무엇인가?'라는 근본적인 질문을 먼저 제기했을 것이라고 추론할 수 있다.

aptitude test 적성 검사
complacent a. 자기만족적인
bent n. 경향, 성벽
estimate n. 견적, 어림; 평가, 판단
hasten v. 서두르다, 재촉하다

13 2015 서강대

마케팅 담당자들이 문제가 되고 있는 불쾌한 점을 언급하지 않고서 자신들이 말하고 싶은 바를 전달하는 방법들은 많은 완곡어법을 함축적으로 내놓는다. 그 가운데 한 가지 훌륭한 전략은 그 점 자체에 대해 말하지 않고 그 점 가까이의 어떤 점에 대해 말하고는 연상 작용이 일어나게 하라는 것이다. 이렇게 해서 미국식 영어에서 toilet이 'bathroom'으로 되었다. 예를 들어, 주유소의 'bathroom'에는 bath(욕조)가 없고, 가정의 'bathroom'에는 bath(욕조)가 있지만, 문제될 것은 없다. 유사한 방법으로, 다농(Danone)의 액티비아(Activia) 요구르트 같은 제품들은 '소화'를 도와주는 것으로 선전하고 있다. 소화는, 기술적으로 말해, 해당 과정의 초기 단계. 액티비아 요구르트가 실제로 무슨 작용을 하도록 되어 있는지는 이 요구르트의 상표에 그려져 있는 아래로 향하는 화살표에 의해 더 잘 전달된다.(액티비아 요구르트의 실제 효능은 소화가 아니라 그 이후의 단계인 음식물을 내려보내는 것이라는 점을 아래쪽으로 향하는 화살표로 더 잘 표현하고 있다.)

③ ▶ 다농 액티비아 요구르트가 실제로 도움을 주는 점은 배설에 있어서인데, 배설이라는 표현이 불쾌감을 주므로 배설과 관련 있는 소화라는 말을 사용하여 그 효능을 완곡하게 나타낸 것이다. 그러므로 이 요구르트가 실제로 소화에 도움이 되는 것은 아니라고 할 수 있다.

get ~ across (의사 등을) 전달하다
unpleasantness n. 불쾌; 불쾌한 일[사건, 경험, 관계]
euphemism n. 완곡어법, 완곡어
in miniature 축소하여
venerable a. 훌륭한, 존경할 만한
association n. 연합, 제휴; 관련; 연상
tout v. 극구 칭찬하다, 과장해서 선전하다
digestion n. 소화, 소화작용
propitious a. 좋은, 유리한; 순조로운

14 2022 가천대

남성이 우세한 직장에 여성이 진입할 때 여성이 어떻게 인식되며 어떻게 부정적으로 대우받는지에 대한 연구는 많은 반면, 그 반대의 경우에 대한 증거는 많지 않다. 우리 모두가 인지하듯이, 여성이라는 성(性)에 대해 사회가 기대하는 것과 상충하는 직업에서 일하기로 선택한 여성들에게 유리천장은 존재한다. 그러나 전형적으로 남성의 직업이라고 여겨지지 않는 직장에서 남성이 일하기로 선택한 경우는 어떠한가? 남성들은 부정적으로 인식되거나 부정적으로 대우받지 않을 뿐 아니라, 여성지향적인 일자리에 있는 여성들보다 더 긍정적으로 실제로 인식되기도 한다. 승진이 동등하게 자격이 있는 여성들보다 먼저 훨씬 더 빨리 그들에게 찾아올 것이다. 실제로는 여성이 폄하되는 것처럼 남성이 폄하되는 대신, 남성은 여성보다 훨씬 더 호의적으로 대우받는 것이 부분적으로는 사실이었다.

④ ▶ 남성이 우세한 직장에서 여성이 일하기로 선택한 경우 여성이 남성에 비해 승진에 어려움을 겪는다고 했으므로, 남성이 우세한 일자리에는 남성이 여성보다 승진을 할 가능성이 더 높다. 그리고 여성지향적인 직장에서 남성이 일하기로 선택한 경우, 여성보다 남성이 더 긍정적으로 인식되어 남성의 승진이 여성의 승진보다 더 빨리 찾아오게 된다고 했다. 즉 어느 쪽이나 남성이 승진을 경험할 가능성이 높으므로, ④가 정답이다. ① 유리 에스컬레이터는 유리천장과 정반대의 내용이므로 유리천장의 남성 버전이라 할 수 없다.

male-dominated a. 남성이 우세한
glass ceiling 유리천장(여성이나 다른 집단이 높은 자리에 올라가지 못하게 막는, 눈에 보이지 않는 장벽)
at odds with ~와 상충하는
disparage v. 폄하하다, 얕보다
glass escalator 유리 에스컬레이터(기존에 여성이 대부분이었던 직종에서 남성이 빠르게 승진하는 것)

15　2021 한국항공대

창의성은 내면의 평화, 고요, 평온을 통해 가장 잘 충족된다는 믿음이 널리 퍼져 있다. 나의 동료들 중 하나는 그녀가 산만하지 않고 평온한 환경에서 조용하게 차를 마실 때 창의적인 글쓰기가 가장 잘된다고 확신했었다. 그러나 하루하루 그렇게 느긋하게 글을 쓰면서 3개월이 지난 후에도, 그녀는 자신이 자랑스러워할 만한 어떤 작품도 내놓지 못했다. 그런 후 곧, 그녀의 첫 번째 아기가 태어났고, 그녀의 하루 일과는 길고, 한가하고, 평온하고, 불규칙적인 날들에서 분 단위로 빈틈없이 짜인 시간대 안에서 간간이 매우 힘든 활동을 하는 것으로 바뀌었다. 그 결과는 어떻게 되었는가? 그녀는 다작하는 작가가 되었다. 그녀의 말에 의하면 그녀는 "신경이 곤두서" 있었다. 그녀는 나에게 그것을 이렇게 표현했다. "샘(Sam)이 낮잠을 자고 있으면 나에게 90분이 주어져. 그러면 컴퓨터로 달려가 미친 듯이 글을 쓰지. 나는 완전히 집중하게 되는 거야."

④　　▶ 저자의 동료는 창의적인 글이 고요하고, 평온한 환경에서 가장 잘 쓰인다고 확신하고 있었는데, 실제로 그렇지 않았으며, 그녀의 아기가 태어나고 일상이 분주해지자 한정된 시간 안에 집중하여 글을 써 다작을 하게 됐다고 했다. 따라서 창의성은 평온함과 달리 주변이 분주해서 각성상태가 될 때 발휘된다고 볼 수 있으므로, ④가 정답이다.

serve v. (요구·필요를) 만족시키다
stillness n. 고요, 정적
colleague n. 동료
distraction n. (주의) 집중을 방해하는 것
sip v. (음료를) 홀짝이다[거리다], 조금씩 마시다
languid a. 힘없는, 나른한, 활기가 없는
unstructured a. 조직적이 아닌, 통일되지 않은
orchestrated a. 조직화된
minute-by-minute 시시각각으로
slot n. 시간대; 자리
punctuate v. 잠시 그치게 하다, 중단시키다
wired a. 신경이 격앙된, 흥분한, 초조해하는

16　2017 한양대

만약 과거가 외국이라고 한다면, 그것은 매우 폭력적인 나라다. 과거에는 삶이 얼마나 위험했는지를, 한때는 잔인함(야만성)이 일상에 얼마나 깊숙이 파고들었는지를 잊기가 쉽다. 문화의 추억은 과거를 누그러뜨려 놓았고, 피로 얼룩진 원래의 모습이 희미해진 빛바랜 기념품들을 우리에게 남겨주었다. 십자가를 (장식용으로) 착용하고 있는 여성은 이 고문 도구가 고대세계에서는 일반적인 형벌이었다는 생각을 좀체 하지 못한다. 우리는 우리 선조들의 삶의 방식이 사악했음을 보여주는 징표들로 둘러싸여 있지만, 그것들을 거의 의식하지 못한다. 폭력으로부터 벗어난 것은 삶의 모든 측면에 영향을 미치고 있다. 만약 당신이 유괴되거나 살해당할 것에 대해 항상 걱정해야 한다면, 일상은 매우 달라지며, 정교한 예술이나 학문이나 상업도, 만약 이것들을 지원해주는 시설들이 만들어지는 만큼 빠르게 약탈되고 불태워진다면, 발달시키기 힘들어진다.

②　　▶ "과거는 폭력이 일상을 지배하던 때였으나, 지금의 우리는 그러한 야만성이 사라진 시대에 살고 있다."는 내용이므로, ②가 본문의 내용을 통해 유추할 수 없는 진술이다.

brutality n. 잔인함, 무자비함
pacify v. 달래다, 진정시키다
pale a. 창백한, 희미한; 가냘픈
souvenir n. 기념품, 기념물
bleach v. 표백하다; (빛이) 바래다
don v. 착용하다, 입다
torture n. 고문 v. 고문하다
depravity n. 악행, 부정부패
abduct v. 유괴하다, 납치하다
loot v. 약탈하다
startle v. 깜짝 놀라게 하다

17　2022 한국항공대

때때로 사무직 근로자들은 자신의 책상 배치를 선택하여, 개인적으로 운동을 (업무 환경과) 조화시킬 수도 있다. 하지만 기업들도 이러한 아이디어를 회사 정책에 포함시켜야 할 설득력 있는 이유가 있다. 기업의 지도자들은 직원들이 규칙적으로 운동을 하면 건강관리 비용을 줄일 수 있다는 것을 이미 알고 있다. 누군가가 심신을 쇠약하게 만드는 뇌졸중이나 알츠하이머병에 걸릴 평생의 위험을 절반으로 줄이는 것이 대단히 인도적인 행위라는 것은 의심할 여지가 없다. 그러나 운동은 또한 조직의 집단적인 지적 능력을 끌어올릴 수 있다. 건강한 직원들은 오래 앉아서 일하는 직원들보다 신이 주신 지능을 더 잘 발휘할 수 있다. 기업의 경쟁력을 창의적인 지적 능력에 의존하고 있는 기업에게 이러한 지적 능력의 발휘는 전략적인 우위를 의미할 수 있다. 실험실에서, 규칙적인 운동은 문제 해결 능력, 유동적 지능, 그리고 심지어 기억력까지도 향상시킬 수 있는데, 때로는 극적인 향상을 가져오기도 한다.

③　　▶ 운동을 하는 것이 실험실에서 일하는 사람들의 지적 능력을 향상시킨 것으로 드러났다는 내용으로 끝났으므로, '실험실이 아닌 다른 환경에서도 마찬가지인지를 알아볼 필요가 있다'는 의미의 ③이 본문 뒤에 이어질 문장으로 가장 자연스럽다.

setup n. 배치, 설정, 정리
integrate v. 통합하다; 융합[조화]시키다
on an individual basis 개인적으로
compelling a. 주목하지 않을 수 없는; 설득력 있는
incorporate v. 통합하다; 짜 넣다
policy n. 정책
halve v. 반으로 줄이다
debilitate v. 심신을 약화시키다, 쇠약하게 하다
stroke n. 뇌졸중
humanitarian a. 인도주의의, 박애주의의
boost v. (값·삯을) 끌어올리다; (생산량을) 증대시키다
sedentary a. 앉은 채 있는, 좌업(坐業)의
mobilize v. 동원하다; 발휘하다

18 2021 경희대

작은 섬나라 영국이 『이상한 나라의 엘리스』, 『곰돌이 푸우』, 『피터팬』, 『호빗』, 『해리포터』, 『나니아 연대기』 등, 아동용 베스트셀러의 강국인 것은 의심할 여지가 없다. 의미심장하게도 이 모든 작품들은 공상소설이다. 한편, 아동 명작 분야에서 또 다른 강국인 미국은 마법을 훨씬 더 적게 다룬다. 『야성의 부름』, 『샬롯의 거미줄』, 『톰 소여의 모험』과 같은 이야기들은 점차 커져가고 있던 개척지의 마을과 농경지에서의 일상생활을 사실적으로 묘사한 것으로 더 유명하다. 영국의 아이들이 이글거리는 부엌 난로에 모여 마법의 칼과 말하는 곰에 관한 이야기들을 들었다면, 미국의 아이들은 어머니의 무릎에 앉아 삶이 고달프고, 순종이 강조되며, 기독교 윤리가 중시되는 세상에 대한 도덕적 메시지가 가득 담긴 이야기들을 들었다. 각각의 스타일에는 나름의 장점이 있지만, 영국의 접근 방식은 의심할 여지없이 아이들의 최대한의 상상력에 호소하는 그런 종류의 이야기들을 만들어낸다.

④

▶ 영국의 이야기가 모두 공상소설이라고 한 것은 그 내용이 공상이나 상상의 세계를 그린 작품이라는 말일뿐 등장인물들이 모두 비현실적인 인물들이라는 말은 아니므로 ④를 추론할 수 없다. ⑤ 미국의 소설 작품은 현실을 사실적으로 묘사하는 것이 특징이므로 이교도의 민간전승과는 관련이 없다.

undisputed a. 의심할 것 없는, 이의 없는, 확실한
powerhouse n. 유력[실세] 집단[기관], 최강자
notable a. 주목할 만한; 두드러진, 현저한; 유명한
frontier n. 국경, 국경 지방; (특히 19세기 미국 서부 개척지의) 변경(邊境)
glow n. 불타는 듯한 빛깔, 환한 불빛
hearth n. 난로
lard v. (비유·인용 등으로) 꾸미다; 풍부하게 하다
obedience n. 복종; 순종
emphasize v. 강조하다; 역설하다
morality n. 도덕성; 윤리성
virtue n. 미덕; 가치, 장점
yield v. 생기게 하다, 산출하다
appeal v. (법률·양심 등에) 호소하다

19 2022 가톨릭대

나일론은 최초의 합성 섬유로 놀라운 내구성과 탄성을 갖추었다. 칫솔에서 쉽게 사용되던 이 놀라운 섬유는 1939년에 니트 양말로, 1940년에는 스타킹으로 바뀌었다. 스타킹이 알려지게 되면서 "나일론"은 실크보다 저렴하고, 발목 주위에 주름이 생기지 않게 하고, 다리에 매끄럽고 돋보이는 윤기를 더해주었다. 1941년 듀폰(Dupont)이 나일론의 생산을 보다 긴급한 문제인 전쟁 물자를 위해 낙하산 직물, 텐트 및 밧줄 등으로 전환했을 때 공급이 심각하게 중단됐다. 여성들은 값비싼 나일론 스타킹을 사려 전쟁이 끝날 때까지 기다리거나 터무니없는 가격으로 암시장에서 구매해야 했다. 전쟁이 끝나자 뉴욕에 있는 메이시스 백화점에서 스타킹이 단 6시간 만에 5만 켤레나 판매되면서 거의 즉시 매진됐다. 언론은 맨해튼 거리에서 나일론 폭동이 일어났다고 보도했다.

②

▶ 1941년에 나일론 공급이 전쟁 물자를 위해 낙하산 직물, 텐트 및 밧줄과 같은 보다 긴급한 문제를 해결하는 데로 전환되자, 여성들은 스타킹을 사려 전쟁이 끝날 때까지 기다려야 하거나 터무니없는 가격으로 암시장에서 구매해야 했다고 했다. 따라서 나일론 스타킹은 전쟁 중 군수 물자 공급으로 인해 공급 부족이 생겨서 암시장에서 비싼 가격에 팔렸다고 볼 수 있으므로 ②가 추론할 수 있는 진술이다.

combine v. (두 가지 이상의 자질·특징 등을) 갖추다
extraordinary a. 기이한, 놀라운
strength n. 내구력, 견고성
elasticity n. 탄성, 탄력성
hosiery n. 양말[메리야스]류
flattering a. 실제보다 돋보이게 하는
sheen n. 윤(기), 광택
interrupt v. 방해하다, 중단시키다
precious a. 귀중한, 값비싼
exorbitant a. 엄청난, 터무니없는
reputed a. (사실 여부는 확실하지 않지만) ~라고 평판이 나[알려져] 있는

20 2020 한국항공대

복잡계는 그 구성 부분들이 표준 1차 방정식으로 예측할 수 없을 정도로 충분히 복잡하게 상호작용하는 체계이다. 체계 내에서 작용하는 변수가 너무나 많아서 그 체계의 전반적 작동은 그 안에 내장된 무수히 많은 모든 작동들의 전체론적인 총합의 돌연한(뜻밖의) 결과물로 이해될 수밖에 없다. 환원론은 복잡계와 함께하지(맞지) 않으며, 이제 순수 환원론적 접근은 생명 연구에 적용될 수 없음이 분명하다. 생명 체계에서 전체는 부분들의 합 이상의 것이다. 이것은 생명을 부여하는 소량의 핵심적인 신비로운 액체의 결과가 아니라, 특정한 작동들과 특성들이 돌연히 출현하도록 해주는 복잡성의 혜택의 결과다. 이렇게 되는 구조적 과정은 진화에 의해 만들어졌을지도 모르지만, 진화의 엔진도 어느 정도의 복잡성이 존재해야만 시동이 걸릴 수 있는 것이다. 생명 체계가 복잡성을 너무나 전형적으로 보여주기에, 일부 과학자들은 이제 복잡성이야말로 생명에 대한 정의에 필수적인 특성이라고 간주하고 있다.

intricacy n. 복잡함
linear equation 1차 방정식
variable n. 변수
emergent a. 신생의, 뜻밖의, 의외의
holistic a. 전체론의
myriad a. 무수한
embed v. 끼워 넣다, 박다
reductionism n. 환원론
dram n. (일반적으로) 소량, 약간

④　　　▶ "생명 체계는 복잡성을 전형적으로 보여주고 있다."는 진술에 비추어 볼 때, ④의 추론은 타당하다. 반면, "생명 체계에서 전체는 부분들의 합 이상의 것이다."라고 하였으므로 ③은 타당한 추론이 아니다.

fluid n. 유동체

unbidden a. 예상 밖의; 자발적인

hammer out 짜내다

epitomize v. 전형적으로 보여주다

21　2018 명지대

경기 기량을 향상시킬 목적으로 육상 선수와 사이클 선수를 대상으로 많은 보충제가 시판되고 있다. 그 보충제들이 실제로 얼마나 많은 도움이 될지는 그 보충제에 들어있는 원료의 특별한 효능보다는 경기 전 또는 훈련 중에 먹는 규정식의 징후나 선수의 심리적 상태와 더 관련된 것인지도 모른다. 바꿔 말하면, 선수가 어떤 것을 빼먹고 먹지 못하고 있을 경우, 그것을 (보충제를 통해) 다시 추가해주는 것이 도움이 될 것이다. 그리고 만일 보충제가 도움이 될 거라고 선수가 믿는다면, 위약 효과 역시 경기 성적을 향상시켜 줄 것이다. (그러나) 경기 전에 많은 보충제를 섭취하는 것은, 만일 그 보충제가 소화불량이나 다른 신체이상들을 초래한다면, 실제로는 경기 성적에 해가 될 수 있으며, 사용되는 많은 보충제는 몇 가지 부정적인 부작용을 일으킨다. 코치는 경기를 위해 특별한 것은 아무 것도 하지 말고 다만 훈련 기간 동안 늘 하던 것만 하라고 권고한다. 충분한 산소 없이 움직이는 근육에는 젖산이 쌓이는데, 이 젖산을 완화하기 위해 선수들은 인산나트륨이나 탄산수소나트륨을 섭취한다. 그러나 경기 전에 이들 나트륨을 과도하게 섭취할 경우 소화 장애를 초래하여 경기력을 저하시킬 수 있다.

①　　　▶ 경기 전에 많은 보충제를 섭취하는 것은 소화불량 등을 일으켜 실제로 경기 성적에 해가 될 수도 있다는 내용을 언급한 다음, "코치들은 경기를 위해 특별한 것은 아무 것도 하지 말고 다만 훈련 기간 동안 늘 하던 것만 하라고 권고한다."라고 했으므로, ①이 정답이다.

supplement n. 보조식품, 보충제

ingredient n. 재료, 원료

placebo effect 위약 효과

indigestion n. 소화불량

side effect 부작용

sodium phosphate 인산나트륨

sodium bicarbonate 탄산수소나트륨

buffer v. (아픔을) 완화하다

lactic acid 젖산

load v. (뱃속에 음식을) 채워 넣다

sufficient a. 충분한

digestive a. 소화의

underestimate v. 과소평가하다

inefficacy n. 무효과, 무효능

22　2017 한국항공대

역사의 사실들은 순수한 형태로 존재하지도, 존재할 수도 없기에 우리에게 결코 순수하게 다가오지 않는다. 그것들은 기록자의 정신을 통해 언제나 굴절된다(왜곡된다). 우리가 어떤 역사적 저술을 접할 때, 우리의 첫째 관심사는 그것이 포함하고 있는 사실들이 아니라 그것을 기술한 역사학자여야 한다. 그의 명예와 명성 덕분에 이번 강의가 시작될 수 있었던 한 위대한 역사학자를 예로 들어보고자 한다. G. M. 트리벨리언(G. M. Trevelyan)은 자신의 자서전에서 자신이 휘그(Whig) 전통이 다소 강한 가정에서 자랐다고 밝혔다. 내가 그를 휘그 전통에 속한 마지막 위대한 잉글랜드의 자유주의 역사학자라고 기술하고자 할 때, 희망컨대, 그는 그러한 타이틀을 부인하지 않을 것이다. 그가 자신의 가계를 거슬러 올라가면서 위대한 휘그 전통의 조지 오토 트리벨리언(George Otto Trevelyan)을 거쳐 비할 데 없이 가장 뛰어난 휘그 역사학자인 매콜리(Macaulay)까지를 언급하는 데에는 충분한 이유가 있는 것이다. 트리벨리언의 가장 뛰어나고 원숙한 저술인 『앤 여왕 통치 하의 잉글랜드(England under Queen Anne)』는 이러한 배경 하에서 집필된 것이고, 독자들도 이러한 배경 하에서 읽을 때에만 그 온전한 의미와 중요성을 깨닫게 될 것이다.

①　　　▶ 필자는 역사가 순수하게 사실로만 기술될 수는 없으며, 언제나 역사학자의 주관에 의해 '굴절된다(refracted)'고 하였다. 따라서 ① 역사는 역사학자와 떼어놓을 수 없는 관계인 것이다.

refract v. 굴절시키다; 변질시키다, 왜곡하다

It follows that ~라는 결론이 나오다

honour n. 존경; 명예

autobiography n. 자서전

exuberantly ad. 풍성하게

Whig n. 왕권파와 다투던 영국 최초의 정당 중의 하나

disclaim v. 부인하다; 포기하다

It is not for nothing that ~한 데는 충분한 이유가 있다, 괜히 ~한 것은 아니다

incomparably ad. 비교가 안 될 정도로, 현저히

scissors-and-paste a. 남의 책을 오려내어 편집한, 독창성이 없는

23 2021 중앙대

4차 산업혁명은 세계경제포럼이 가까운 미래의 로봇 및 인공지능 혁신을 비롯한 노동과 생산성의 최신 혁신을 가리키기 위해 처음에 만든 용어로서 디지털 기술이 더 이상 데스크톱 컴퓨터의 한계 내에 갇혀있지 않는 시대를 가리킨다. 사물인터넷은 컴퓨터 기술이 거의 모든 물리적 제품에 스며 들게 될 것을 약속한다. '수량화된 자아'는 심장 박동률과 홍조 반응으로부터 감성 능숙도와 활동 추 적에 이르기까지 모든 인간의 감각과 행동을 디지털로 포착할 수 있음을 암시한다. 디지털 감시와 물리적 감시가 결합되어 개개인의 온오프라인의 활동을 통일된 전체적 그림 속에 온전히 볼 수 있 게 해준다. 거대한 네트워킹은 정보가 풍부하게 융합되어, 인구 데이터, 구매 습관, 채무 상환 불이 행 가능성 같은, 다른 방식으로는 가질 수 없는 부차적인 지식을 생성해줄 것을 약속한다. 로봇 혁신 은 노화와 부상이라는 지배적인 개념을 위협하며, 인간과 기계가 물리적 세계에서 결합하는 방식을 바꾸어 놓는 외골격과 또 다른 로봇 정형보조기구를 암시한다.

③ ▶ 글의 주제로 4차 산업혁명은 기술이 컴퓨터의 한계를 벗어난다는 정의가 제일 중요하므 로, 정답은 ③이 적절하다. ①은 사물인터넷이 혁명의 사례이지 사물인터넷과 인간의 관 계가 혁명으로 다시 정의되는 것이 아니므로 적절한 추론이 아니다.

moniker	n. 이름
innovation	n. 혁신
cease	v. 멈추다, 그만두다
trapped	a. 갇힌
confine	n. 한계
insertion	n. 삽입
holistic	a. 유기적인, 전체론적인
default	n. 부채 미상환
exoskeleton	n. 외골격
orthotics	n. 보조 기구에 의한 기능 회복 훈련, 지지대나 코르셋 등 정형외과용 교정 기구 연구

24 2019 한국항공대

다른 전문가들도 관련된 우려를 표명하고 있다. 기술과 문화 저술가인 니콜라스 카(Nicholas Carr)는 우리가 디지털 바다에 몰입해서 보내는 시간이 더 많을수록, 주의력에 대한 자율적 제어가 중단되기 때문에 우리의 인지적 능력은 더 얕아지게 된다고 말한다. "인터넷은 의도적으로 중단 시스템이 되게 한 것으로서, 주의력을 분열시키기 위한 장치다. 자주 중단되면 우리의 사고는 파편화되고, 기억은 약화 되며, 우리는 긴장하고 불안해지게 된다. 우리가 하는 생각의 맥락이 복잡할수록, 그러한 주의 산만이 일으키는 피해는 더 크다." 1978년에 노벨 경제학상을 수상했던 허버트 사이먼(Herbert Simon)은 일찍이 1971년에 "정보의 풍요는 주의 집중력의 빈곤을 낳는다."고 경고한 바 있다. 이러한 상황은 오 늘날 더욱 악화되고 있는데, 특히 너무 많은 '잡다한 일'로 과부하가 되어 지속적인 스트레스를 받으며 기가 질릴 정도로 혹사 상태에 있는 의사 결정자들에게는 더욱 그러하다. 여행 전문 수필가 피코 아이어 (Pico Iyer)는 "가속화의 시대에, 느리게 살아가는 것보다 더 상쾌한 것은 있을 수 없다. 그리고 주의 산 만의 시대에, 주의 집중만큼 호사스러운 것도 없다."라고 썼다.

③ ▶ "인터넷과 잡다한 일의 과부하 등으로 인해 주의가 산만해지기 쉬운 시대에 주의 집중의 필 요성과 가치는 더욱 크다."라는 본문의 요지에 비추어볼 때 ③은 적절한 추론이라고 할 수 있다. 특히 끝에서 두 번째 문장의 acceleration(가속화)은 rapid change나 constant movement와 일맥상통하고 going slow(느린 방식의 삶)는 sitting still과 일치된다.

immerse	v. 잠그다; 몰두하다
by design	의도적으로
interruption	n. 중단, 차단; 방해
train	n. (생각의) 맥락
impairment	n. 손상
distraction	n. 주의 산만
overloaded	a. 과부하의
stuff	n. 일, 잡동사니
overdrive	n. 혹사, 폭주
exhilarating	a. 기분을 북돋워 주는; 상쾌한

25 2017 중앙대

당신의 수면 주기에는 네 가지 주요 단계가 있다. 첫 두 단계는 상대적으로 얕은 수면이고, 셋째 단 계에 접어들어 당신은 깊은 잠에 빠져든다. 급속안구운동, 즉 REM이라고 알려진 넷째 단계에서 당 신이 꾸는 꿈의 대부분이 시작된다. 10분에서 30분 정도의 낮잠은 첫 단계까지 들어갈 정도의 시 간만 허용한다. 1단계에서, 느린 눈동자의 움직임이 시작되는데 만약 누군가가 당신을 깨운다면 당 신은 종종 '자지 않았다'고 느낄 정도다. 하지만 2단계에 접어들면, 당신의 뇌는 당신이 휴식을 취하 고 평온한 잠을 잘 수 있도록, 위험하지 않다고 간주하는 외부의 자극들을 무시하기 시작한다. 그리 고 뇌는 기억 강화를 시작하는데, 이 과정에서 당신이 학습한 정보들이 처리된다. 2단계 수면에서 깨어나게 되면 생산성의 증가, 인지기능의 향상, 기억력 향상, 창의성 증진, 그리고 가장 중요하게는 피로감의 감소와 같은 이점들이 있다. 30분을 넘게 되면 당신은 3단계로 들어가게 되고, 깨우는 경 우에는 '수면 무력증'을 경험하게 된다. 당신의 신체가 깊은 잠에서 빠져나와야 하기 때문에 당신의 운동 능력은 감소되고, 혼미한 상태와 다시 잠들고 싶은 갈망은 증가하게 된다. 많은 사람들은 낮잠

slumber	n. 잠, 수면
nap	n. 낮잠, 선잠
tranquil	a. 고요한, 평온한
consolidation	n. 통합, 공고화, 강화
cognitive	a. 인지의
boost	v. 신장시키다, 북돋우다
sleep inertia	수면 또는 긴 낮잠에서 깨어난 후 몇 분 동안 비몽사몽인 상태
motor	a. 운동의; 운동 신경의

을 자신에게 이로울 것이 없는 것으로 오인하고 있다.

④ ▶ 30분이 넘기 전인 2단계의 얕은 수면에서 깨어나게 되면 생산성, 창의성 등이 향상된다고 하였으므로, 10분에서 30분 미만의 낮잠은 이롭다. 하지만 30분을 넘어 오래 낮잠을 자게 되면 3단계 이상의 깊은 수면에 빠져들게 되므로 깨어났을 때 비몽사몽의 혼미한 상태가 지속되고, 피곤감이 증가하게 되는데, 이것이 많은 사람들이 낮잠을 '이로울 것이 없는(nonbeneficial)' 것으로 '오인하는(falsely deem)' 이유라고 하였다.

dexterity n. 재주, 솜씨
grogginess n. 비틀거림, 혼미한 상태
longing n. 동경, 갈망, 열망

---

26 2020 가천대

미국 역사 이래로, 사회 복지는 극적인 변화를 겪어 왔다. 본래, 식민지 개척자들은 "빈민 구제법"을 비롯해서 영국에 있는 것과 유사한 제도를 이용했는데, 그 제도는 지방세 과세를 이용해 "구빈원(救貧院)"으로 알려진 시설의 운영자금을 조달했다. 18세기와 19세기의 대부분 기간 동안, 빈민 구제에 대해서는 회의적인 태도가 팽배해 있었다. 국민들은 가난을 피할 수 없는 행동 양식으로 간주했으며, 구제를 받는 것을 최대한 불쾌한 것으로 만듦으로써 복지에 의존하지 못하도록 해야 한다고 믿고 있었다. 그러나 1935년에 프랭클린 루스벨트(Franklin Roosevelt) 대통령이 국가적인 사회 안전 프로그램을 시작하면서 전환점을 맞이했는데, 그 프로그램은 국민들이 빈곤을 바라보고 대처하는 방법에 변화를 가져오는 신호탄이 되었다.

1 ① ▶ 다음 문장에서 "국민들은 가난을 피할 수 없는 행동 양식으로 간주했으며, 구제를 받는 것을 최대한 불쾌한 것으로 만듦으로써 복지에 의존하지 못하도록 해야 한다고 믿고 있었다."고 했으므로, 빈민 구제에 대해 '해봐야 소용도 없고 해서도 안 되는 것'으로 보고 있었다고 할 수 있다. 이것은 '회의적인' 태도라 할 수 있으므로, 빈칸에는 ①이 적절하다. ② 낙관론 ③ 평화주의 ④ 절충주의

2 ③ ▶ "국민들은 구제를 받는 것을 최대한 불쾌한 것으로 만듦으로써 복지에 의존하지 못하도록 해야 한다고 믿고 있었으나, 루스벨트가 실시한 국가적인 사회 안전 프로그램으로 인해 빈곤을 바라보고 대처하는 방법에 변화가 생겨났다."라고 돼 있으므로, 오늘날에는 사회 복지를 부정적으로 보고 있지 않음을 알 수 있다. 따라서 ③이 정답으로 적절하다.

undergo v. (변화 등을) 경험하다, 겪다
dramatic a. 극적인, 인상적인
colonist n. 식민지 사람, 식민지 개척자
comparable a. 필적하는; 상당하는
taxation n. 과세, 징세; 세제
fund v. 자금[기금]을 대다
poorhouse n. 구빈원(救貧院)
predominant a. 뛰어난, 탁월한; 유력한, 현저한
attitude n. 태도, 마음가짐
relief n. (고통 등의) 경감, 제거; 구조, 구제
inevitable a. 피할 수 없는, 불가피한
discourage v. 실망시키다; 단념시키다; 방해하다
launch v. (사업 따위에) 손을 대다, 나서다, 착수하다
address v. (문제를) 역점을 두어 다루다

---

27 2021 수원대

"좋은 교육이란 무엇인가?" 이 질문에 대한 답은 전혀 주어지지 않고 있다. 다시 한 번, 대학들은 자신들의 프로그램을 개정하고 있다. 그들은 "재미있는 강좌들"은 중단하고, 1960년대 이후 무시되었던 전통적 과목의 일부를 복원시키고 있다. 많은 명문 대학들이 학위를 받으려면 영어, 역사, 문학, 사회 과학, 철학, 자연 과학, 예술 등에서 많은 수업을 반드시 수강하도록 학생들에게 다시 요구하고 있다. 한편, 전문가들은 우리 시대의 좋은 교육을 정의하려고 노력하는 중이다. 분명한 것은, 한때 선호되었던 순수 직업적 훈련만으로는 충분치 않다는 것이다. 그러나 19세기적 신사(교양) 교육만으로도 마찬가지로 충분치 않다. 교육 프로그램은 남자와 여자가 일하면서 커다란 문제를 처리해야 하는 현대 세계의 요구들을 충족시켜야 한다.

1 ③ ▶ ① 사회학은 사회 과학에 속하고, ②, ④ 생물학과 물리학은 자연 과학에 속하지만, ③ 공학 또는 기술에 대한 언급은 본문에 없다.

2 ④ ▶ "이 질문에 대한 답은 주어지지 않고 있고, 전문가들이 노력하는 중이다."라고 했으므로 ①은 잘못된 추론이다. '1960년대 이후 무시되었던 전통적 과목'이라는 진술에 비추어 볼 때 ②는 잘못된 진술이다. "순수 직업적 훈련만으로는 충분치 않다는 것이 분명하다."는 진술에 비추어 볼 때 ③은 잘못된 진술이다. "교육 프로그램은 현대 세계의 요구들을 충족시켜야 한다."는 진술에 비추어 볼 때 ④는 타당한 추론이다.

revise v. 변경하다, 개정하다
drop v. 중단하다
course n. (특정 과목에 대한 일련의) 강의, 강좌
reestablish v. 재건하다, 복구하다
vocational a. 직업과 관련된

물론 더 넓은 관점에서 보면, 록 음악은 포스트모던 문화 형태를 가장 대표한다고 할 수 있다. 우선 첫째로, 그것은 한편으로는 전 세계에 전파되고 영향을 미쳐 전 세계를 하나로 통합시키고 있고, 다른 한편으로는 다양한 스타일, 미디어, 인종적 정체성으로 인해 대중성을 발생시키고 있다는 사실에서 현대 대중문화의 핵심적인 역설을 완벽하게 구현하고 있다. 록 음악의 역사는 분명하게 알 수 있고 쉽게 입증이 가능하지만, 수단과 본성은 태생적으로 불순한 특징을 갖고 있기도 하다. 처음부터 록 음악의 중요성은 그것이 전반적인 젊은이들의 문화와, 패션과, 스타일 및 거리문화와, The Who, Genesis, Talking Heads, Laurie Andersen과 같은 예술가들의 작품에서의 볼거리 및 행위 예술과, 영화와, 그리고 새로운 재현 기술 및 대중매체와 함께 뒤섞일 수 있다는 점에 있었다.

1 ② ▶ 록 음악이 역설을 구현하고 있다면, 그것은 통합(unifying)과 다양성(diverse)을 동시에 이뤄내고 있기 때문일 것이므로, 빈칸에는 ②가 들어가는 것이 가장 적절하다. ① 전멸시킴 ③ 억압함 ④ 개혁함 ⑤ 예방접종함

2 ④ ▶ 록 음악은 젊은이들의 문화와 어우러지는 것에 큰 중요성이 있으므로, ④가 추론할 수 없는 진술이다. 록 음악은 포스트모던 문화를 대표하므로, 마지막 문장에서 록 음악이 새로운 재현 기술과 한데 혼합될 수 있다고 한 말은 록 음악 대신 포스트모더니즘에 대해서도 사실이라고 할 수 있다. ⑤ 록 음악(포스트모더니즘)이 구현하고 있는 역설이 통합과 다양성의 역설이라 했는데 통합이 곧 전 세계를 아우르는 보편성이다.

claim	n. 요구, 청구; 권리, 자격
representative	a. 대표적인, 전형적인
embody	v. (사상·감정 따위를) 구체화하다, 유형화하다; 구현하다, 실현하다
to perfection	완전히, 더할 나위 없이
paradox	n. 역설, 패러독스
contemporary	a. 동시대의; 현대의
unify	v. 하나로 하다, 통합하다
influence	n. 영향, 영향력
diverse	a. 다양한, 가지각색의
ethnic	a. 인종의, 민족 특유의
identity	n. 동일성; 개성, 정체성
visible	a. 눈에 보이는; 명백한, 분명한
characterize	v. ~의 특색을 이루다, 특징짓다
congenital	a. 타고난, 선천적인
impurity	n. 불순, 더러움, 추잡함
potency	n. 힘, 세력, 능력, 잠재력
amalgam	n. 혼합물, 합성물
reproductive	a. 재생의, 재현의

'글램핑'이라는 단어는 2016년에 『옥스포드 영어 사전』에 추가되었다. 그 단어는 새로운 것이지만, 글램핑이 의미하는 개념, 즉 호화로운 텐트, 레저용 차량, 혹은 그 밖의 캠핑 시설에서 지내는 것이라는 개념은 새로운 것이 아니다. 16세기에 스코틀랜드의 애솔(Atholl) 백작은 제임스(James) 5세와 그의 어머니가 스코틀랜드 북부 고지에서 호화로운 체험을 할 수 있도록 준비했다. 백작은 호화로운 텐트들을 치고는 그의 집에 있는 온갖 음식들로 그 텐트들을 채웠다. 아마도 역사상 호화로운 텐트 생활의 가장 화려한 예는 영국의 헨리(Henry) 8세와 프랑스의 프랑수아(Francis) 1세 사이의 1520년 외교 정상회담인 '황금천 들판의 회담(the Field of the Cloth of Gold)'일 것이다. 2,800여 개의 텐트가 세워졌고, 분수에는 적포도주가 흘렀다. 약 400년 후인 1920년대에, 아프리카 사파리(원정여행)는 부유한 유럽인들 사이에서 '반드시 경험해보아야 하는 것'이 되었다. 그러나 부유한 여행자들, 심지어 모험을 찾는 여행자들조차도 안락함이나 호화로움을 포기하려 하진 않았다. 전기 발전기에서부터 접이식 욕조, 샴페인 보관함에 이르기까지, 여행자들은 모험을 하는 동안에도 가정에서 누릴 수 있는 모든 호사스러움을 제공받았다.

1 ③ ▶ 아프리카 사파리를 하는 부유한 여행객들에게 전기 발전기에서부터 접이식 욕조, 샴페인 보관함에 이르는 모든 집안의 호사스러움이 제공되었다는 내용을 통해, ③이 정답으로 적절함을 알 수 있다.

2 ③ ▶ 글램핑과 호텔투숙 모두가 호사스러운 것이어서 둘의 비용을 비교할 수는 없으므로 ③이 정답으로 적절하다. ④ 글램핑의 가장 화려한 예인 '황금천 들판의 회담'의 경우 분수에서 적포도주가 흘러나왔다.

concept	n. 개념, 생각
denote	v. 표시하다, 의미하다
luxurious	a. 사치스러운, 호사스러운
vehicle	n. 차량, 탈것
accommodation	n. (호텔·객선·여객기·병원의) 숙박[수용] 시설; 공공시설
lavish	a. 풍성한, 호화로운
pitch	v. (천막을) 치다; (주거를) 정하다
provision	n. 공급, 지급; (pl.) 양식, 식량; 저장품
extravagant	a. 낭비하는; 사치스러운
palatial	a. 호화로운; 웅장한
diplomatic	a. 외교의, 외교관의
summit	n. 산꼭대기, 정상; 정상회담
erect	v. (건조물을) 건설[건립]하다
fountain	n. 분수
safari	n. 사파리(사냥, 탐험 등을 위한 원정여행)
sacrifice	v. 희생시키다; 포기하다, 단념하다
generator	n. 발전기
afford	v. ~할 여유가 있다; 주다
domestic	a. 가정의, 국내의

30 2015 한성대

우드스톡(Woodstock) 페스티벌은 엄청난 실패였어야 했다. 1969년 8월 15일의 개막식이 열리기 바로 한 달 전, 뉴욕 주(州) 월킬(Wallkill) 시의 위원회는 그 행사의 주최자들에게 축제 개최 승인을 철회한다고 알렸다. 놀랍게도 주최자들은 뉴욕 주 우드스톡에 넓은 새 부지를 찾았다. 그 행사는 조직위가 예상했던 것보다 더 많은 관중을 끌어 모았다. 그 행사의 첫 날에, 3만 명으로 추산되는 관중들이 계속 늘어났으며 교통 체증으로 인해 그 지역에 이르는 대부분의 길이 막히고 말았다. 일부 음악가들은 제시간에 그 지역에 올 수 없었다. 게다가 티켓을 회수하기 위해 설치된 펜스가 무용지물이 되어 조직위는 티켓을 받는 것을 포기했다.

하지만 많은 관중이 모여든 것과 마찬가지로 여름 폭풍 구름도 몰려들었다. 비는 개막식 밤에 내리기 시작하여 3일간의 행사 대부분 동안 계속되었다. 3일째 되는 날 대략 50만 명에 이르는 관중에 대처하기 위해 헬리콥터가 음식, 의사, 그리고 의약용품을 실어 날랐다. 그런 모든 문제에도 불구하고 그 축제에는 1960년대의 유명한 음악인들이 출연했으며 오늘날 많은 사람들은 우드스톡을 록 음악의 이정표일 뿐만 아니라 전 세대를 위한 결정적인 순간이라고 생각한다.

1 ④ ▶ 우드스톡 축제에 많은 관중들이 몰려 교통 체증을 일으켰으며, 악천후까지 겹쳐 헬리콥터가 음식, 의사, 의약용품을 실어 날랐다고 했으므로, 많은 관중들이 모인 축제의 경우 자칫 위기의 결과로 이어질 수 있다고 추론할 수 있다.

2 ③ ▶ 우드스톡 축제는 예상과 달리 많은 관중들이 몰려 교통 체증을 일으키고 티켓을 회수하지도 못했지만, 사람들이 이 축제를 록 음악의 이정표일 뿐만 아니라 전 세대를 위한 결정적인 순간이라고 생각한다고 했으므로 그 행사의 영향은 기대 이상이었다고 볼 수 있다.

---

colossal a. 거대한, 엄청난, 놀라운

withdraw v. 철회하다; 취소하다

estimate n. 추정, 추정치

traffic jam 교통 체증

facilitate v. 가능하게 하다, 용이하게 하다

feature v. 출연하다; 특색 짓다

milestone n. 획기적인 사건, 이정표, 중요한 시점

01 2017 광운대

젊은 잠재적 지도자들은 글쓰기와 말하기 모두에서 자신의 언어를 구사할 수 있는 비범한 능력을 갖춰야 한다. 뿐만 아니라, 그들은 제2 언어에 대해서도 실행 가능한 지식을 가지고 있어야 한다. 리더십은 강력한 대중 연설 능력을 필요로 한다. 오늘날 대중 연설을 가르치는 교육과정은 학계에서 높은 지위를 누리지 못하고 있다. 또한 머리가 뛰어난 젊은이들 가운데 상당수가 연설을 하는 데 서투르며, 따라서 그들은 이 분야에서 자신들의 능력을 계발해야 한다.

③　　▶ 바로 앞 문장에서 "머리가 뛰어난 젊은이들 가운데 상당수가 연설을 하는 데 서투르다."라고 했으므로, 그들이 능력을 계발해야 하는 분야는 '연설'이라고 볼 수 있다.

potential a. 잠재적인, 가능한
exceptional a. 예외적인, 특별한, 비범한
command n. 명령, 지휘; (언어의) 구사력, 유창함
workable a. 실행할 수 있는, 실현할 수 있는
status n. 상태, 자격, 지위, 신분
bright a. 빛나는; 영리한

02 2014 가천대

개인의 자만은 형제들에 의해 제거되며, 가족의 자만은 학교 친구들에 의해 제거되며, 계층의 자만은 정치에 의해 제거되며, 국가의 자만은 전쟁이나 상업에서의 패배로 제거된다. 그러나 인간의 자만은 계속해서 남게 되며, 이 영역에서는, 사회적 교류가 미치는 영향에 관한 한, 잘못된 통념(신화)을 만드는 능력이 자유로이 발휘된다. 이러한 종류의 잘못된 생각에 대해, 부분적인 교정수단이 과학에서 발견되긴 하지만, 이 교정수단은 부분적인 것으로 그칠 수밖에 없는데, 어느 정도의 쉽게 잘 믿는 경향 없이는 과학 자체도 흔들리고 붕괴될 것이기 때문이다.

④　　▶ Ⓐ, Ⓑ, Ⓒ는 모두 문맥상 '자만'의 의미로 쓰인 데 반해, Ⓓ는 이 세 가지에 대한 해결책으로 언급된 '교정수단'을 의미한다.

conceit n. 자만, 자부심
dispel v. 떨쳐버리다, 없애다, 깨다
schoolfellow n. 급우, 학교친구, 동창생, 동기
commerce n. 무역, 상업
intercourse n. 교류, 교제
myth n. (근거 없는) 통념
faculty n. 능력, 재능, 수완
delusion n. 잘못된 신념, 틀린 생각
corrective n. 교정하는 것; 구제수단
partial a. 편파적인, 불공평한
credulity n. 쉽사리 믿는 성질[경향]
crumble v. 부서지다, 무너지다
collapse v. 붕괴하다

03 2015 인하대

속임을 수반하는 심리적 압박 수법의 한 종류는 상투적인 '착한 역할/나쁜 역할' 전략이다. 이 수법은 오래된 경찰 영화들에서 가장 극명한 형태로 모습을 드러낸다. 첫 번째 경찰관이 여러 가지 범죄 사실에 대해 기소하겠다고 용의자를 위협하고, 그를 밝은 빛 아래에 있도록 하고, 그를 못살게 굴고 나서, 잠시 중단하고 나가버린다. 이후에, 착한 사람이 들어와 불을 끄고, 용의자에게 담배 한 개비를 주고, 그 냉혹한 경찰관이 한 행동에 대해 사과한다. 그는 자신이 그 강경한 사나이를 제어하고 싶지만, 용의자가 협조를 하지 않으면 그렇게 할 수 없다고 말한다. 그 결과, 용의자는 자신이 알고 있는 전부를 말하게 된다.

④　　▶ 밑줄 친 '그 강경한 사나이'는 바로 앞의 the tough policeman을 가리키는데, 이 사람은 호의를 베푼 경찰관에 앞서서 용의자에게 와서 그를 위협하고 괴롭혔던 ④의 the first policeman이다.

psychological a. 심리학의, 심리학적인
deception n. 사기, 기만; 속임수, 현혹시키는 것
routine n. 판에 박힌 일, 일상의 과정; 기계적인 순서
stark a. 순전한, 완전한; 뚜렷한, 두드러진
suspect n. 혐의자, 용의자
prosecution n. 실행, 수행; 기소, 고발
apologize v. 사죄하다, 사과하다
cooperate v. 협력하다, 협동하다

04 2014 서강대

아이들의 분명히 잘못된 행동들 때문에 그래야 하는 것이 아닌 때에도 아이들에게 시간을 쏟아 붓는 부모들은 규율에 대한 미묘한 필요성을 느낄 것이며, 그들은 그것에 대해 사려 깊고 조심스럽게 부드러운 격려나 질책 또는 체계적인 칭찬을 하는 것으로 응할 것이다. 부모들은 아이들이 어떻게 케이크를 먹고, 어떻게 공부하며, 언제 교묘한 거짓말을 하고, 언제 문제점을 직면하기 보다는 도망가는지를 관찰하게 될 것이다. 부모들은 시간을 들여, 아이들의 말에 귀 기울이고, 그들에게 반응하며, 여기는 좀 죄고 저기는 좀 풀어주며, 가벼운 훈계나, 가벼운 이야기나, 가벼운 포옹과 키스나, 가벼운 충고나, 가벼운 격려를 하면서, 이런 사소한 점들을 교정하고 조정할 것이다.

③ ▶ Ⓐ는 격려, 질책, 칭찬을 하는 주체이므로 부모들이고, Ⓑ도 아이들을 관찰하는 주체이므로 부모들이며, Ⓓ 또한 시간을 들여 교정하고 조정하는 주체이므로 부모들인데 반해, Ⓒ는 관찰 대상인 아이들이다.

devote v. (노력·돈·시간 따위를) 바치다, 쏟다	
glaring a. 확연히 두드러진, 명백한; 현란한	
misdeed n. 비행, 악행	
perceive v. 감지하다, 인식하다; 이해하다	
subtle a. 미묘한, 절묘한; 예리한	
discipline n. 훈육, 규율, 절제력	
reprimand n. 견책, 질책	
administer v. 관리하다, 운영하다; 주다, 공급하다	
adjustment n. 수정; 조정	
admonishment n. 충고, 훈계	

05 2015 상명대

현대 컴퓨터에서 2진법 부호의 존재와 작업은 사용자의 눈에 보이지 않는다. 개인용 컴퓨터는 음악을 듣고, 사진을 편집하고, 문서를 작성하고, 또는 재무 회계를 하는 등의 다양한 기능에 사용될 수 있다. 사용자는 서로 관련이 없는 명령어들을 서로 다른 소프트웨어 프로그램에 입력함으로써 이런 모든 활동을 수행한다. 그러나 이런 각각의 응용 프로그램들은 그 기능을 수행하기 위해서 컴퓨터에서 같은 요소를 사용한다. 이를 위해서는, 각 프로그램의 기능들은 컴퓨터 프로세서, 메모리, 그리고 저장 하드웨어에 사용된 2진법 부호로 변환되어야 한다.

① ▶ 컴퓨터 사용자는 각 응용 프로그램에 서로 다른 명령어를 입력하지만, 컴퓨터는 이 기능을 수행하기 위해서 같은 요소를 사용한다고 했는데, 이것에 대한 설명이 마지막 문장에 언급되어 있다. "각 프로그램의 기능들은 컴퓨터 프로세서, 메모리, 저장 하드웨어에 사용된 2진법 부호로 변환되어야 한다."라고 했으므로 Ⓐ the same components가 뜻하는 것은 ① binary codes임을 알 수 있다.

presence n. 존재, 현존, 실재	
operation n. 조작, 운전; 실시	
binary a. 2진(법)의, 2진수의	
function n. 기능	
unrelated a. 관계없는	
command n. (컴퓨터에 대한) 명령어, 지시	
application n. 응용 프로그램	
convert v. 전환하다, 바꾸다	
storage n. 저장, 보관	

06 2021 가천대

1950년대와 1960년대의 민권 운동이 도래할 때까지, 미국의 사업가들과 광고주들은 상품을 팔 수 있는 가장 좋은 방법이 영국계 백인 미국인에게 광고를 보내는 것이라고 대체적으로 생각했다. 따라서 잡지 기사와 광고는 이 고객층에게 친숙하고 흥미로운 이미지들과 상징들을 사용함으로써 이들의 마음에 들도록 맞추어졌다. 그러나 최근에는, 이들 미국의 사업가들과 광고주들이 다양한 민족 집단의 구매력에 관심을 점점 더 가지게 되었지만, 그들이 사용하는 이미지들은 그 집단의 '이질성'이 신중히 통제되고 있다는 것을 소비자에게 계속해서 안심시키고 있다. 이들 다양한 민족 집단들의 문화적 정체성은 종종 피상적인 몇 가지 상징들로 축소되기도 한다.

④ ▶ Ⓐ, Ⓑ, Ⓒ는 모두 미국의 사업가와 광고주를 가리키는 반면, Ⓓ는 다양한 민족 집단을 가리키므로 ④가 정답이다.

advent n. 도래, 출현	
civil rights 민권	
Anglo-American n. 영국계 미국인	
hence ad. 그러므로	
gear v. 맞추다	
appeal to ~의 마음에 들다	
constituency n. 고객층	
be concerned with ~에 관심이 있다	
reassure v. 안심시키다	

07 2019 인하대

침입성 식물은 다른 곳에서 도입된 종(種)으로, 자연적인 확산 범위를 넘어선 지역에서도 잘 자랄 수 있다. 이 식물들은 적응력이 뛰어나고, 공격적이며, 번식력이 높은 특징을 보인다. 이 외래식물은 오랜 시간에 걸쳐 세계 도처의 완전히 다른 서식지들에서 진화해 왔기 때문에, 종종 천적이 극히 적으며 토착 야생 생물에 거의 도움이 되지 않는다. 이러한 번식력에 천적의 부족이 더해져, 그 식물들은 종종 개체수가 급작스럽게 늘어나게 된다. 침입성 식물은 영양분, 물, 빛을 얻는 데 있어 경쟁 토착식물보다 훨씬 뛰어나기 때문에 기존의 토착식물과 그들의 서식지를 완전히 압도해서 황폐화시킬 수 있다. 그리고 침입성 식물은 토착 야생 생물에게 식량으로서의 가치를 거의 제공해주지 못하기 때문에, 모든 수준에서 생물다양성을 파괴한다.

④　　　▶ Ⓐ, Ⓑ, Ⓒ, Ⓔ는 '침입성 식물'을 가리키는 데 반해, Ⓓ는 '토착식물'을 가리킨다.

invasive a. 침입하는, 침략적인
thrive v. 번창하다, 번영하다
dispersal n. (개체의) 분산(分散), 전파
adaptable a. 적응할 수 있는, 순응할 수 있는
aggressive a. 침략적인, 공격적인
capacity n. 능력, 재능; 수용량
propagate v. 번식하다, 증식하다; 퍼지다
evolve v. 서서히 발전하다; 진화하다
habitat n. 서식지
exotic n. 이국적인 것; 외래종, 외래식물
contribute v. 기부하다; 기여하다, 공헌하다
wildlife n. 야생 생물
vigor n. 활기, 활력
outbreak n. (전쟁·사고·질병 등의) 발발, 돌발
overwhelm v. 압도하다, 제압하다, 궤멸시키다
devastate v. (국토·토지 따위를) 황폐시키다
out-compete v. 다른 경쟁자들을 압도하다
destructive a. 파괴적인, 파멸적인
biodiversity n. 생물다양성

08 2020 가천대

영국과의 1812년 전쟁 때야 비로소 미국의 공직자들은 미국에 도로가 절실하게 필요하다는 것을 깨달았다. 서부에 주둔하고 있는 군대를 최전선에서 필요로 했지만, 적절한 수송망이 부족했기 때문에 군 수뇌부는 그들을 이동시키는 것이 너무도 느린 과정임을 알게 되었다. 해결책은 턴파이크(유료도로)라고 불리는 민간 건설 도로의 형태로 나타났는데, 이 도로들은 도로를 이용할 때 통행료를 부과하여 큰 이익을 얻기를 희망하는 민간 기업들에 의해 유지 관리되었다. 종종 역마차 길을 따라 나란히 세워진 이 초기 유료도로들은 현대 고속도로와 간선 고속도로의 전신(前身)이었으며, 결국 이들 대부분은 20세기에 주(州)의 고속도로 담당 부서가 인수하게 되었다.

①　　　▶ Ⓐ는 Troops stationed in the West를 가리키고, Ⓑ, Ⓒ, Ⓓ는 모두 privately built roadways를 가리킨다.

desperate a. 자포자기의, 무모한; 필사적인
troop n. 무리; 군대, 병력
station v. 배치하다, 주재시키다
battlefront n. 전선, 제일선
adequate a. 적당한, 충분한
transportation n. 운송, 수송
solution n. (문제 등의) 해결, 해법
turnpike n. 유료 고속도로, 유료도로
maintain v. 유지하다; 주장하다
charge v. 청구하다; (요금·부담을) 지우다
toll n. 통행료, 통행세
establish v. (학교·회사 따위를) 설립하다
stagecoach n. 역마차, 승합마차
predecessor n. 전임자, 선배; 전에 있던 것

09 2016 한국외대

인생의 맛은 우리가 그것을 황금으로 만든 잔으로 들이켜 마시든, 돌로 만든 잔으로 마시든 그다지 다르지 않다. 시간은 우리가 그것을 어디에서 기다리든, 기쁨과 슬픔이 동일하게 함께 뒤섞인 채로 다가온다. 광폭원단으로 만든 조끼(부유한 사람의 옷)든 무명으로 만든 조끼(가난한 사람의 옷)든 마음이 아픈 사람에게는 똑같으며, 우리가 나무 의자에서 웃었던 것보다 벨벳 쿠션에서 더 행복하게 웃는 것은 아니다. 종종 나는 저 천장이 낮은 방에서 한숨을 쉰 적이 있지만, 내가 그런 방을 떠난 후에도 실망은 더 약해지지도 않았고 가벼워지지도 않았다. 인생은 보상적인 균형을 이루며, 우리는 한쪽에서 얻는 행복을 다른 쪽에서는 잃는다. 우리의 수입(욕망 충족의 수단)이 증가함에 따라 우리의 욕망도 커지며, 우리는 항상 이 둘 사이의 중간에 있다.

1 ②　▶ Ⓐ a stone mug(돌 잔), ⓒ wooden chairs(나무 의자), ⓓ those low-ceilinged rooms(천장이 낮은 방)는 부유함과는 거리가 먼 반면, Ⓑ A waistcoat of broadcloth는 '부유함의 상징물'로 볼 수 있으므로 Ⓑ는 나머지 것과 같이 분류될 수 없다.

2 ④　▶ 마지막 문장 전반부에서, 우리의 수입이 증가함에 따라 우리의 욕망도 커진다고 했고, 곧이어 우리는 항상 이 둘 사이의 중간에 있다고 했다. 따라서 ⓔ the two는 수입증가와 욕망증가를 가리키는데, 수입증가는 욕망 충족을 가져다주는 성취를 의미하고 욕망증가는 욕망이 충족되지 못한 상황, 즉 실망을 의미하므로, the two가 가리키는 것은 ④이다.

quaff v. 벌컥벌컥 마시다, 단숨에 들이켜다
golden goblet 고블릿(유리나 금속으로 된 포도주잔)
laden with ~이 가득한
waistcoat n. 조끼
broadcloth n. 광폭 원단, 브로드 천(셔츠감·옷감)
fustian n. 성기게 짠 두꺼운 무명[삼베]
aching a. 쑤시는; 마음 아픈
compensating a. 보상하는
midway a. 중도의, 중간쯤의

10 2022 서울여대

1990년에 웰즐리 칼리지(Wellesley College)는 학교의 졸업식에서 연설하도록 영부인 바바라 부시(Barbara Bush)를 초청했다. 그러한 결정은 많은 학생들을 화나게 했고, 그들 가운데 150명은 대체로 남편의 업적 때문에 유명해진 가정주부인 부시는 웰즐리 대학이 학생들에게 되라고 장려하는 종류의 커리어 우먼을 대표하지 않는다고 주장하는 탄원서를 학장에게 보냈다. 이 사건으로 인해 가정주부인 엄마들과 직장에 다니는 엄마들 사이에 고조되고 있던 긴장이 전국적인 주목을 받게 되었다. 『뉴스위크(Newsweek)』는 "이것은 엄마 전쟁입니다."라고 선언하면서, 그것을 1990년대를 규정하는 불화로 간주했다. 2년 후, 『뉴욕타임스(New York Times)』는 "마릴린 퀘일(Marilyn Quayle)이 자신이 가족을 위해 변호사 직(職)을 포기한 사실을 옹호하고, 힐러리 클린턴(Hillary Clinton)이 가정과 직업을 함께 추구하기로 한 자신의 결정을 지지하면서, 그 전쟁이 국내 정치판으로 번졌다."고 보도했다.

1 ④　▶ 커리어 우먼에 해당할 수 있는 것은 ④의 '유명 변호사'뿐이다.

2 ①　▶ 마릴린 퀘일은 가정을 위해 직업을 포기하기로 한 반면, 힐러리 클린턴은 직장생활을 하면서도 훌륭한 엄마가 될 수 있다고 생각하여 직업을 포기하지 않기로 결정한 인물이다. 따라서 두 사람은 엄마가 직업을 갖는 것에 대해 서로 생각이 다르다고 할 수 있다. 따라서 ①을 추론할 수 있다. ④ 두 언론매체는 엄마 전쟁이 시작되어 국내 정치판으로 번진 객관적 사실만 보도했을 뿐 자신들의 입장은 밝히지 않았다.

commencement n. 시작, 착수; 졸업식
upset v. 당황하게 하다, 속상하게 만들다
prompt v. 자극하다, 격려하다; 촉발하다
petition n. 탄원, 청원; 탄원서, 진정서
represent v. 묘사하다; 상징하다; 대표하다
incident n. 사건
tension n. 긴장
spotlight n. 각광; (세인의) 관심, 주목
declare v. 선언하다, 발표하다
defining a. 본질적인 의미를 규정하는
feud n. 불화; 반목
spill v. 쏟아져 나오다, 넘쳐서 흐르다
arena n. 투기장; 경기장; 투쟁[활동] 장소
champion v. 옹호하다
for the sake of ~을 위하여

06 부분이해

01 2022 한국공학대

소금은 수천 년 동안 방부제로 사용되어 왔고, 몇몇 기본적인 물질과 또 다른 복잡한 물질 덕분에, 우리는 1월의 "신선한" 야채, 입천장에 달라붙지 않는 땅콩버터, 균일하게 쌓아올려지는 감자칩, 식료품 가게에서 집으로 오는 도중에 색이 변하지 않는 고기를 먹을 수 있다. 그러나 속담에 있듯이 모든 일에는 대가가 따른다. 야채와 과일의 경우에는 맛을 대가로 치른다.

② ▶ 밑줄 친 부분의 앞 문장에서 소금과 또 다른 물질들 덕분에 한겨울에도 신선한 야채를 먹는다든가 입천장에 달라붙지 않는 땅콩버터 등을 먹을 수 있다고 한 다음, 이러한 장점들에도 불구하고 '무엇에든 대가가 있는 법(there's a price to pay for everything)'이어서 야채와 과일의 경우에는 '맛'을 대가로 치른다고 했다. 이는 "두 마리 토끼를 다 잡을 수 없다."라는 의미이므로 ②가 정답이다. ① 가는 말이 고우면 오는 말도 곱다 ③ 천리 길도 한 걸음부터 ④ 공동책임은 무책임으로 끝난다

preservative n. 방부제
complicated a. 복잡한
substance n. 물질
stackable a. 겹쳐[포개어] 쌓아 올릴 수 있는

02 2020 성균관대

테러범들은 군대가 없음에도 불구하고 폭력을 통해 정치적 세력 균형을 바꾸고자 하는 불가능한 임무를 착수한다. 그들의 목적을 달성하기 위해, 테러범들은 그들 자신이 만든 불가능한 도전 과제를 국가에게 제시한다. 즉 국가가 모든 시민을 언제 어디서든지 정치적 폭력으로부터 보호할 수 있다는 것을 입증하는 것이다. 테러범들은 국가가 이런 불가능한 임무를 수행하려고 할 때, 그것이 여러 가지 정치적인 카드를 다시 섞어 그들에게 그 어떤 예기치 않은 으뜸 패(최상의 수)를 주게 되기를 바란다.

② ▶ 밑줄 친 임무는 두 번째 문장에 나온 테러범들이 국가에게 제시하는 an impossible challenge of their own이고 이것은 국가가 모든 시민을 폭력으로부터 보호할 수 있다는 것을 입증하는 것이므로 정답이 ②임을 알 수 있다. 즉 테러범들이 어떤 국가에서 테러를 행하면 그것은 그 국가에게 시민을 폭력으로부터 보호할 수 있다는 것을 입증하라는 도전이 된다는 것이고 테러범들은 국가에 이런 도전을 던져 세력 균형을 깨뜨리고 자신들에게 유리한 상황을 기대하는 것이다.

undertake v. 착수하다, 떠맡다
of one's own 고유한, 자기 자신의
reshuffle v. 다시 섞다, 개조하다
unforeseen a. 예기치 않은, 의외의
surrender v. 항복하다, 포기하다

03 2019 덕성여대

많은 국가들이 다양한 형태의 정부의 흥망성쇠를 겪어왔지만, 일본처럼 광범위하게, 갑자기, 반복적으로 변한 국가는 거의 없었다. 한때 국제 무역의 목적지이자 수십만 명에 이르는 기독교인들의 본국이었던 일본은 대외통상과 종교에 대해 일견 하룻밤 사이에 문을 닫았다. 그렇게 함으로써, 일본은 서양의 영향을 넘어 상당한 수준의 고유의 발전을 이뤄낼 수 있는 중요한 토대를 마련했다고 주장할 수 있다.

④ ▶ 밑줄 친 문장은 "일본이 대외통상과 종교에 대해 쇄국함으로써 서양의 영향을 넘어 자체적으로 발전할 수 있는 토대를 마련했다."는 의미다. ④의 foreign institutions가 foreign commerce and religion을 가리키고, without Western influences가 beyond the influence of the West의 의미이며, was able to develop on its own이 indigenous development와 유사한 의미이므로, ④가 정답으로 적절하다.

endure v. 견디다, 참다
destination n. 목적지
home n. 발상지, 본고장
seemingly ad. 겉보기에는, 외견상
overnight ad. 하룻밤 사이에, 갑자기, 별안간
thematic a. 주제의, 주제와 관련된
lay the foundation for ~을 위한 토대를 놓다
significant a. 중요한, 중대한; 의미심장한; 상당한
indigenous a. 고유의, 토착의, 원산의

04 2017 한국공학대

리콴유(Lee Kuan Yew) 전(前) 싱가포르 총리는 "유학(儒學)에서는 인간이 개선될 수 있다고 했지만, 인간이 그렇게 될 수 있는지 모르겠어요. 인간을 훈련시키고 단련시킬 수는 있지만 말입니다."라고 말한 적이 있다. 싱가포르에서는 그것이 많은 규칙들이 있고 (보도에서는 껌을 씹어서는 안 되고 침을 뱉어서도 안 된다) 그러한 규칙들을 어긴 사람들에 대해 벌금이 부과되고, 이따금씩 신문에 공지도 된다는 것을 의미해왔다. 그렇게 하면 자동적으로 규칙을 지키게 된다. 싱가포르에서는 많은 경찰을 볼 수 없다. 한 주민은 "경찰은 우리 머리 안에 있습니다."라고 말한다.

④
▶ 밑줄 친 부분, "경찰은 우리 머리 안에 있습니다."는 '싱가포르가 규제, 벌금, 범법자 공지 등의 방법을 통해 국민들로 하여금 규칙을 지키게 만듦으로써, 이제는 경찰을 많이 둘 필요가 없을 정도로 질서와 규칙을 지키는 것이 싱가포르 국민의 습관이 되었음'을 의미한다. "습관은 처음에는 거미줄이다가 나중엔 쇠사슬이 된다."라는 속담은 '습관과 반복되는 훈련의 힘'을 나타내는 것이므로 밑줄 친 문장과 가장 잘 어울린다. ① 누구에게나 결점은 있다 ② 느리더라도 꾸준히 하면 경주에서 이긴다 ③ 빈 수레가 요란하다

prime minister 총리, 수상
discipline v. 훈련하다, 단련하다; 징벌하다
chew v. 씹다
spit v. 침을 뱉다
fine n. 벌금, 과태료
occasional a. 때때로의; 임시의, 예비의
resident n. 거주자, 거류민
cop n. 순경, 경찰

---

05 2019 덕성여대

카를 만하임(Karl Mannheim)은 사회 역사상 가장 중요한 인물 중 하나이며, 일반적으로 지식사회학으로 알려진 학문 분야를 창시했다. 이 분야는 사상과 사회 사이의 관계를 다루고, 사회 구조가 새로운 사상의 창조에 어떻게 영향을 미칠 수 있으며 사상 그 자체가 사회에 어떻게 영향을 미칠 수 있는지에 대해 탐구한다. 만하임의 경력 세 단계 각각은 이론 개념과 그 개념을 창출하는 사회 사이의 복잡한 상호 작용에 대한 이해를 점점 더 정교하게 했다.

③
▶ "지식사회학은 사상과 사회 사이의 관계에 대해 다루는 학문이며, 만하임은 세 단계에 걸쳐 사상과 그 사상을 창출하는 사회 사이의 복잡한 상호 작용에 대해 연구했다."고 했다. 따라서 지식사회학은 사상과 사회 구조가 서로 어떻게 영향을 미치는지에 대해 고찰하는 학문이라 할 수 있으므로, ③이 정답으로 적절하다.

found v. 설립하다, 창립하다
branch n. 분과, 부문
explore v. 탐구하다, 조사하다
phase n. (변화·발전의) 단계, 국면
sophisticated a. 세련된; 정교한, 복잡한
interaction n. 상호 작용, 상호 영향
theoretical a. 이론의, 이론상의

---

06 2018 광운대

해안과 해변은 끊임없이 변화하는 지역이다. 다른 모든 지형과 마찬가지로, 해안과 해변도 풍화, 침식, 배치, 지질 활동 등의 과정을 겪는다. 다른 지형과는 달리, 해변은 또한 매일 발생하는 조수, 파도, 해류의 활동에 영향을 받는다. 이 힘들은 바위가 많은 해변을 침식하고 모래와 파편을 이곳저곳으로 옮겨, 어떤 해변 모래사장들은 매우 작아지게 만드는 한편 다른 해변 모래사장들은 새로 생겨나게 만든다. 폭풍이 몰아치는 동안, 파도는 바다의 절벽에 부딪쳐, 절벽을 약해지게 만들고 낙석과 산사태를 일으킨다. 폭풍을 동반한 파도가 해변 모래사장을 덮치고 뛰어 넘어 부두, 도로, 건물을 휩쓸어버린다.

③
▶ 밑줄 친 부분은 "조수, 파도, 해류의 힘들은 바위가 많은 해변을 침식하고 모래와 파편을 이곳저곳으로 옮겨, 어떤 해안들은 매우 작아지게 만드는 한편 다른 해안들은 새로 생겨나게 만든다."는 뜻인데, 결국 "조수, 파도, 해류가 어떤 곳에서는 침식으로 해안을 사라지게 만들고, 침식된 모래와 바위를 다른 곳으로 옮겨가 쌓아 해안을 새로 생겨나게 만든다."는 것이므로, ③이 밑줄 친 문장의 뜻과 가장 잘 부합하는 진술이다.

terrain n. 지대; 지형, 지세
subject to ~을 받기 쉬운, ~을 입기[걸리기] 쉬운; ~을 조건으로 하는
process n. 진행, 경과; 처리, 순서
weathering n. 풍화작용
erosion n. 부식; 침식, 침식작용
disposition n. 배열, 배치; 처분, 정리
geological a. 지질학의, 지질의
transport v. 수송하다, 운반하다
debris n. 부스러기, 파편
deplete v. 고갈시키다, 소모시키다
crash against ~에 충돌하다
rockfall n. 낙석
landslide n. 사태, 산사태

컴퓨터 바이러스 및 보안기술 전문가인 사라 고든(Sarah Gordon)은 1992년 이래로 바이러스 개발자의 심리 상태를 연구해왔다. "해커나 바이러스 개발자는 옆집에 사는 사람이거나 식료품점의 계산대에서 당신의 물건을 슬쩍 가져가는 꼬마일 수도 있습니다. 당신 주변의 평범한 해커가 반드시 위에서 아래까지 검은색 옷을 입고 코걸이를 뽐내는 고스족 같은 사람인 것은 아닙니다."라고 사라 고든은 말한다. 사라 고든이 알게 된 바이러스 개발자들은 그 배경이 다양하다. 일부는 순수하게 학구적인 사람들인 반면, 또 다른 일부는 운동선수같이 근골이 단단한 사람들이다. 상당수는 그들의 부모와 가족과의 관계가 원만하며, 대부분이 동료들 사이에서 인기가 좋다. 이들이 지하실에서 항상 시간을 보내는 것은 아니다. 어떤 바이러스 개발자는 그가 사는 지방 도서관에서 자원봉사를 하면서 노인들과 함께 일한다. 바이러스 개발자들 중에는 시인도 있고 음악가도 있으며 전기기사도 있다. 해커 용의자들을 세워 놓더라도 당신은 그 중에서 해커를 색출하지 못할 것이다.

① ▶ Ⓐ는 "해커 용의자들을 세워 놓더라도 당신은 그 중에서 해커를 색출하지 못할 것이다."라는 뜻으로, "해커들이 평범하게 생겼기 때문에 그들을 외모로 판단하기는 어렵다."는 것을 의미한다.

security n. 보안
checkout n. (슈퍼마켓의) 계산, 계산대
bag v. (남의 물건을) 악의 없이 슬쩍 가져가다
goth n. 고스록, 고스록 연주자(주로 검은 복장에 짙고 검은 화장을 함)
sport v. 자랑삼아 보이다, 뽐내다
varied a. 여러 가지의, 다채로운
solid a. 순수한, 철저한
academic a. 학구적인
athletic a. 운동선수 같은, 근골이 단단한
popular with ~에게 인기 있는
peer n. 동료
volunteer v. 자진하여 일하다, 자원봉사하다
lineup n. (범인 색출을 위해 경찰이 줄 세워놓은) 용의자의 열
perpetrator n. 범인, 가해자
render v. ~을 …하게 하다

나는 일찍이 그레고어 멘델(Gregor Mendel)의 사례를 알고 있었다. 완두콩을 대상으로 했던 그의 기초 유전실험은 30여 년 동안 무시되었다. 그러나 그는 그 실험 내용들을 한 무명 학술지에 게재했었는데, 당시는 회의나 도서관도 훨씬 적었고, 학술지는 육상 우편을 통해 유통되던 시대였다. 그의 생각이 20세기 초에 재발견되었을 때, 토마스 H. 모건(Thomas H. Morgan)은 그 내용이 틀렸음을 입증하기 위해 실험을 시작했지만, 결국 그 주장들을 아주 강화시키는(확증하는) 실험을 한 셈이 되고 말았다. 노벨상이 모건의 보상으로 주어졌다. 그는 한 교과서에다 이렇게 썼다. "실험과학자는 모름지기 … 모든 가설들에 대해 — 특히 자기 자신의 가설들에 대해 — 회의적인 마음의 상태를 길러야 하고, 증거가 반대쪽을 가리키는 순간, 그것들을 기꺼이 포기할 줄 알아야 한다."

④ ▶ 토마스 H. 모건은 원래 멘델의 실험 내용이 틀렸다고 추측했는데, 실험을 거듭하면서 오히려 멘델의 결론이 옳았다는 것을 확증하게 됐을 뿐이라고 했다. 따라서 증거들이 '반대쪽을 가리키다'라고 하는 것은 원래 자신이 가지고 있었던 가설이 틀렸다는 것을 보여주는 실험 결과가 나왔다는 의미로 볼 수 있다.

pea n. 완두(콩)
obscure a. 잘 알려져 있지 않은, 무명의
circulate v. 순환하다; (신문 등이) 배부되다
set out 출발하다, 시작하다
disprove v. 틀렸음을 입증하다
experiment n. 실험
strengthen v. 강화하다, 강하게 하다
cultivate v. 기르다; 계발하다
skeptical a. 의심 많은, 회의적인
hypothesis n. 가설, 추정
abandon v. 포기하다
evidence n. 증거; 흔적
point the other way 반대쪽을 가리키다

요즈음에는, 근로 계층에 속하는 사람들 대다수가 더 높은 수준의 소비 지출을 열망하고 있다. 파업을 할 수 있는 능력은 줄어들었고, 그 자리를 상품 구매력이 대신하게 되었다. 이것은 "우리는 곧 우리가 구매하는 상품이다."라는 분위기를 야기하였다. 근로자들은 보다 금전 지향적이고, 가족 중심적이고, 개인주의적이 되었다. 근로 계층이 사는 곳에서 주택과 차량의 소유는 신분 상승을 상징하는 것이 되었다. 그렇지만, 이러한 문화혁명이 근로 계층으로 하여금 자신은 더 이상 근로 계층이 아

aspire v. 열망하다, 갈망하다
withdraw v. 철회하다; 취소하다
withdraw one's labor 동맹 파업을 단행하다
erode v. 서서히 파괴하다; 부식하다; 침식하다
climate n. 기후; 분위기, 풍조

니라고 완전히 느끼게 하지는 못했다. 근로 계층이 계층에 대해서 말하는 것을 살펴보면, 우리는 그들이 스스로를 중산층과 여전히 구별하고 있다는 것을 알게 된다. 그들은 여전히 계층을 자신들의 인생에서 중요한 부분으로 간주한다. 그들은 자신을 특정한 계층의 일부라고 간주하고 있으며, 계층이 없는 사회에서 살고 있다고 믿는 사람은 거의 없다.

③　　▶ '이러한 문화혁명'은 However 앞까지의 문장들에 대한 내용인데, 여기서는 근로 계층의 '소비지향적 특성'에 대해 말하고 있으므로, ③ "노동자들은 소비 사회에 편입되었다."가 가장 적절한 설명이다.

individualistic a. 개개의, 개인적인
status n. 상태, 지위, 신분
differentiate v. 구별하다, 차별하다
take account of 고려하다

10 　2012 동덕여대

유아들은 말을 할 수 없음에도 불구하고 뛰어난 의사 전달자다. 유아들의 주된 의사소통 수단은 우는 것이다. 아기를 울게 만드는 것은 몇 가지 것들이 아기에게 문제가 되고 있기 때문이다. 그 아기는 배가 고프거나, 춥거나, 피곤하거나, 안기고 싶은 것일지도 모른다. 부모는 아기가 각기 다른 요구에 따라 상이한 울음소리를 낸다는 점을 빨리 알아차린다. 예를 들어, 아기가 배고파서 우는 울음은 짧고 낮은 소리다. 아기들은 또한 단어의 뜻을 이해할 수 없더라도 이야기에 반응을 한다. 아기들은 사람의 목소리와 다른 소음들을 구별할 수 있고 자신의 부모의 목소리를 주의 깊게 듣는 경향이 있다. 사실, 많은 부모들은 자신의 아기가 울 때, 부모의 목소리가 가까이 다가오는 것을 들으면서 아기가 울음을 그치기 시작한다고 얘기한다.

①　　▶ 밑줄 친 문장의 주절과 종속절의 내용을 그대로 다른 말로 바꾸어 표현한 것은 ①뿐이다. 주절의 receptive to speech는 recognize and respond them으로, 종속절의 cannot understand the words는 the meaning of the words may be unknown으로 각각 바꾸어 표현했다.

infant n. 유아
primary a. 주요한; 기본적인
low-pitched a. 낮은 음조의
receptive to ~에 수용적인, 선뜻 받아들이는
distinguish v. 구별하다, 분별하다, 식별하다
attentively ad. 조심스럽게; 정중히; 신경 써서

11 　2017 단국대

펜실베이니아 대학의 연구원들은 큰 심장수술을 받은 사람들 가운데, 배우자가 있는 환자들이 배우자와 이혼을 했거나 별거 중이거나 사별을 한 환자들에 비해 (수술 후) 2년 동안의 심장 기능 회복 속도가 더 빨랐다는 사실을 발견했다. 이는 그들이 다른 사람의 도움 없이 옷을 입거나 목욕을 하거나 화장실에 가는 것을 더 잘할 수 있게 됐다는 것을 의미한다. 실제로, (결혼을 했으나 현재는) 배우자가 없는 사람들은 집에 배우자가 있는 사람들에 비해 수술 후 첫 2년 안에 사망할 확률이나 새로운 기능 장애가 생길 확률이 약 40% 더 높았다. (그 연구에서 결혼을 한 적이 없는 사람들은 그 수가 충분하지 못했기 때문에 그들에 대한 평가는 할 수가 없었다.)
연구원들은 그와 같은 결과가 나온 것이 애초에 덜 건강한 사람들이 결혼을 안 했을 확률이 더 높기 때문인지 아니면 배우자의 존재가 재활에 큰 도움이 되기 때문인지를 확신하지 못하고 있다. 원인이 어느 쪽이든 간에, 심장마비 발병 이후의 생활 계획 수립에 도움을 주려 하는 경우, 병원 측에서는 배우자의 유무를 고려해야 한다고 그들은 말한다.

④　　▶ 밑줄 친 부분은 "그 연구에서 결혼을 한 적이 없는 사람들은 그 수가 충분하지 못했기 때문에 그들에 대한 평가는 할 수가 없었다."라는 의미인데, 연구 대상의 수가 부족했다는 것은 결국 자료가 충분하지 않았다는 것을 뜻하므로, ④가 밑줄 친 부분이 함축하고 있는 내용으로 적절하다.

spouse n. 배우자
cardiac surgery 심장수술
functional a. 기능의, 작용의; 기능을 가진
divorce v. 이혼하다, 이혼시키다
separate v. 분리하다, 가르다; 갈라지다, 별거하다
widowed a. 미망인이 된, 홀아비가 된
postsurgery a. 수술 후의
assessment n. (과세를 위한) 사정; 평가, 판단
rehabilitation n. 사회 복귀; 복귀, 복직, 복권
marital status 결혼[혼인] 여부, 배우자의 유무

12 2020 인하대

과테말라는 인구가 1,500만 명이고 인구의 약 40%는 토착민이다. 지난해에, 미국-멕시코 국경에서 과테말라 이주민 250,000명이 체포되었다. 그들 중 적어도 절반은 마야인이며, 상당수는 스페인어를 거의 혹은 전혀 하지 못한다. 오스왈도 비달 마르틴(Oswaldo Vidal Martín)은 그의 모국어, 즉 Mam이라 불리는 마야들의 언어를 사용하는 이주민들을 위해 영어 통역을 해주고 있다. 법무부에 따르면, Mam은 지난해 이민법원에서 9번째로 가장 많이 사용된 언어였는데, 이는 불어보다 더 많이 쓰인 것이다. 4살이 되던 1999년에 부모와 함께 미국으로 건너온 마르틴은 엔지니어가 되기 위해 공부하고 있었는데, 자신이 살고 있는 오클랜드 지역으로 이주하는 Mam 언어를 사용하는 사람들이 처음에는 소수였지만 때마침 크게 늘어났다. 마르틴은 Asociación Mayab(이곳에서는 토착 언어 사용자를 위한 통번역 워크숍을 열고 있다.)이라는 샌프란시스코 소재 비영리단체에서 교육을 받은 후에 통역을 시작했다. 통역을 필요로 하는 수요는 헤아릴 수 없을 정도이다.

④   ▶ 밑줄 친 문장의 '헤아릴 수 없이 많은 수요'는 "미국으로 이주해 온 Mam 언어 사용자가 영어를 잘하지 못하기 때문에, 통번역의 도움을 필요로 하는 사람이 엄청나게 많다."는 것이다.

indigenous a. 토착의, 원산의, 자생의
migrant n. 이주자
apprehend v. 염려하다, 우려하다; 체포하다
border n. 경계, 국경
interpret v. 해석하다, 설명하다; 통역하다
mother tongue 모국어
trickle n. 점적(點滴); 실개울; 소량(少量)
nonprofit n. 비영리단체
translation n. 번역, 통역
bottomless a. 헤아릴 수 없는

13 2021 덕성여대

기술은 전문가와 개인의 사용을 위한 기능의 범위를 빠르게 넓히고 있다. 그리고 스마트폰의 경우가 그렇다. 전문가들은 현재 디지털 미디어, 인터넷 접속, 전화 통신, 다자간 일정 관리 그리고 문서 및 프레젠테이션을 위한 사무 도구를 사용할 수 있는 기기를 가지고 있다. 종종 이동이 많은 기업가들은 스마트폰에서 이러한 중요한 기능을 최대한 활용할지도 모른다. 단순히 다기능 기기를 즐기는 사람들은 인기를 끄는 벨소리를 다운로드하고, 최근에 돌고 있는 소문에 대해 인스턴트 메시지를 주고받으며, 머리로 가장 많은 깡통을 찌그러뜨린 세계기록을 슈퍼볼(미국 프로 미식축구의 우승팀을 결정하는 경기)이 진행되는 동안 찾아보는 것과 같은 시시한 목적을 위해 종종 이런 기기들을 사용한다. 이러한 기능의 융합과 그러한 장치의 가용성 증대는 사회에서 일과 개인적 생활이 점점 혼합되고 있는 징조일 수 있거나 사람들이 단순히 그들의 사생활에서 사회적 연결에 대한 호사스러운 접근방법을 취하는 것일 수 있다.

③   ▶ '벨소리 다운로드나 떠도는 소문에 대해 문자 메시지로 이야기를 나누는 것 등에 스마트폰을 쓰는 것'을 '하찮은' 목적으로 보고 있는 것이므로, 필자는 스마트폰의 기능을 이런 용도로 쓴다면 보통 사람들에게 스마트폰은 필요하지 않다는 의미를 전달하기 위해 frivolous라는 단어를 사용했다고 볼 수 있다.

expand v. 확대하다, 확장하다
scope n. 기회, 범위
mobile a. 이동하는, 이동식의
maximize v. 극대화하다, 최대한 활용하다
pursuit n. 추구; 일[활동]; 취미
fusion n. 융합, 결합

14 2013 상명대

우리가 평생 동안 나쁜 습관과 부적응적인 관계형성 행태를 극복하기 위해 노력하고 있음에도 불구하고, 우리는 새로운 기술을 갖추어 우리에게 도움이 되는 방식으로 우리의 생활환경을 변화시키는 것이 더 쉽다는 것을 깨닫게 될지도 모른다. 인생에 있어서 추가로 얻게 되는 이러한 유익한 점들은, 우리가 마주하게 되는 어려움이나 우리가 만들어 왔던 나쁜 습관들에도 불구하고, 우리를 더 건강한 상태로 나아가도록 도와준다. 매스턴(Maston)은 "탄력성에 대한 연구는 자연이 인간의 발전을 위해 강력한 보호 장치를 제공해왔다는 점을 시사합니다."라고 썼다. 탄력성 이론은 우리가 가지고 있는 좋은 점이 나쁜 점보다 더 강력하다는 개념을 중심으로 하여 정립되었다.

1③   ▶ 밑줄 친 부분의 maladaptive는 inappropriate로, relating은 interacting으로 바꾸어 표현한 ③이 가장 가까운 의미다.

struggle v. 애쓰다, 분투하다
lifetime n. 일생, 평생
maladaptive a. 순응성[적응성]이 없는, 부적응의
relate v. 관계가 있다, 관련되다
take on 고용하다; 갖추다, 취하다
circumstance n. 상황, 환경
adversity n. 역경
protective a. 보호하는, 보호적인
mechanism n. 구조, 메커니즘, 장치
notion n. 관념, 개념

2 ② ▶ 밑줄 친 부분은 문맥상 "이러한 유익한 점들을 통해, 우리가 마주하게 되는 어려움이나 우리가 만들어 왔던 나쁜 습관들을 극복할 수 있으므로 우리를 더욱 건강한 인간으로 만들어준다."는 의미다. 따라서 ②가 정답이다.

resilience theory 탄력성 이론(역경이나 고난 등을 자기 발전의 계기로 삼는다는 이론)

---

15 2019 한국외대

과식을 하고 나서 곧바로 공부를 하는 것은 현명하지 않다. 이때(과식을 한 직후에) 소화 기관은 큰 부담을 받기 때문에, 뇌와 신체의 다른 기관들로부터 상당한 양의 혈액을 공급받는다. 그리고 동시에 두 기관 모두가 적절한 양의 혈액을 공급받을 수는 없기 때문에, 소화 기관이 공급받은 혈액을 빼앗기게 되어 그 결과 소화가 제대로 되지 못하거나 혹은 뇌가 혈액이 너무나 부족하게 되어 제대로 기능을 하지 못하게 될 것이다. 이와 같은 이유로, 과식을 하고 나서 적어도 30분은 음악을 즐기거나 가벼운 내용의 책을 읽으면서 보내야 한다. 또는 어떤 형태의 기분 좋고 쉬운 신체 운동을 하면서 시간을 보내는 것이 좋다.

digestive a. 소화의
burden v. 부담[짐]을 지우다
rob v. ~에서 빼앗다, 잃게 하다
with the result that ~라는 결과가 되어
carry out ~을 수행하다
impoverish v. 저하시키다, 허약하게 하다
light reading (쉽고 재미있는 책의) 가벼운 읽기

1 ② ▶ For this reason은 앞 문장의 내용을 가리키고 있는데, 앞 문장에서 "과식 후에는 소화 기관과 뇌 모두 적절한 양의 혈액을 공급받지 못하게 되어 소화를 제대로 못 하거나 뇌의 기능이 저하된다."고 했다. 따라서 ②가 Ⓐ의 의미로 적절하다.

2 ① ▶ 빈칸 Ⓑ의 앞에서 과식 후에는 적어도 30분은 음악을 즐기거나 또는 가벼운 독서를 하면서 시간을 보내라고 했으므로, Ⓑ 이하도 신체적으로 부담이 적은 가벼운 운동을 의미하게 되어야 한다. 따라서 ①이 빈칸에 적절하다.

---

16 2022 성균관대

헤지 펀드 회사인 시타델의 사장인 켄 그리핀(Ken Griffin)은 젊은이들에게 재택근무를 하지 말라고 경고한다. "원격 근무 환경에서는 경력을 발전시키는 데 필요한 관리 경험과 대인 관계 경험을 갖는 것이 매우 어렵습니다."라고 그는 말한다. 가상 업무는 사일로를 고착화시킬 위험이 있다. 즉, 사람들은 이미 알고 있는 동료와 시간을 보낼 가능성이 더 높다. 기업 문화는 3차원에서 흡수하기가 더 쉬울 수 있다. (타인과의) 깊은 관계는 응답이 느린 인터넷 접속 환경에서 형성하기 더 어렵다. 2010년 한 연구는 공동 집필자들 사이의 물리적 근접성이 과학 논문의 영향에 대한 좋은 예측 변수임을 확인했다. 집필자들 사이의 거리가 멀수록, 논문이 인용될 가능성이 더 적었다. 원격 근무의 전도사들도 시간을 내어 물리적인 모임을 갖는다. "디지털 제일주의라고 해서 전혀 대면하지 않는다는 것을 의미하지는 않는다."

incredibly ad. 믿을 수 없을 정도로, 엄청나게
managerial a. 경영[관리, 운영]의
interpersonal a. 대인관계에 관련된
laggy a. 응답이 느린
evangelist n. 전도사

1 ⑤ ▶ entrench는 '(생각·관례·권리 등을) 흔들리지 않게[확고하게] 하다'의 의미이며, silo는 '미사일과 그 발사 장치의 지하 격납 설비'로 여기서는 폐쇄되고 고립된 환경을 의미한다. 따라서 밑줄 친 표현은 이런 업무 환경을 확고하게 한다는 의미이므로 ⑤가 정답으로 적절하다.

2 ② ▶ 2010년 연구에서 확인한 연구 결과가 콜론 다음에 이어지는데, "공동 집필자들 사이의 거리가 멀수록, 논문이 인용될 가능성이 더 적었다."고 했으므로 이는 연구자들 사이의 물리적 근접성을 의미함을 알 수 있다. 마지막 문장도 대면의 중요성에 대해서 설명하고 있으므로 빈칸에는 ② proximity가 적절하다. ① 재산 ③ 솔직함 ④ 자세 ⑤ 신뢰함

17 2021 한국외대

연구에 따르면, '내편 편향(확증 편향)'이 다양한 실험적인 상황에서 드러난다고 한다. 즉 사람들은 똑같은 미덕의 행동도 자기 집단 구성원이 한 것이면, 더 유리하게 평가하고, 부정적인 행동도 자기 집단 구성원이 한 것이면, 덜 불리하게 평가한다는 것이다. 그들은 동일한 실험을 실험 결과가 그들의 기존 신념과 모순될 경우보다도 기존 신념을 지지할 경우에 더 유리하게 평가하며, 정보를 검색할 때 사람들은 그들의 입장을 지지할 것 같은 정보원을 선택한다. 게다가 실험결과 데이터를 순전히 수치로 나타낸 것을 해석하는 것도 피실험자의 기존 신념 쪽으로 기울어진다. 심지어 논리적인 타당성에 대한 판단조차도 마찬가지로 왜곡된다. "따라서 대마초는 합법적이어야 한다."라고 결론 내리는 타당한 삼단논법은 진보진영이 올바르게 판단하기는 더 쉽고 보수진영이 그렇게 하기는 더 어렵다. 반면에 "따라서 아무에게도 태아의 생명을 끝낼 권리는 없다."라고 결론 내리는 타당한 삼단논법은 진보진영이 올바르게 판단하기는 더 어렵고 보수진영이 그렇게 하기는 더 쉽다.

1 ④
▶ 부정적인 행동을 평가하는 경우이므로 집단 소속 여부와 무관하게 more favorably는 불가능하다. 자기 집단 구성원이 저지른 경우 덜 불리하게(less unfavorably) 평가하는 정도일 것이며, 마찬가지로 똑같은 실험이라도 자신의 신념과 '모순될(contradict)' 때보다 자신의 생각을 지지할 때 그 실험결과를 더 유리하게 평가할 것이므로, ④가 정답이다. ① 더 유리하게 — 지지하다 ② 더 불리하게 — 이의를 제기하다 ③ 덜 유리하게 — 확인하다

2 ④
▶ 밑줄 친 ⓒ는 "심지어 논리적인 타당성에 대한 판단조차도 마찬가지로 왜곡된다."라는 뜻으로, '심지어(even)'라는 말은 앞의 말을 부연 설명할 때 쓰는 말이다. 결과 데이터의 수치해석조차 기존에 믿고 있던 방향으로 기울어진다고 한 다음 ⓒ가 왔으므로, ⓒ 역시 어떤 주장의 논리적인 타당성을 판단할 때에도 기존에 믿고 있던 방향에 따라 정해진다고 해야 문맥상 적절하다. 따라서 "결론이 그들의 기존 신념과 일치하는지에 따라 논리를 판단한다."는 ④가 정답이다.

myside bias 내편 편향, 확증 편향
evaluate v. 평가하다
interpretation n. 해석
numerical a. 숫자로 나타낸
tip v. 기울어지다
direction n. 방향
validity n. 타당성
skew v. 왜곡하다
syllogism n. 삼단논법(대전제와 소전제의 두 전제와 하나의 결론으로 이루어진 연역적 추리법)
liberal n. 진보주의자
conservative n. 보수주의자

18 2018 단국대

독서를 하는 데 책에 표시하는 것이 필요한 이유는 무엇인가? 우선, 그런 행동은 당신이 정신을 차리고 있도록 해준다. 그다음으로, 적극적인 독서라면, 독서는 생각하는 것이며, 생각은 말이나 글로 표현되는 경향이 있다. (그러므로) 표시가 되어 있는 책은 일반적으로 충분히 생각하고서 읽은 책이다. 마지막으로, 책에 글을 써두는 것은 당신이 했던 생각 혹은 저자가 표현했던 생각을 당신이 기억하게 도와준다.
만일 독서를 통해 시간을 보내는 것 이상의 어떤 가치 있는 것을 이루려 한다면, 독서를 적극적으로 해야 한다. 눈으로 책의 여러 행을 위에서 아래로 죽 훑어 내려가서는 당신이 읽은 것을 이해해낼 수 없다. 예를 들면, 지금 『바람과 함께 사라지다(Gone with the Wind)』와 같은 일반적인 가벼운 소설은 가장 적극적인 형태의 독서를 필요로 하지 않는다. 즐거움을 위해 당신이 읽는 책은 편안한 상태에서 읽을 수 있으며, (이때) 잃을 것은 아무 것도 없다. 그러나 생각과 아름다움이 풍부한 훌륭한 책이나 중대하고 근본적인 문제를 제기하고 그것에 답하려고 노력하는 책은 당신이 할 수 있는 가장 적극적인 독서를 요구한다. 발리(Vallee)의 애조 띤 노래를 이해하는 방식으로 존 듀이(John Dewey)의 사상을 이해할 수는 없다. 당신은 그것들을 이해하려고 노력해야 한다. 그것을 당신은 잠들어 있는 동안에는 할 수 없다.

1 ④
▶ 첫 번째 단락에서는 책에 표시를 해가면서 독서를 하는 것이 왜 중요한지를 설명하고 있는데, 그렇게 하는 것은 '정신을 차리고 적극적으로 생각하면서 독서를 하게 해준다'고 했으므로, ⓐ에 대한 답으로 옳은 것은 ④이다.

2 ③
▶ 두 번째 단락에서는 책의 종류에 따라 달라야 하는 독서 방식을 설명하고 있다. 존 듀이의 사상은 적극적인 독서가 필요한 예이며, 발리의 노래는 가볍게 이해할 수 있는 예로 소개된 것이므로, ⓑ가 함축하는 것은 '책에 따라 독서 방법이 다르다'는 것이다. 따라서 ③이 정답이다.

mark up 교정하다; 가필하다
indispensable a. 없어서는 안 될, 절대 필요한
marked a. 표적[기호]이 있는
pass time 시간을 보내다
glide v. 미끄러지듯이 움직이다
come up with ~을 생각해내다, 제시하다
croon v. 부드럽게 노래하다; 낮은 목소리로 노래하다

19 2021 한국외대

뉴욕의 타임스 스퀘어(Times Square)에 공 모형이 내려온다. (런던의) 군중들이 빅벤(Big Ben)의 종소리에 맞춰 초읽기를 한다. 시드니 항구에서는 폭죽을 터뜨린다. 여러분의 도시에서 어떻게 축하하든지간에, 새해와 새로운 출발을 맞이하는 것에는 뭔가 흥미진진한 점이 있다. 새해 첫날에 우리는 새로운 바다로 나아간다. 우리는 어떤 교우관계와 기회를 찾게 될까? 그러나 그런 흥분감에도 불구하고, 새해는 불안한 것일 수도 있다. 우리 중 누구도 미래를 그리고 미래에 어떤 폭풍이 있는지를 알지 못한다. 여러 가지 새해 전통 행사들이 이를 반영하고 있다. 중국에서 불꽃놀이는 아마도 악령을 물리치고 새로운 계절을 번영하는 계절로 만들기 위해 발명되었다. 그리고 새해의 다짐은 신들을 달래기 위해 서약을 했던 바빌로니아인들에게로 거슬러 올라간다. 그러한 행위는 미지의 미래를 안전하게 하려는 시도였다. 바빌로니아인들이 서약을 하지 않았을 때에는, 그들은 다른 민족들의 정복에 분주했었다. 오늘 우리는 해안에서 새로운 미지의 바다로 나아간다. 엄청난 도전이 우리를 기다리고 있을지도 모른다. 어떤 상황에 직면하든 간에, 우리는 이런 모험에서 우리가 혼자가 아니라는 것을 깨달아야 할 필요가 있다.

1 ② ▶ 밑줄 친 부분은 '새로운 미지의 바다'인데 '새로운 바다'는 새해 첫날에 맞이하는 앞으로 살아갈 한 해를 말하고 '미지의'는 아직 경험하지 못한 불확실한 일들로 가득 차 있음을 의미하므로 ②가 가장 가까운 의미다.

2 ② ▶ "중국에서 불꽃놀이는 악령을 물리치고 새로운 계절을 번영하는 계절로 만들기 위해 발명되었다."고 언급하고 있다. 따라서 ②가 본문의 내용과 일치한다.

count down 카운트다운[초읽기]하다	
erupt v. 분출하다, (고함을) 터트리다	
firework n. 폭죽, 불꽃놀이	
mark v. 표시하다; 축하하다	
push out into 진입하다	
waters n. 영해; 영역	
unsettling a. 불안하게 하는	
supposedly ad. 추정상, 아마도	
resolution n. 결의안; 해결; 다짐	
vow v. 맹세[서약]하다	
appease v. 달래다	
shore n. 해안, 기슭	
uncharted a. 해도[지도]에 없는, 미지의	

20 2020 서울여대

행복을 (돈으로) 살 수 없다는 생각은 근거 없는 이야기로 거듭 밝혀졌다. 부유한 나라들이 가난한 나라들보다 더 행복하다. 또한 부유한 나라에 사는 부유한 사람들이 더 행복하다. 돈이 당신을 행복하게 한다는 증거는 확실하다. 당신은 돈으로 무엇을 해야 할지 알고 있기만 하면 된다.
심리학자 다니엘 길버트(Daniel Gilbert)는 몇 년 전 인터뷰에서 너무 많은 물건을 사지 말고 경험에 더 많은 돈을 지출하려고 노력하라고 말했다. 우리는 경험이 재미있긴 하지만 경험했다고 하더라도 보여줄 것은 아무것도 남지 않는다고 생각한다. 그러나 경험은 유익한 것으로 드러났다. 대부분의 사람들의 경우 행복은 다른 사람들과 경험을 나누는 것에서 나온다. 경험은 대개 공유되는데, 처음에는 경험이 발생할 때 공유되고, 그다음에는 우리가 친구들에게 이야기해줄 때 거듭거듭 공유된다.
다른 한편, 물건은 점점 환영을 받지 못한다. 당신이 어떤 양탄자를 정말 좋아한다면, 아마 그것을 구매할 것이다. 처음 몇 번은 볼 때마다 그것에 감탄하며, 행복감을 느낄지도 모른다. 그러나 시간이 지나면 그것은 아마 그저 평범한 양탄자로 보일 것이다. 오래된 가구 하나가 가장 최근에 당신을 황홀하게 만들었던 때를 떠올려 보길 바란다.

1 ① ▶ 이 글의 필자는 심리학자 다니엘 길버트가 몇 년 전 인터뷰에서 "너무 많은 물건을 사지 말고 경험에 더 많은 돈을 지출하려고 노력하라."고 했던 말을 인용하면서, "물건으로 느끼는 행복감은 시간이 지나면 사라지지만, 행복은 경험을 공유하는 것에서 나온다."고 이야기하고 있다. 따라서 ①이 정답으로 적절하다.

2 ③ ▶ wear out은 '닳아 없어지게 하다'는 뜻이며, '환영을 닳아 없어지게 하다'는 것은 처음에는 환영 받지만 시간이 지나면서 그 마음이 사그라진다는 뜻이다. 주어진 맥락에서 이는 곧 "물건을 사는 것에서 오는 행복이 시간이 갈수록 줄어든다."는 것을 의미하므로, ③이 정답으로 적절하다.

expose v. 드러내다, 노출시키다	
myth n. 신화; 꾸며낸 이야기	
over and over 반복해서	
unequivocal a. 명백한, 분명한	
stuff n. 물건	
wear out 점점 없어지다	
wear out one's welcome 성가시게 방문하여[너무 오래 머물러] 미움을 사다	
rug n. 융단, 양탄자	
admire v. 칭찬하다; 감탄하며 바라보다	
ecstatic a. 황홀해 하는, 열광하는	

07 목적·어조·분위기

01 2020 덕성여대

당신의 항공사 우수여객 프로그램을 이용하여 자선단체에 기부하십시오. 항공사의 우수여객 포인트들을 사용하면, 생명을 위협하는 질환을 지닌 사람들이 필요한 치료를 받기 위해 비행기로 이동하는 것을 돕거나, 자연재해 현장으로 달려가는 긴급 구호 요원들을 운송하거나, 중증 질환을 앓는 아동들과 그 가족들이 제주도 여행을 즐길 수 있게 해줄 수 있습니다. 다른 사람들을 도움으로써 당신은 기쁨을 얻게 될 것입니다.

③   ▶ 이 글의 필자는 항공사 우수여객 포인트(마일리지)를 기부하여 어려운 처지에 있거나 항공 이동이 반드시 필요한 사람들을 도울 것을 설득하고 있다.

donate v. 기부하다	
charity n. 자선단체	
relief personnel 구호 요원	
angry a. 화난, 성난	
sympathetic a. 동정적인	
persuasive a. 설득력 있는	
impersonal a. 인간미 없는	

02 2021 성균관대

이등 항해사는 조용한 젊은이였고, 나이보다 더 진지해 보인다는 생각이 들었다. 하지만 우연히 눈이 마주쳤을 때 그의 입술이 약간 떨리는 것을 보았다. 나는 배의 선장이었지만 바로 눈길을 피했다. 내 배에서 비웃음을 조장하는 것은 내가 하지 말아야 할 일이었기 때문이다. 더구나 고급 선원들을 잘 알지 못했다는 것도 말해 두어야겠다. 겨우 2주 전에야 이 배를 지휘하도록 임명되었기 때문이다. 그 후에도 선원들을 제대로 파악하지 못했다. 선원들은 18개월을 모두 함께 지낸 사람들이었다. 나는 배에서 유일한 이방인이었다.

②   ▶ 친한 사람들 속에서 혼자 이방인이었으니 서먹하고 주눅이 들었을 것이다. 나이 어린 이등 항해사의 눈길을 피하는 행동만 보아도 짐작할 수 있다. 따라서 ②가 화자의 감정 상태로 적절하다.

second mate 이등 항해사	
detect v. 탐지하다	
quiver n. 떨림	
sneer v. 비웃다, 냉소하다	
officer n. 고급 선원	
fortnight n. 2주일	
hand n. 승무원	
disappointed a. 실망한	
diffident a. 자신 없는, 겁먹은	
angry a. 화난, 성난	
distracted a. 괴로운, 마음이 산란한	
indifferent a. 무관심한	

03 2018 건국대

관광업에서 역(逆) 마케팅은 모든 또는 일부 관광객들이 특정 여행지를 방문하려는 의욕을 꺾는 과정이다. 일반적인 역 마케팅은 어떤 지역을 방문하고자 하는 모든 방문객들을, 대개 수용력에 있어서의 인지된 문제로 인해, 일시적으로 오지 못하도록 할 때 일어난다. 주목할 만한 예는 베니스인데, 이곳은 여름철의 집중적인 인파로 인해 종종 지방자치 단체들이 쓰레기, 오염된 물, 죽은 비둘기 등과 같이 불쾌한 장면들을 묘사하는 광고를 하게 된다. 베니스의 브랜드 이미지는 매우 강해서 그러한 불쾌한 장면들이 관광산업에 영구적인 손상은 끼치지 않을 것이라는 생각이 깔려있다. 하지만, 대부분의 다른 관광지들은 그런 강력한 브랜드를 갖고 있지 않아서 일반적으로 브랜드를 구축하는 노력을 역 마케팅으로 철회하기를 주저한다.

④   ▶ 역(逆) 마케팅은 수요 억제를 위한 선전활동인데, 이 글에서는 관광업을 예로 들면서 여름철에 관광객이 베니스에 몰려드는 것을 억제하기 위한 베니스 지방자치 단체의 역(逆) 마케팅 활용법을 설명하고 있다. 따라서 ④가 글의 목적으로 적절하다.

demarketing n. 역(逆) 마케팅	
discourage v. 의욕[열의]을 꺾다, 좌절시키다	
destination n. (여행 등의) 목적지, 행선지	
carrying capacity 수용력	
intensive a. 집중적인	
litter n. 쓰레기	
polluted a. 오염된, 더럽혀진	
reluctant a. 꺼리는, 주저하는	
countermand v. 철회하다, 취소하다	

04 2011 명지대

인생을 살면서 우리 각자는 어느 정도 성공을 거둔다. 그러나 어느 정도 성공을 이뤘다고 해서 우리의 성공이 끝난 것이 아니다. 항상 보다 힘든 도전들이 앞에 놓여 있다. 우리 각자는 또한 인생에서 약간의 실패를 경험한다. 우리는 받을 만하다고 생각하는 점수를 받지 못할 수도 있고, 원하는 취직 기회를 얻지 못할 수도 있고, 결혼에 실패할 수도 있다. 이러한 실패들은 치명적이지 않다. 우리는 이런 실패들을 애써 떨쳐버리고 기회가 가까이에 왔을 때 최선을 다해야 한다. 그리고 항상 우리는 인생에서 어떠한 결정을 내리도록 요청을 받을 때 용기 있게 그 결정에 맞서야 하는데, 우리가 옳고 정당하고 공평하다고 생각하는 것을 할 용기가 있어야 한다. 또한 여러분 각자는 용기를 내어 삶의 도전을 받아들이고 그러한 도전 속에서 삶을 살 가치가 있는 것으로 만들어가기를 바란다.

③

▶ 인생을 살면서 우리는 실패하기도 하는데 이에 좌절하지 말고 자신의 의지대로 결정을 내리고, 당당하게 삶의 도전을 받아들이며, 인생을 살 가치가 있게 만들라고 격려하고 있는 내용의 글이다.

lie ahead (위험 따위가) 앞에 놓여 있다	
deserve v. ~할 만하다, ~할 가치가 있다	
fatal a. 치명적인, 생명에 관계되는	
put ~ behind (지난일 따위를) 잊으려고 하다	
at hand 가까이에; 항상 사용할 수 있는	
call upon somebody to do something	
~에게 …해달라고 요청하다	
severely ad. 심하게, 엄하게	
sarcastic a. 빈정대는	
mildly ad. 온화하게; 조심스럽게	
apologetic a. 변명[해명]의, 사과의	
encouraging a. 격려하는, 장려하는	
slightly ad. 약간, 조금	
hypothetic a. 가설의, 가정의	

05 2016 건국대

의심의 여지없이, 벤저민 프랭클린(Benjamin Franklin)의 자서전은 오류로 가득 차 있다. 그의 자서전은 특히 마지막 부분으로 가면서 갈피를 못 잡고 있다. 그의 자서전은 연속적으로 쓰인 것이 아니라, 몇 년 간격으로 쓴 개별적인 조각글들을 함께 묶은 것이다. 그 자서전을 쓴 이는 종종 그가 이전 부분에서 썼던 것을 기억하지 못했다. 그 작품은 대개 거만하고 생색을 내는 듯한 태도를 취하고 있지만, 겸손의 미덕을 칭찬한다. 그리고 무엇보다 가장 터무니없는 것은 벤저민의 인생에서 역사적으로 가장 중요하다고 할 수 있는 미국 혁명에 대한 부분이 자서전에서 완전히 빠져 있다는 점이다. 전쟁이 발발하기 15년 전인 1760년 후의 사건에 대한 언급이 전혀 없다. 그 해에 자서전이 중단되어 있다.

①

▶ 벤저민 프랭클린의 자서전이 오류로 가득하다고 하며, 구체적인 오류들이 두 번째 문장부터 소개되고 있다. 심지어 벤저민 프랭클린의 인생에서 가장 중요한 사건인 미국 혁명(미국 독립 전쟁)마저도 그의 자서전에서 빠져 있다고 했으므로 ①이 적절하다.

autobiography n. 자서전	
be riddled with 가득하다, 투성이이다	
muddled a. 혼란스러워 하는, 갈피를 못 잡는	
arrogant a. 거만한	
condescending a. 겸손한, 생색을 내는 듯한	
virtue n. 미덕, 장점	
humility n. 겸손	
egregious a. 엄청난, 터무니없는	
omit v. 빠뜨리다, 생략하다	
critical a. 비판적인, 비평의	
praising a. 칭찬하는	
objective a. 객관적인	
indifferent a. 무관심한	
patronizing a. 은인인 체하는, 생색내는	

06 2014 한양대

미국 개척 시대의 황량한 서부에 대한 설화는 여러 세대 동안 우리에게 익숙했다. 용감한 보안관들, 거칠면서도 개성 넘치는 카우보이들, 흥겨운 국경 도시들은 전 세계적으로 널리 알려져 있다. 사실은, 미국 서부가 그렇게 꼭 그림같이 아름다운 곳은 아니었다. 19세기 중반 미국은 여전히 국가적 정체성을 형성해가고 있는 중이었다. 그 정체성 속에는 다른 오래된 사회들에 존재하는 위엄 넘치는 영웅들이나 정교한 신화가 들어있지 않았다. 잘 알지 못한 채, 당시의 매체들은 대중들이 듣고 싶어 하는 이야기를 대중들에게 들려줌으로써 그러한 영웅들과 신화들을 창조해냈다. 총격전이 격렬하게 벌어지는 톰스톤(Tombstone)이나 다지 시티(Dodge City)에서 전성기 동안 일어난 살인사건

lore n. (특정 주제에 대한) 구전 지식; 구비 설화	
Wild West (미국 개척 시대의) 황량한[거친] 서부	
lawman n. 법 집행관(특히 보안관)	
ruggedly ad. 울퉁불퉁하게, 억세게; 거칠게	
individual a. 개성 있는, 독특한	
rollicking a. 신나는, 흥겨운	

의 수는 오늘날 여느 미국의 도시에서 1년에 일어나는 살인사건의 수보다 더 적었다. 애빌린 (Abilene)의 평화수호자 와일드 빌 히콕(Wild Bill Hickok)이 도시를 다스리던 시절, 그는 단 두 명만을 총으로 쏘았다. 그 두 명 가운데 하나는 동료 경관이었다. 그러나 이런 사실들은 이야기의 소재가 되지 않는다.

④ ▶ 사람들의 통념 속에 있는 것처럼 19세기 미국 서부의 모습이 전설처럼 활극으로 가득 찼던 것은 아니며, 그 시대에 관한 많은 이야기들이 허구, 즉 사실과 달랐다는 점을 강조하고 있는 글이다.

picturesque a. 그림 같은; 그림같이 아름다운
forge v. (공들여서) 만들어 내다
grand a. 위엄 넘치는
elaborate a. 정교한; 정성[공]을 들인
shootout n. 총격전
heyday n. 전성기, 한창때
peacekeeper n. 평화 유지군; (사람들 간의) 평화[화목]를 위해 애쓰는 사람
tame v. 길들이다; 다스리다
fable n. 우화; 꾸며낸 이야기

---

07 **2020 성균관대**

우리의 야망, 결정, 반응은 우리가 진실이라고 생각하는 것에 의해 형성된다. 정당과 이념의 손쉬운 꼬리표 너머에는 그 꼬리표들을 형성하는 뿌리 깊은 확신이 있다. 그러나 보수나 진보에 대한, 급진파나 온건파에 대한, 민주당이나 공화당이나 무소속 정파에 대한, 그리고 이것을 지지하거나 저것을 반대하는 것에 대한 집착이 생각을 게을리하는 핑계가 되어버리는 일이 너무나 자주 있다. 그것은 적대적인 행위의 구실이 된다. 그리고 적어도 오늘만큼은 나는 당신에게 그런 꼬리표를 제쳐두고 당신이 기여하고 싶은 세상에 대해 당신의 원칙이 무엇을 말하는지 탐구해보길 촉구한다. 소신이란 우리의 닻(주변의 의견에 휘둘리지 않게 해주는 것)이기 때문이다. 만일 소신이 닻이 아니라면, 우리는 여러 선택들을 우리가 꼭 그렇게 선택해야 하기 때문이 아니라 다른 사람들이 그렇게 선택하기 때문에 그렇게 선택하는 기회주의의 위험에 처하게 된다.

① ▶ 이념의 꼬리표는 제쳐두고 자신의 원칙과 소신에 따라 이 세상을 위해 무엇을 하고 싶은지 생각해보라고 촉구하는 글이므로, 글의 어조로는 ①이 적절하다.

conviction n. 확신; 유죄판결
conservative a. 보수적인
progressive a. 진보적인
liberal a. 자유주의의; 진보적인
moderate a. 절도를 지키는, 온건한, 삼가는
independent n. 무소속 정치인
excuse n. 변명, 핑계
set aside 제쳐놓다, 무시하다
opportunism n. 편의주의, 기회주의
admonishing a. 충고하는, 권고하는
indifferent a. 무관심한
satirical a. 풍자적인
apologetic a. 변명[해명]의, 사과의
nostalgic a. 향수를 불러일으키는

---

08 **2022 인하대**

밖에서 키우는 고양이는 외부 온도가 영하로 내려가기 전까지는 잘 지낼 수 있다. 이제는 밖에서 키우는 고양이가 난방이 되는 고양이 집에서 추운 날씨를 견뎌낼 것이니까 이 문제는 해결되었다고 생각하라. 그 고양이 집은 고양이가 악천후를 이겨내는 데 도움을 주도록 설계되어 있다. 그 집은 600데니어의 나일론으로 만들어져 있는데, 방수가 되도록 뒷면이 비닐로 되어 있고, 벨크로로 고정되는 플라스틱 덮개가 달린 2개의 문이 있다. 난방이 되는 고양이 집(난방이 안 되게도 할 수 있다)에는 Lectro-Soft사의 실외 온열 패드가 함께 제공된다. 그 집은 전기 안전 표준에 대해 MET Labs에서 검증과 공인을 받은 집이어서 당신의 고양이는 안전하게 따뜻하게 지내게 될 것이다. 그 집은 밖에서 키우는 고양이를 위한 것이지만 실내에서도 사용될 수 있다. 외부 크기는 18×22인치이고, 온열 패드는 14×18인치이다. 고양이 집은 헛간, 오두막, 통나무집을 비롯한 다양한 디자인으로 나오며 올리브색이다.

④ ▶ 밖에서 키우는 고양이가 영하의 추운 날씨에 고통스럽게 지내온 그동안의 문제를 이제 해결하게 된 신제품 고양이 집을 소개하며, 이 집에 사용된 난방과 방수 기능, 안전성, 색깔, 디자인 등을 광고하는 글이므로 ④가 정답이다.

ride out (강풍·곤경 따위를) 이겨내다, 잘 참고 견디다
shelter n. 주거지; 피신[대피]
the elements 악천후, 비바람
denier n. 데니어(생사·나일론의 굵기를 재는 단위)
flap n. 덮개
velcro n. 벨크로, 찍찍이(나일론제(製)의 접착포(布))
certify v. 증명하다
barn n. 헛간; 외양간
cottage n. 오두막집
log cabin 통나무집

09   2017 가천대

대학 환경은 특별한 목적, 즉, 학생들의 학습을 위한 곳이다. 학생들의 학습과 발달을 증진시키기 위한 여러 방법들 가운데 물리적 환경을 활용하는 방법은 아마도 가장 알려지지 않고 도외시되어 온 방법일 것이다. 그러나 물리적 환경은 대학에서 학생들의 학습과 발달에 두 가지 중요한 방식으로 도움을 줄 수 있다. 첫 번째는 물리적 환경의 실제 특징들이 학습과 발달 과정을 자극할 수도 있고 방해할 수도 있다는 점이다. 두 번째는 캠퍼스의 물리적 환경을 설계하는 과정도 또한 학습과 발달 과정에 있어 중요한 기술의 습득을 촉진시킬 수 있다는 점이다.

1 ④   ▶ 빈칸 ④의 경우, 순접의 접속사 and에 의해 the least understood와 연결돼 있으므로, 이것과 의미적으로 가장 자연스럽게 호응할 수 있는 the least recognized와 the most neglected가 빈칸에 들어갈 수 있다. 한편, 빈칸 ⑥의 경우, 빈칸을 포함한 문장은 "물리적 환경이 학생들의 학습과 발달에 '도움'을 줄 수 있다."라는 내용의 구체적인 사례에 속하므로, 자체에 '도움'의 의미를 내포하고 있는 foster와 promote가 들어갈 수 있다. 따라서 이 두 조건을 모두 만족시키는 ④가 정답이다. ① 가장 무시되지 않은 — 방해하다 ② 가장 인정받지 못한 — 강등시키다 ③ 가장 정평이 나 있는 — 조장하다

2 ④   ▶ 본문은 '대학에서 학생들의 학습과 발달을 증진시키기 위해 물리적 환경을 활용하는 방법'에 대해 알려주고 있으므로, 저자의 태도는 '설명적'이라고 볼 수 있다.

---

10   2018 경기대

대부분의 사람들이 새로 집을 짓는 것을 고려하는 경우, 그들은 해야 할 일의 첫 번째 순서가 건설도면을 선택하거나 설계하는 것이라 생각한다. 그러나 실제로, 첫 번째 단계는 항상 집을 짓기 원하는 부지를 찾는 일이다. 건축가와 함께 일을 해보면, 주택의 설계가 기능적, 미적 측면에서 당신이 구체적으로 원하는 바에 못지않게 부지가 주는 기회와 제약에도 많은 영향을 받는다는 것을 알게 될 것이다. 이러한 점은 내가 몇 년 전에 보았던 어느 새 집에서 매우 분명하게 나타났다. 언덕에 위치한 그 집은 남쪽을 향해 있으면서 멋진 가로수 길을 내려다보고 있었지만, 그런 멋진 전망을 향해 있는 창문이 단 하나도 없었다. 추측건대, 그 집의 설계는 부지가 선택되기 훨씬 전에 도면 책자에서 선택한 것이며 (도면 책자에 실린) 원래 도면은 창문이 없는 면이 북쪽을 향해 있어서 에너지 효율이 매우 좋도록 설계돼 있었을 것이다. 이 새 집은 창문이 없는 면이 남쪽을 향해 있었는데, 대부분의 기후에서는 남쪽으로 많은 창문을 내길 원한다.

1 ②   ▶ 본문은 세 번째 문장 속 that절의 내용, 즉 "주택의 설계는 부지가 주는 기회와 제약에 많은 영향을 받는다."는 것을 자신의 경험을 사례로 들면서 설명하고 있으므로 글의 목적으로는 ②가 적절하다.

2 ③   ▶ 도면 책자에서 가져온 설계가 부지의 특성에 맞지 않아서 남쪽에 뛰어난 전망이 있음에도 불구하고 남쪽을 향해서 나 있는 창문이 하나도 없는 집이 만들어진 상황이므로, 빈칸 ④와 ⑥에는 '창문이 없는'이란 의미의 blind가 들어가야 한다. ① 호리호리한 ② 둥근 ④ 번쩍거리는

---

environment n. (생태학적·사회적·문화적인) 환경
method n. 방법, 방식; (일을 하는) 순서
employ v. (사람을) 고용하다; (물건·수단 등을) 쓰다, 사용하다; (시간 따위를) 소비하다
foster v. 기르다, 양육하다; 육성하다, 조장하다
contribute v. 기부하다; 기여하다, 공헌하다
feature n. 특징, 특색
encourage v. 격려하다, 장려하다, 조장하다
discourage v. 용기를 잃게 하다; 단념시키다
acquisition n. 취득, 획득; 습득
inquisitive a. 호기심이 많은
impassioned a. 정열적인
sarcastic a. 신랄한
explanatory a. 설명적인

contemplate v. 심사숙고하다, 고찰하다
architect n. 건축가, 건축사
influence v. ~에 영향을 미치다
constraint n. 강제, 압박; 구속, 억제
aesthetic a. 미(美)의, 미술의; 심미적인
eminently ad. 현저하게, 눈에 띄게; 뛰어나게
evident a. 분명한, 명백한, 뚜렷한
overlook v. 바라보다, 내려다보다; (건물·언덕 따위가) ~을 내려다보는 위치에 있다
magnificent a. 장엄한, 장려한; 당당한, 훌륭한
vista n. 전망, 경치; 가로수길
extraordinary a. 대단한, 비범한
efficient a. 능률적인, 효과적인

08 문장배열

01 2021 서강대

C 광범위한 번영이라는 측면에서 보자면, 우리 문명은 유례없는 성공을 경험했다. B 우리 문명이 강력하면 강력해질수록, 그것은 더더욱 취약해진다. A 너무나 성공하다 보니 이전에 우리에게 성공할 수 있게 만들어 주었던 조건들을 우리 스스로 저해하고 있기 때문이다. D 안정성은 물론, 심지어 전 지구적 규모의 지속적 생존마저도 이제는 더 이상 확실하지 않다.

④ ▶ 우리 문명은 성공을 경험했다고 한 가장 일반적인 문장 C가 먼저 오고, 성공적일수록 취약해진다고 문제점을 제기하는 B가 이어진다. 취약해지는 이유가 성공한 우리가 성공조건을 저해하기 때문이라고 설명하는 A가 뒤를 따르고, 그 결과로 현재의 불안정한 상황을 D에서 제시하는 것이 자연스러운 순서다.

undermine v. 잠식하다
vulnerable a. 약점이 있는, 취약한
widespread a. 광범위한, 널리 퍼진
prosperity n. 번영, 번창
unprecedented a. 유례없는
stability n. 안정, 안정성

02 2018 이화여대

A 과학 탐구는 완전히 중립적이지는 않다. C 과학 탐구에는, 그 길잡이가 호기심이든, 상황이든, 성취이든, 항상 길잡이가 있기 마련이다. B 그 결과, 과학 탐구는 사회적 행동과 상호 작용에 취약하다. E 과학에서는 가치 판단을 하지 않는다고 보는 것이 잘못됐음을 인식하려면, 과학 탐구가 사회와 문화의 이해관계에 얼마나 종속적인지를 살펴보기만 하면 된다. D 따라서 사회는 안내자로서의 역할을 수행하여, 과학 탐구와 결론 도출이 사회에 도움을 주는 쪽으로 가도록 이끈다.

② ▶ A는 '과학 탐구가 완전히 중립적이지는 않다'는 내용이므로, 이에 대해 '과학 탐구에 어떤 식으로든 영향을 주는 요소가 있음'을 언급한 C가 이어져야 하고, 주변 세계에 대한 호기심, 사회적 상황, 사회적 성취 모두 사회와 관련된 것이므로 B가 그다음에 와야 한다. 그리고 이런 사회에 대한 과학 탐구의 취약성, 종속성이 과학 탐구가 가치중립이 아님을 보여준다고 한 E가 그다음에 오며, 그래서 사회는 그 사회의 가치에 부합되도록 과학 탐구를 이끌어간다는 결론에 해당하는 D가 마지막에 위치해야 한다.

inquiry n. 조사; 연구, 탐구; 질문, 문의
neutral a. 중립의; 공평한, 불편부당한
vulnerable a. 상처를 입기 쉬운; 비난[공격] 받기 쉬운, (유혹·설득 따위에) 약한
interaction n. 상호 작용
curiosity n. 호기심; 진기한 물건, 골동품
circumstance n. 상황, 환경
achievement n. 성취, 달성; 업적, 위업
recognize v. 알아보다; 인지하다; 인정하다
inaccuracy n. 부정확; 잘못, 틀림
subservient a. 종속적인

03 2017 국민대

알츠하이머병은 아마도 전형적인 노인성 질환일 것이다. 육체적으로 노쇠해지는 것은 예상해서 대처할 수 있지만, 정신적인 노쇠함은 환자에게도 훨씬 더 두려운 것이고 그 환자를 돌봐야 하는 사람들에게도 훨씬 더 벅찬 것이다. 그것은 또한 비용이 많이 든다. D 미국만 해도 알츠하이머병으로 인해 매년 1,700억 달러가 들 것으로 보인다. C 게다가, 평균 수명이 늘어나면서 알츠하이머병은 더 흔하게 발생하고 있다. A 알츠하이머병에 걸린 사람들의 수는 2050년까지 3배 증가할 것으로 보인다. B 따라서 효과적인 치료법을 환자와 사회 모두가 적극적으로 받아들일 것이다.

③ ▶ 주어진 문장들 앞에서 '알츠하이머병이 비용적인 측면에서도 부담이 됨'을 언급했으므로, 그것을 구체적인 수치를 들어 부연 설명하고 있는 내용인 D가 가장 먼저 와야 하고, 이어서 '환자의 수가 늘어날 것이라는 사실과 그것에 대한 구체적인 수치'에 대해 이야기하고, 이렇게 비용 부담이 크고 많은 사람들이 겪는 흔한 병이므로 환자와 사회 모두가 효과적인 치료법을 적극적으로 받아들일 것이라는 순서로 내용이 전개될 수 있다.

frailty n. 약함, 덧없음
cope with 대처하다, 극복하다
scary a. 무서운, 두려운; 겁이 많은
demanding a. (일이) 힘든, 벅찬
triple v. 3배가 되다
effective a. 유효한, 효과적인, 인상적인
treatment n. 취급; 대우; 치료, 치료법
embrace v. (생각·제의 등을) 기꺼이 받아들이다
enthusiasm n. 열심, 열중, 의욕
lifespan n. 수명

04 2018 강남대

배우자의 신체적 매력 때문만으로 결혼하는 것은 평생의 행복을 가져다주는 일이 드물다. A 그 이유는 아름다움이란 보는 사람의 생각에 달린 것이기 때문이다. C 따라서, 만약 보는 사람이 자신이 정말로 그 배우자를 좋아하지 않는다는 것을 알게 되면, 아름다움은 분명 줄어들 것이다. B 또한 젊은 시절의 신체적 아름다움은 나이가 들면서 시든다. 아름다움 때문에 결혼한 사람은 종종 속았다는 기분이 든다.

③ ▶ 주어진 문장에서 신체적 매력만 보고 결혼하는 것은 행복을 가져다주지 않는다고 했으므로, 그 이유에 해당하는 A가 먼저 와야 하고, A의 내용에 대한 부연설명에 해당하는 C가 이어서 와야 하며, 주어진 문장의 내용에 대한 또 다른 이유에 해당하는 B가 마지막에 와야 한다.

physical attractiveness 신체적 매력
lifelong a. 평생 동안의, 일생의
beholder n. 보는 사람
fade v. 서서히 사라지다
feel cheated 속았다는 기분이 들다

05 2014 이화여대

D 언제나 평화롭고 조화롭게 살아가는 인간 사회는 존재하지 않는다. A 개인이 항상 자신이 하기로 돼 있거나 기대되는 것을 하는 것은 아니며, 그들은 사회 질서를 분열시키는 방식의 행동을 자주 한다. C 사회가 제 기능을 하기 위해서는 그 구성원들 사이에 순응하는 자세가 어느 정도 있어야 한다. E 대부분의 사회에서 순응하는 자세를 만들어내기 위한 중요한 토대는 규범과 가치관의 내면화, 즉 학습이다. B 대부분의 사람들은 권위에 순응하며, 대부분의 사회는 질서를 유지하기 위해 힘에 의지하지 않는다.

④ ▶ 주어진 문장들을 크게 '부정적인 상황과 그 해결책'으로 분류하여 나열할 수 있다. 따라서 인간 사회가 가진 보편적인 결함에 대해 언급하고 있는 D가 글의 맨 처음에 위치해야 하며, 그러한 결함이 존재하게 된 이유에 해당하는 A가 그다음에 위치한다. A 다음에는 C, E, B의 순서로 오는 것이 적절한데, C는 D에서 언급한 문제점에 대한 해결책이고, E는 그 해결책에 대한 보다 구체적인 내용이며, B는 E에 대한 배경에 해당한다.

disrupt v. 붕괴시키다, 분열시키다
comply with 동의하다, 승낙하다, 따르다
authority n. 권위, 권력, 권한
maintain v. 지속하다, 유지하다; 주장하다
order n. 명령; 질서, 치안
conformity n. (규칙·관습 등에) 따름, 순응
internalization n. 내면화
norm n. 기준; 규범; 모범

06 2015 국민대

천재성이 특별하다는 것은 말할 필요도 없다. C 그러나, 천재성은 그것을 가진 사람들의 뇌가 다른 식으로도 특별하기를 요구할 정도로 특별한 것인가? B 한쪽의 예술적 천재성과 또 다른 쪽의 정신분열증 및 조울증 사이의 연관성에 대해서 널리 논쟁이 벌어지고 있다. A 그러나 서번트 신드롬과 자폐증 사이의 연관성은 잘 정립돼 있다. D 예를 들어, 그것은 "레인맨(Rain Man)"과 같은 영화의 주제인데, 이 영화에서는 자폐증에 걸린 형이 숫자를 암기하는 데 있어서 특별한 재능을 보인다.

④ ▶ 천재성은 특별하다고 한 첫 번째 문장에 이어 그 특별함이 어느 정도의 특별함인가라고 묻는 C가 먼저 오고, C에 나온 '뇌가 다른 식으로 특별함'에 해당하는 정신분열증 및 조울증과 예술적 천재성의 관계를 언급한 B가 그다음에 오며, B에서 언급한 논쟁의 내용 중에서도 연관성이 있는 것으로 확정된 '서번트 신드롬(천재성)과 자폐증 사이의 관계'에 대한 내용인 A가 이어지고, A의 예가 되는 D가 마지막에 오는 것이 가장 자연스럽다.

genius n. 천재성
go without saying 말할 필요도 없다
savant syndrome 서번트 신드롬
autism n. 자폐증
establish v. (선례·습관 등을) 확립하다
schizophrenia n. 정신분열증
manic-depression n. 조울증
extraordinary a. 대단한, 비상한; 놀라운

07 2017 이화여대

Ⓐ 샬롯 퍼킨스 길먼(Charlotte Perkins Gilman)의 작품을 읽는 모든 독자들은 그녀가 같은 이야기를 반복해서 한다는 것을 알고 있다. Ⓓ 그녀의 글이 가진 이러한 특징을 나는 유사어의 글쓰기라 칭하고 싶다. Ⓑ 길먼의 소설에서, 유사어의 사용은 특정 플롯이나 테마를 단순하게 반복하는 것 이상이다. Ⓔ 그것은 그녀가 자신의 예술과 이데올로기를 체계적으로 표현한 방식을 이해하는 데 있어 매우 중요하다. Ⓒ 예를 들어, 그것은 그녀가 개인과 사회의 건강 사이의 관계를 다루고 있을 때 특히 효과적이다.

④   ▶ Ⓐ에서 언급한 길먼의 작품의 특징에 대해 '유사어의 글쓰기'라는 나름의 명칭을 부여하고 있는 Ⓓ가 Ⓐ 뒤에 이어져야 하고, 그것이 겉으로 드러나는 것 이상의 의미가 있음을 언급한 Ⓑ, 그 의미의 구체적인 내용을 밝힌 Ⓔ와 그 예를 들고 있는 Ⓒ가 차례로 이어져야 한다.

analogue n. 비슷한 것, 유사물, 유사어	
repetition n. 반복, 되풀이	
particular a. 특별한, 특유의	
plot n. 줄거리, 플롯	
theme n. 주제, 테마	
effective a. 효율적인, 효과적인	
feature n. 특징, 특색	
ideology n. 이데올로기, 관념	

08 2016 서강대

Ⓒ 약 150여 년 전에, 피니어스 게이지(Phineas Gage)라는 미국의 철도 노동자가 버몬트 주 캐번디시(Cavendish) 근처에서 폭약을 설치하고 있었다. Ⓐ 그가 쇠막대기를 이용해 폭약을 눌러 담고 있었을 때, 폭약이 폭발하여 쇠막대기가 그의 머리를 관통했다. Ⓓ 게이지는 기적적으로 살아남았다. 적어도 그의 일부는 그랬다. Ⓑ 그러나 그와 같은 시대에 살던 사람들은 그의 성격이 변했다고 생각했다. 예전의 그는 품행이 바른 사람이었던 반면, 이제는 완전히 반(反)사회적인 성격이 되었다는 것이었다.

③   ▶ Ⓒ에서 시간, 장소, 인물 및 사건 현장이 소개되었고, 이어서 Ⓐ를 통해 사건 내용이 소개되었으며, Ⓓ에서 사건 이후의 놀라운 결과가 제시되고 변화가 암시되었으며, Ⓑ에서 그러한 변화의 내용이 명시되고 있다.

tamp v. 다져 넣다, 눌러 담다	
rod n. 막대기; 지팡이, 회초리	
go off 폭발하다	
contemporary n. 동시대의 사람	
well-behaved a. 품행이 바른, 예의바른	
downright ad. 완전히, 순전히	
antisocial a. 반사회적인	
explosive charge 장약, 폭약	
miraculously ad. 기적적으로, 불가사의하게	

09 2021 인하대

대부분의 미국인들은 무고한 사람들을 부당한 기소와 투옥으로부터 보호해주는 헌법상의 권리와 자유를 귀중하게 여긴다. 그러나 대부분의 미국인들은 또한 범죄를 가능한 한 많이 억제하기를 원한다. 이 두 정서 사이에 균형을 잡는 것은 쉬운 일이 아니다. 실제로나 상상으로나 무법상태에 경각심을 느낀 사람들은 다른 사람들의 권리나 자유가 제한되어야 하더라도 무법상태를 줄이기 위해 필요한 것이면 무엇이든 지지하는 경향이 있다. <그들은 또한 심지어 범인의 권리와 자유조차도 보호받아야 하고 존중받아야 한다고 주장한다.> 또 다른 사람들은 실제로나 상상으로나 경찰과 검찰의 무법상태에 더 많은 경각심을 느낀다. 정당한 법적 절차의 가치를 옹호하는 이 사람들은 자유로운 사회에서 권리와 자유의 침해를 불필요하고 위험하다고 여긴다.

③   ▶ 두 가지 정서 중 첫 번째로 무법상태를 줄이기 위해서는 다른 사람들의 권리나 자유가 제한되어도 좋다고 보는 사람들에 대해 먼저 설명한 후, Ⓒ에서 그들은 범인의 권리와 자유도 보호받고 존중받아야 한다고 주장한다고 해서 앞의 설명과 모순이 된다. 따라서 Ⓒ가 글의 흐름상 적절치 않다. Ⓒ를 제외하면, 이어진 두 문장이 두 번째 정서의 사람들에 대한 설명이므로 Ⓒ 앞과 잘 연결된다.

treasure v. 귀하게 여기다, 높이 평가하다	
constitutional right 헌법상의 권리	
innocent a. 아무 잘못이 없는, 무고한	
prosecution n. 기소, 고발	
imprisonment n. 투옥, 구금	
alarmed a. 경각심을 느끼는	
prosecutor n. 검찰, 검사	
due process 정당한 법적 절차	

10 2020 서강대

B 대부분의 사람들에게 모방과 견습의 시간은 오랫동안 지속된다. D 그것은 자신만의 힘, 자신만의 목소리를 찾기 위해 고군분투하는 시간이다. 그것은 기술을 연습하고 반복하고 숙달시키는 시간이다. C 그와 같은 견습의 시간을 거치고 나서도 어떤 사람들은 두드러진 창조성을 갖는 수준까지는 한 번도 올라가지 못하고 기술을 숙달한 수준에 머물러 있을 수도 있다. A 재능은 있지만 모방에 의한 작품에서 주요한 혁신으로의 도약이 언제 일어났는지를 판단하는 것은 어려울 수 있다. 창조적인 동화, 도용과 경험의 심오한 결합을 단순한 모방과 구별시켜주는 것은 무엇일까?

① ▶ 대부분의 사람들에 대해 적용되는 일반적인 사실을 언급한 B가 가장 앞에 와야 하며, B에서 언급한 '모방과 견습의 시간'을 구체적으로 부연하는 내용인 D가 B의 다음에 온다. 그런 훈련의 시간을 보낸 이후에도 기대했던 성과를 거두지 못하는 경우가 있다는 내용인 C가 그 뒤에 오고, C의 내용에 대한 이유를 묻고 있는 A가 마지막에 와야 한다.

leap n. 도약
derivative a. 모방한, 독창적이 아닌; 파생적인
innovation n. (기술) 혁신
distinguish v. 구별하다; 특징짓다
assimilation n. 동화(同化), 흡수
intertwining n. 얽힘
appropriation n. 전유(專有), 전용(專用); 착복
mimicry n. 흉내, 모방
imitation n. 모방, 흉내, 모조
apprenticeship n. 도제(徒弟) 제도, 도제의 신분
last v. 계속하다, 지속하다
undergo v. (변화 등을) 경험하다, 겪다
ascend v. 오르다, 올라가다
creativity n. 창의성, 창조성

---

11 2022 이화여대

B 신경과학의 새로운 연구는 언어학습과 운동 사이의 연관성을 탐구하고 있다. E 외국어를 배울 때 대부분의 사람들은 읽기, 쓰기, 듣기, 따라 하기의 전통적인 방법에 의지한다. A 그러나 언어를 공부하면서 두 팔로 몸짓도 취한다면 몇 달 후에도 단어를 더 잘 기억할 수 있다. D 단어를 뇌의 운동 담당 부위와 연관시키는 것이 단어의 의미에 대한 기억을 강화시킨다. C 이것은 한 연구팀이 자기파를 이용하여 언어 학습자의 이 부위를 일부러 교란시켜 본 후에 도달한 결론이다.

④ ▶ 첫 문장 B 다음에 B에서 언급된 언어학습과 운동 사이의 연관성 중, 언어학습과 관련된 전통적인 외국어학습 방법을 말한 E가 먼저 오고, 운동과 관련된 몸짓을 취하는 새로운 학습 방법을 언급한 A가 그다음에 오고, A의 방법이 효과적인 이유를 설명한 D가 그 다음에 오고, D의 결론이 어떻게 도출되었는지를 밝힌 C로 마무리 하는 것이 자연스런 순서다. 따라서 ④가 정답이다.

explore v. 탐구하다
magnetic pulse 자기파
deliberately ad. 일부러, 고의적으로
disrupt v. 파괴하다, 교란시키다
strengthen v. 강화하다, 증강하다
fall back on ~에 의지하다

---

12 2017 한양대

추운 겨울 아침에는 많은 사람들이 자동차의 시동을 거는 데 어려움을 겪는다. 차갑게 식어 있는 자동차의 경우, 엔진의 시동이 더 천천히 걸리며, 때로는 전혀 시동이 걸리지 않는다. 자동차 소유주들은 차가운 엔진 탓을 하겠지만, 실제로 문제가 되는 것은 시동 모터에 동력을 공급하는 차가운 배터리다. 이 모터는 일반적으로 배터리를 사용하여 회로에 연결된다. B 모터가 배터리를 통해 회로에 연결되면, 전자는 회로를 통해 이동하여 전류를 생성한다. A 이동하는 전자의 수를 늘리면 전류가 증가하므로 모터가 사용할 수 있는 전력량이 늘어가게 된다. C 마찬가지로, 이동하는 전자의 수를 줄이면 사용할 수 있는 전력량이 줄어들 것이다.

③ ▶ 주어진 글의 끝부분은 "시동 모터가 배터리를 사용하여 회로에 연결된다."는 내용이므로, 이와 관련하여 '모터가 배터리를 통해 회로에 연결되는 경우 전자가 회로를 통해 이동하여 전류를 생성함'을 언급한 B가 가장 먼저 와야 한다. 한편, C는 "마찬가지로, 전자의 수가 줄어들면 모터가 사용할 수 있는 전력량이 줄어든다."는 의미인데, Likewise의 의미를 고려하면, 이와 유사한 맥락의 내용이 그 앞에 와야 하므로, A가 C보다 먼저 와야 한다. 따라서 적절한 순서로 배열한 것은 ③이다.

turn over (엔진이) 돌아가기 시작하다
blame v. 비난하다; ~의 책임[원인]으로 돌리다
circuit n. 순회; 우회; 회로
electron n. 전자(電子)
current n. 경향; 전류
likewise ad. 똑같이, 마찬가지로
decrease v. 줄이다, 감소시키다

13 2021 경희대

E 1830년대 미국에서는, 모든 계층에서 읽고 쓸 줄 아는 사람들의 비율이 높았다. C 그러나 많은 사람들, 특히 노동자 계층에 속하는 사람들은 신문을 매일 읽지 않았다. B 주된 이유는 6센트라는 가격이 터무니없이 비싸다고 여겨졌기 때문이다. A 사업을 할 수 있는 기회라고 느낀 벤저민 데이(Benjamin Day)는 1833년에 뉴욕시에서 발행되는 신문인 『The Sun』을 창간했고, 그것을 1부당 1센트에 팔기 시작했다. D 이 신문은 1830년대 동안 널리 퍼지게 된 최초의 1센트짜리 신문인 것으로 널리 여겨지고 있다.

③　　　▶ 선택지에 A와 E가 글의 첫 부분으로 제시돼 있는데, 행동의 배경에 대한 설명이 필요한 A보다는 일반적인 상황에 대한 내용인 E가 가장 앞에 오는 것이 적절하다. E와 대조적인 상황에 대한 내용인 C가 E의 다음에 와야 하고, C에 대한 부연설명에 해당하는 B가 그 뒤에 와야 한다. B의 내용이 A의 배경이 되므로 A가 B의 뒤에 이어지며, D는 A의 부연설명이므로 맨 마지막에 온다.

sense v. 느끼다, 깨닫다
exorbitant a. (욕망·요구·가격 따위가) 터무니없는, 과대한, 부당한
on a daily basis 매일
prevalent a. (널리) 보급된, 널리 행해지는
decade n. 10년간
rate n. 비율; 가격
literacy n. 읽고 쓰는 능력; (전수받은) 교양, 교양

14 2022 서강대

A 지구상의 생명체의 역사는 생명체와 환경 사이의 상호작용의 역사였다. B 상당한 정도로, 지구의 식물과 동물의 물리적인 형태와 습관은 환경에 의해 만들어져왔다. C 지구 시간의 전체 길이를 고려해 볼 때, 생명체가 환경을 실제로 바꾸는 반대 효과는 비교적 미미했다. D 현 세기라는 짧은 시간에 들어와서야 비로소, 인간이라는 하나의 종이 자기 세계(환경)의 성격을 바꾸는 큰 힘을 얻게 되었다.

①　　　▶ 가장 일반적인 내용의 문장인 A로 시작해서, A에서 언급된 '상호작용' 중 환경이 생명체에 미치는 영향을 언급한 B가 그다음에 오고, B의 '반대 효과'인 생명체가 환경에 미치는 영향은 미미함을 말한 C가 그다음에 오고, 미미한 가운데서도 환경에 영향을 미친 유일한 종이 인간이라고 한 D로 마무리되는 것이 자연스런 순서다.

interaction n. 상호작용
surroundings n. 환경
extent n. 정도; 범위
vegetation n. 식물, 초목
mold v. 만들다, 주조하다
slight a. 약간의, 사소한
species n. 종(種); 종류

15 2019 중앙대

아이들에게 예방 접종을 하는 것은 계속해서 열띤 논쟁의 주제가 되고 있는데, 예방 접종을 하는 것에는 몇 가지 부작용이 있기 때문이다. 경미한 단기적인 부작용에는 주사를 맞은 부위의 통증, 미열, 과민증, 졸음, 식욕 감소 등이 포함된다. 드물지만 더 심각한 부작용으로 발작 위험의 증가가 있다. 또한, 소수의 어린이들은 몇몇 백신에 대해 아나필락시스라는 심각한 알레르기 반응을 보였다. 이 반응에는 두드러기, 호흡 곤란, 혈압 저하가 포함된다. 그러한 결과로 인해 몇몇 사람들이 백신에 반대하는 단체를 만들었다. 백신이 자폐증, 당뇨병, 학습장애, 천식과 같은 문제들을 일으킬 수 있다고 확신하는 이들 단체의 사람들은 자신의 아이들에게 예방접종을 하는 것을 거부한다. <박테리아나 바이러스가 체내에 들어오면 면역체계가 이를 침입자로 인식하고 인체가 공격을 받으면 감염을 물리치는 데 도움이 되는 특정 항체를 만들어 낸다.> 그들은 또한 공립학교에 입학하기 위해 아이들에게 예방접종을 의무화하는 법에 대해서도 맞서 싸운다.

④　　　▶ 이 글은 예방 접종의 부작용과 그런 이유를 들어 백신에 반대하고 있는 단체를 소개하고 있다. 그런데 D에서는 이와 무관하게 인간의 면역체계의 기능을 설명하고 있어서, 백신을 반대하는 단체가 현재 벌이고 있는 활동인 마지막 문장과 어울리지 않는다. 따라서 D가 글의 흐름상 적절하지 않다.

immunization n. (면역) 예방 주사
side effect (약의) 부작용
irritability n. (자극에 대한) (과잉) 반응, 흥분
appetite n. 식욕; 욕구
anaphylaxis n. (혈청·단백질 주사 등에 대한) 과민증[성], 아나필락시스
hives n. <단수·복수 취급> 두드러기; (목의) 염증
autism n. 자폐증
diabetes n. 당뇨병
asthma n. 천식
immunize v. 면역성을 주다
intruder n. 침입자, 난입자
antibody n. 항체, 항독소
infection n. 전염, 감염
vaccinate v. 예방[백신] 주사를 맞히다[접종하다]

16 2013 인하대

한 철학교수가 학생들에게 기말 시험을 치르게 하려고 수업에 들어간다. 책상 위에 자신의 의자를 올려놓은 후, 그 교수는 학생들에게 "여러분이 이 수업에서 배운 모든 관련 사항들을 적용해서 나에게 이 의자가 존재하지 않는다는 것을 증명해 보이세요."라고 말한다. D 그래서 학생들은 의자가 없다는 것을 증명하는 페이퍼를 쓸 준비를 하고 있는데, 한 학생만은 예외였다. B 그는 자신의 답을 작성하는 데 30초가 걸렸고, 그의 급우들에게 놀라움을 안기며 그의 기말 시험지를 제출한다. A 시간이 지나서 모든 학생들이 기말 성적을 받을 날이 온다. C 같은 수업을 듣는 학생들이 놀란 일이지만 30초 만에 시험지를 작성했던 학생이 반에서 가장 높은 성적을 받는다. 그 질문에 대한 그의 대답은 "무슨 의자요?"였다.

④   ▶ 교수가 출제한 문제가 제시된 글 마지막에 밝혀져 있으므로 그 시험문제에 대한 학생들의 반응인 D가 처음에 와야 하며, D의 one student를 대명사 He로 받은 B가 그다음에 이어질 문장으로 적절하다. 그리고 나서 시간이 흘러 학생들의 성적이 발표될 날이 왔다고 언급한 A가 이어져야 하며, 이 시험에 대한 결과인 C가 마지막으로 오는 것이 적절하다.

final n. (대학 따위의) 최종 기말 시험
instruct v. 가르치다; 지시하다
applicable a. 적용[응용]할 수 있는, 적절한
go by 지나가다, 흐르다
astonishment n. 놀랄 만한 일[것]
embark on 착수하다, 종사하다, 관계하다

---

17 2019 한양대 에리카

세상에 얼마나 많은 종(種)의 동물이 있는지를 정말로 아는 사람은 아무도 없지만, 한 추정치에서는 900만 종이 좀 못 될 것으로 보고 있다.
C 그러나 대부분의 종은 확인되지 않았고, 우리는 여전히 빠른 속도로 새로운 종들을 발견하고 있다. 우리는 극히 적은 수의 동물들을 확인했기 때문에, 멸종 속도를 판단하는 것은 어려운 일이다.
A 일부 생물학자들은 매년 모든 종의 0.01~0.1%가 멸종될 수 있는 것으로 추정하고 있다. 이 비율은 매년 900~9,000종이 멸종되고 있음을 의미한다.
B 이 비율은 놀라운 것이지만, 동물이 멸종되는 것이 피할 수 없는 것은 아니다. 사실, 거의 멸종할 뻔했던 많은 동물들이 실제로 멸종 위기에서 벗어난 적도 있었다.
그러한 위업을 이뤄내는 것은 동물계의 생물 다양성과 건강성을 확보하는 데 도움이 될 수 있을 것이다.

④   ▶ 글의 첫 부분에서 '현재 존재하는 동물 종의 추정치'에 대해 언급했으므로, '확인되지 않은 종이 많고, 여전히 새로운 종을 발견하고 있어서 그 추정치가 정확하지 않음'을 부연설명하고 있는 C가 가장 먼저 와야 하고, C의 끝에서 언급한 '멸종 속도'에 대해 전문가의 추정치를 이야기하고 있는 A가 그 뒤에 이어져야 한다. 그리고 글 마지막 부분의 '그러한 위업'의 구체적인 내용을 언급하고 있는 B가 A의 뒤에 와야 한다.

species n. 종(種), 종류
estimate n. 평가, 견적; 판단, 의견
biologist n. 생물학자
calculate v. 계산하다; 추정하다
extinct a. 멸종한, 절멸한
annually ad. 해마다, 매년
extinction n. 멸종, 절멸
alarming a. 놀라운
rate n. 속도; 비율
inevitable a. 피할 수 없는, 부득이한
majority n. 대부분, 대다수
identify v. 확인하다; 인지하다; 동일시하다
determine v. 결정하다, 확정하다
feat n. 위업, 공훈
ensure v. 보장[보증]하다; (지위 등을) 확보하다
biodiversity n. 생물 다양성

---

18 2020 건국대

1860년에 에이브러햄 링컨(Abraham Lincoln)이 대통령에 당선된 것은 연방정부와 주정부의 상대적인 권력에 대한 오래되고 지겨운 논쟁이 절정에 이르게 했다. 그가 취임했을 때는 이미 남부의 여섯 개 주들이 미합중국에서 탈퇴하여 남부 연방을 만들었고 곧 다섯 개 주가 더 합류했다. 뒤이은 북부와 남부 사이의 전쟁은 입헌 정부를 가장 가혹한 시험대에 올렸다. 4년 동안 이어진 피비린내 나는 전쟁 후에 미합중국은 유지되었고, 400만 명의 미국 흑인 노예가 해방되었으며, 국가 전체가 노예제도의 억압적인 중압에서 벗어나게 되었다. 이 전쟁은 다양한 면으로 바라볼 수 있는데, 두 지역 하위문화의 충돌의 폭력적인 최종 국면으로도, 민주적인 정치 체제의 몰락으로도, 수십 년 동안

festering a. 지겨운, 싫증이 나는
relative a. 비교상의, 상대적인
inauguration n. (대통령·교수 등의) 취임(식)
secede from ~에서 탈퇴[분리]하다
the Union 미합중국, (남북 전쟁 때 연방정부를 지지한) 북부의 여러 주, 북부 연합

이어진 사회 개혁의 절정으로도, 미국 인종 역사의 중심적인 장으로도 볼 수 있는 것이다. <전쟁 자체만큼이나 중요한 것은 패배한 남부를 어떻게 재건할 것인가에 대한 뒤얽힌 문제였다.> 그러나 어떻게 해석할지라도 남북전쟁은 위대한 영웅주의, 희생, 승리, 그리고 비극의 이야기다.

⑤ ▶ 4년간 이어진 남북전쟁을 통해 북부 연합이 유지되고, 흑인 노예들이 해방되었다고 했다. 그리고 이 전쟁을 바라보는 관점을 제시했는데, E에는 패배한 남부 연합을 어떻게 재건할 것인지에 대한 문제가 나와서, 뒤에 이어진 남북전쟁에 대한 역사적인 의미와 연결이 되지 않는다. 따라서 글의 흐름상 어색한 문장은 E이다.

19 2018 명지대

치즈의 기원에 관해 가장 일반적으로 받아들여지는 학설은 한 아랍 유목민이 동물 내장 주머니(양의 내장 주머니였을 가능성이 가장 높다)에 저장해 놓은 우유가 응고된 것을 발견한 후에 최초의 치즈를 의도치 않게 만들었다는 것이다.
B 이 학설은 확실히 일리가 있다. 어쨌거나, 가공 처리된 동물 가죽과 내장이 음식과 물을 담는 용기로 자주 사용되고 있었으며, 양, 염소, 젖소와 같은 반추동물(되새김질 하는 포유동물)의 어린 새끼의 위벽에는 치즈를 만드는 데 사용되는 효소인 레닛이 자연적으로 들어있기 때문이다.
C 따라서, 동물의 위에 저장된 우유는 그 안에서 긴 하루나 몇날 며칠을 이동하는 동안 이러 저러 출렁대면서, 뜨거운 기후에 영향 받아 치즈가 될 수 있었다.
A 그러나 솔직히 말해보자. 사람들은 우유를 수천 년 동안이나 발효시켜 왔다. 따라서 예로부터 지금까지 치즈는 (아랍 유목민 말고도) 세계 여러 지역에서 수차례 '발견되었을' 가능성이 매우 높다.

② ▶ 이 글은 치즈의 기원에 관해 이야기하고 있다. 주어진 문장은 치즈의 기원에 관해 가장 일반적으로 받아들여지는 학설을 이야기하는데, 그것은 동물 내장 주머니에 든 우유가 자연응고된 것을 보고 아랍 유목민이 최초의 치즈를 만들었다는 내용이다. 따라서 주어진 문장 다음에 올 내용으로는 이 학설에 대한 평가가 오는 것이 적절하므로, "이 학설이 일리가 있다."는 B가 다음에 와야 한다. 그리고 B에서는 반추동물의 위벽에 치즈를 만드는 효소가 있다고 하였는데, C에서 Thus를 내세워 '그 결과' 치즈가 만들어진다는 B에 대한 결과를 나타내므로, B 다음에 C가 와야 할 것이다. 반면, A에는 역접의 접속사 But이 나오면서 앞의 두 단락과는 상반된 내용인 치즈의 다른 기원에 대해 이야기하므로, 글의 마지막에 나와 일반적인 학설과 대조를 이루도록 하는 게 글의 흐름상 가장 적절하다. 따라서 ②가 정답이다.

20 2020 한양대 에리카

심장은 혈액이 순환계 전체에 흐르는 것을 유지시켜주는 펌프다. 심장은 네 개의 방으로 나뉘어져 있다. 심장의 위쪽 방들은 심방이다. 각각의 심방 아래에는 심실이라 불리는 방들이 있다. 네 개의 방들은 각각 다른 일을 한다. 우심방은 심장으로 돌아오는 혈액을 모은다.
B 이 심방으로 들어오는 혈액은 혈액 속에 산소가 거의 없는데, 왜냐하면 산소가 이미 몸 전체에 있는 세포로 전달되었기 때문이다. C 이와 반대로, 좌심방은 폐에서 들어오는 혈액을 받는다. A

이 심방으로 들어오는 혈액은 산소가 풍부하며, 몸 전체로 퍼질 준비가 되어 있다.
좌심방과 우심방은 모두 동시에 수축해서, 혈액을 좌심실과 우심실로 밀어낸다. 우심방 아래에 있는 우심실이 수축할 때, 혈액은 우심실을 떠나 폐로 가게 된다. 이와 동시에 좌심실도 수축하여, 좌심실에 있는 혈액을 혈관을 통해 몸 전체로 보낸다.

② ▶ 첫 단락의 마지막 문장에서 우심방이 심장으로 들어오는 혈액을 모으는 역할을 한다고 했다. 따라서 이어질 내용에는 우심방에 들어오는 혈액에 대한 부연설명이 나와야 하므로, 심방으로 들어오는 혈액을 언급한 Ⓐ와 Ⓑ를 모두 검토해야 하는데, Ⓒ에서 좌심방은 '산소를 흡입하는' 폐에서 혈액을 받는다고 했으므로, 혈액에 산소가 많이 들어있다는 내용인 Ⓐ는 Ⓒ 다음에 와야 할 것이다. 따라서 Ⓑ가 첫 단락의 부연설명으로 오고, 우심방에 이어 좌심방을 소개하는 Ⓒ와 좌심방에 들어있는 혈액의 특성을 언급한 Ⓐ로 글이 이어져야 한다.

contract v. 수축하다

blood vessel 혈관

01 2016 한국공학대

여론은 민주주의에서 중요한 위치를 차지하고 있다. 대중은 종종 무기력하거나 무관심한 태도를 보이며, 매우 다양한 것들로부터 영향을 받기 쉽다. 이들 가운데 가장 큰 힘을 가진 것은 대중매체다. 이들 정보전달매체 — 신문, 라디오, 텔레비전 — 는 여론을 시작하고, 영향을 미치고, 형성하는 데 있어서 가장 중요한 위치에 있다. <이러한 책임을 지고 있기 때문에, 대중매체는 종종 대중에게 정보를 제공하는 의무를 태만히 하거나 소홀히 한다는 비난을 받는다.> 여론을 형성하는 역할을 하는 이들에게 적대적인 말들이 매우 많이 쏟아져왔다.

③　　　▶ 주어진 문장은 "이러한 책임을 지고 있기 때문에, 대중매체는 종종 대중에게 정보를 제공하는 의무를 태만히 하거나 소홀히 한다는 비난을 받는다."라는 의미다. 여기서 this responsibility에 유의하면, 주어진 문장은 '이러한 책임'의 지시대상이 될 수 있는 내용 뒤에 오는 것이 자연스러움을 알 수 있다. 따라서 "대중매체는 여론을 시작하고, 영향을 미치고, 형성하는 데 있어서 가장 중요한 위치에 있다."라는 내용 다음인 ⓒ에 들어가는 것이 가장 적절하다.

public opinion 여론
lethargic a. 혼수상태의; 무기력한
indifferent a. 무관심한
susceptible a. (~에) 영향 받기 쉬운
prevalent a. 널리 행해지는; 우세한
paramount a. 최고의; 주요한
initiate v. 시작하다
hostile a. 적의 있는, 적개심에 불타는
level v. (총을) 겨누다; (풍자나 비난 따위를) 퍼붓다
bear v. (책임 등을) 지다, 떠맡다
accuse v. 고발하다; 비난하다
remiss a. 태만한
negligent a. 소홀한, 태만한

02 2015 인하대

쥐에 대한 연구는 동물들이 혼잡한 환경 속에서 사는 경우 무질서하고, 폭력적으로 산다는 것을 보여준다. <인간도 다르지 않다.> 혼잡한 도심은 무질서의 전형이다. LA의 붐비는 고속도로들은 운전자들의 공격적인 행동, 심지어 총격까지 조장하게 만들고 있다. 우리가 살고 있는 도시 지역의 인구밀도가 계속해서 높아짐에 따라, 이런 종류의 문제들 또한 틀림없이 더 늘어날 것이다. 그것은 이용 가능한 자원들을 두고 더 많은 가정 폭력과 싸움이 있을 거라는 것을 의미한다. 아메리칸 드림은 그저 꿈으로 끝나고 말 것이다.

①　　　▶ 주어진 문장은 "인간도 다르지 않다."라는 의미인데, 글의 첫 문장에서는 쥐에 대한 연구 결과에 대해 이야기하고 있고 두 번째 문장부터는 인간 생활에 대한 내용을 다루고 있으므로, 주어진 문장은 인간 생활을 구체적으로 다루기 시작하는 Ⓐ에 위치하는 것이 적절하다.

crowded a. 붐비는, 혼잡한; 만원의
disorderly a. 무질서한, 난잡한, 무법의
lawlessness n. 무법 상태; 불법적임
aggression n. 공격, 침략, 침범
population density 인구밀도
available a. 이용 가능한; 손에 넣을 수 있는
resource n. 자원; 물자; 수단

03 2016 명지대

매일 아침, 나의 아버지는 아무리 (전날 밤) 늦게까지 주무시지 않고 있었더라도, 5시 30분에 일어나, 서재로 가서, 두 시간가량 글을 쓰셨고, 우리 가족 모두에게 아침을 만들어주셨고, 나의 어머니와 함께 신문을 읽으셨으며, 그다음에 나머지 오전 시간을 다시 일하셨다. 나는 아버지가 이런 과정을 생계수단으로 자진해서 했던 것이지, 실직하거나 정신질환이 있었던 것이 아님을 여러 해가 지나서 깨닫게 되었다. <나는 아버지가 넥타이를 매고 다른 아버지들과 같이 어디론가 가서 작은 사무실에 앉아서 일하는 일정한 직업을 갖기를 원했다.> 그러나 다른 누군가의 사무실에서 다른 누군가의 일을 하며 온종일 보낸다는 생각은 아버지하고는 맞지 않았다. 나는 만일 아버지가 그랬더라면 그만 돌아가셨을 거라고 생각한다.

study n. (개인 가정의) 서재
go back to work 다시 일하다, 직장으로 복귀하다
rest n. (the ~) 나머지, 잔여
by choice 원해서, 자진해서
for a living 밥벌이로, 생계수단으로
unemployed a. 실직한, 실업자인
mentally ill 정신질환이 있는

③ ▶ 주어진 문장은 "나는 아버지가 넥타이를 매고 다른 아버지들과 같이 어디론가 가서 작은 사무실에 앉아서 일하는 일정한 직업을 갖기를 원했다."라는 뜻이므로, 주어진 문장의 전후에는 일자리와 일자리에 관한 저자의 생각이 나와야 문맥상 적절하다. ⓒ 앞에 일자리와 관련된 표현인 do for a living(생계수단으로 일하다)이 언급되었고, ⓒ 뒤에 아버지와 일자리에 대한 저자의 생각을 나타내는 "다른 누군가의 사무실에서 다른 누군가의 일을 하며 온종일 보낸다는 생각은 아버지하고는 맞지 않았다."는 언급이 있으므로, ⓒ에 주어진 문장이 들어가야 적절하다.

suit v. ~에 적합하다, 어울리다
soul n. 영혼

---

04 2015 한양대 에리카

사람이 책을 소유하는 데는 두 가지 방법이 있다. 첫 번째는 옷과 가구에 대해 돈을 지불하듯이 책에 대해 돈을 지불함으로써 확립하게 되는 소유권이다. 그러나 이렇게 구입하는 행동은 소유의 준비행위에 불과하다. <완전한 소유는 당신이 그 책을 당신의 일부로 만들 때에만 생기며, 당신을 그 책의 일부로 만드는 가장 좋은 방법은 책 속에 써 넣는 것이다.> 한 가지 예를 들어보면 이 점이 명확해질 것이다. 당신은 비프스테이크를 사서 그것을 정육점 냉장고에서 당신의 냉장고로 옮겨온다. 그러나 당신이 그것을 다 먹어 당신의 혈류 속에 흐르게 할 때까지는, 가장 중요한 의미에서 그 비프스테이크를 소유한 것은 아니다. 당신에게 조금이라도 이로우려면, 책 또한 당신의 혈류(血流) 속에 흡수되어야 한다고 나는 주장한다.

③ ▶ 주어진 문장은 책에 대해 완전한 소유를 할 수 있는 방법에 관한 내용이다. 첫 문장에서 책을 소유하는 데 있어 두 가지 방법이 있다고 했고, 이어서 돈을 지불하고서 얻게 되는 소유권에 대해 언급했으므로, 책을 소유하는 나머지 한 가지 방법에 대한 내용인 주어진 문장은 '돈을 지불하고서 구입하여 책을 소유하는 방법'을 언급한 문장 뒤에 위치해야 할 것이다. 그러므로 ⓒ가 적절한 자리다.

property right 소유권, 재산권
establish v. 확립하다, 제정하다; 확고하게 굳히다
purchase n. 구입, 매입; 구입품
prelude n. 전주곡, 서곡; 서문; 준비행위
possession n. 소유, 소지; 입수; 소유물
illustration n. 삽화; 실례, 예증
transfer v. 옮기다, 이동하다
bloodstream n. (인체의) 혈류
absorb v. 흡수하다; 열중케 하다
do a person good ~의 이익이 되다
ownership n. 소유권

---

05 2017 건국대

동전은 사용하기에 매우 편리했지만, 무게가 많이 나갔다. 10세기 중국의 경우, 철로 만든 동전은 가운데에 네모난 모양의 구멍이 있었는데, 사람들은 끈을 사용하여 동전들을 묶어, 동전 100개로 된 무거운 꾸러미를 만들어냈다. 사람들은 이 동전 꾸러미들을 상인에게 맡기고 그 대신 영수증을 받기 시작했다. 이 영수증은 상인들로부터 물건을 구입하는 데 계속해서 사용될 수 있었다. <11세기에 중국 정부는 세계 최초의 지폐가 된 이런 영수증을 발행하기 시작했다.> 돈은 정부가 그 가치를 보증하지 않으면 아무런 쓸모가 없을 것이다. 사람들이 그것이 가진 가치를 신뢰하지 않는다면 지폐는 아무런 가치가 없다.

④ ▶ 동전은 사용하기 편하지만 무거웠던 관계로 사람들은 영수증을 받는 대가로 동전을 두고 다니기 시작했으며, 그 영수증이 물건을 구입하는 데 사용되었다고 했다. 중국 정부가 거래에 사용할 수 있는 영수증을 발행하기 시작한 것은 사람들이 영수증을 마치 돈처럼 사용하기 시작한 이후일 것이므로, ⓓ에 주어진 문장이 들어가야 문맥상 적절하다. 마지막 두 문장은 지폐에 대한 일반론이다.

convenient a. (물건이) 편리한, 사용하기 좋은
iron n. 철
string n. 끈, 줄, 실
bundle n. 꾸러미, 묶음, 보따리
merchant n. 상인
in exchange for ~대신에, 교환으로
receipt n. 영수증, 인수증
purchase v. 구입하다, 사다
goods n. 상품, 물건, 물품
confidence n. 신용, 신뢰; 확신

---

06 2018 한양대 에리카

고고학자들은 이집트에서 고대 피라미드를, 중앙아메리카와 남아메리카에서는 보다 최근에 만들어진 피라미드를 발굴했다. 수천 킬로미터 서로 떨어진 지역에서 발견된 이 유적들의 디자인과 구성에서 유사점이 발견되었다. <일부 연구자들은 이 피라미드의 건축가들 사이에 접촉이 있을 수 있었

archeologist n. 고고학자
excavate v. 파다, 발굴하다
similarity n. 유사점, 닮은 점

는지를 직접적인 실험을 통해 알아내려고 시도했다.> 노르웨이의 탐험가인 토르 헤위에르달(Thor Heyerdahl)은 고대 이집트 도면에 기초하여 배를 만들고 문화적 접촉이 있었다는 이론에 신빙성을 부여하기 위해 바베이도스(Barbados)를 향해 항해를 나섰다. 헤위에르달은 바베이도스에 도달하기 위한 첫 번째 시도에서 여러 가지 문제에 봉착했고 그의 노력들을 포기해야 했다. 두 번째 시도에서 그는 고대의 이집트인들이 그랬을 것처럼 바베이도스에 도달했다.

② ▶ 주어진 문장은 "일부 연구자들은 두 개의 피라미드 건축가들 사이에 접촉이 있을 수 있었는지를 직접적인 실험을 통해 알아내려고 시도했다."라는 내용이다. 따라서 주어진 문장 앞에는 두 개의 피라미드에 대한 언급이 있어야 한다. 고고학자들이 두 개의 피라미드를 발견했고 이 유적들이 유사점이 있었다는 내용이 나온 다음에 연구자들이 그 이유를 알아내려고 애썼다는 내용이 나와야 적절하다. 따라서 주어진 문장은 Ⓑ에 들어가야 한다.

monument n. 기념물, 유적

apart ad. 떨어져; 산산이

put together (부품을) 조립하다, (이것저것을 모아) 만들다[준비하다]

lend support to ~에 신빙성을 더해 주다, ~을 지지[원조]하다

abandon v. 버리다; 그만두다, 포기하다

---

07 2015 인하대

농아학교에서, 아이들은 목소리를 내는 법과 독순술(讀脣術)을 익히려 노력하는 데만도 긴 시간을 보냈다. 목소리를 내는 법과 독순술을 가르치고자 수학, 지리, 역사, 문학 등을 그들에게 거의 가르치지 않는 것은 흔히 있는 일이었다. <달리 말하면, 이 학교들은 청각장애인들을 가르치는 것보다는 듣지 못하는 것을 본질적으로 원상태로 돌려놓으려고 열심히 노력하고 있었던 것이다.> 구화주의(독순술(讀脣術)과 발화(發話) 훈련을 주로 한 청각장애인 교육)가 참담한 실패로 끝난 것은 놀라운 일이 아니다. 미국식 수화(手話)를 통해 청각장애인들을 교육하는 것이 전성기를 누렸던 1850년대에, 하트포드(Hartford) 고아원을 졸업한 사람들은 청각이 정상적인 사람들만큼 글을 읽고 쓸 줄 알았다. 그러나 1972년 무렵, 미국의 18세 청각장애인 고등학교 졸업생의 평균적인 읽기능력 수준은 (초등학교) 4학년 수준이었다. 이와 유사한 상황이 영국에서도 만연했다.

① ▶ 주어진 문장은 "달리 말하면, 이 학교들은 청각장애인들을 가르치는 것보다는 듣지 못하는 것을 본질적으로 원상태로 돌려놓으려고 열심히 노력하고 있었던 것이다."라는 의미이다. In other words로 시작되는 문장은 앞 문장의 내용에 대한 부연 설명에 해당하므로, 이 문장은 '청각장애인들에게 보편적인 교육보다는 정상적인 사람들처럼 듣고 말할 수 있도록 하기 위한 훈련을 시키고 있는 학교'에 대해 언급한 내용 뒤에 위치해야 한다. 따라서 Ⓐ가 정답이 된다.

vocalize v. 목소리로 내다, 발음하다

lip-read v. 독순(讀脣)을 하다

geography n. 지리, 지형; 지리학

oralism n. 구화주의(독순술(讀脣術)과 발화법(發話法)을 주로 한 청각장애자 교육)

miserably ad. 불쌍하게, 비참하게

heyday n. 전성기

prevail v. 우세하다, 이기다; 널리 보급되다

undo v. 원상태로 돌리다; 취소하다

---

08 2016 한양대 에리카

상어는 바다에 서식하는 다른 모든 포식자만큼 유순하다. 바다라는 환경은 냉혹하고 무자비한 세계다. 플랑크톤 집단 속에서 생명체가 시작되는 바로 그 지점부터, 작은 동물끼리 서로 공격하고 잡아먹기도 하며, 다시 이들은 생존을 위한 끝나지 않는 치열한 전쟁을 하는 조금 더 큰 생명체들에게 잡아먹힌다. <작은 물고기는 플랑크톤이라는 미세한 생명체를 먹고 살며, 이들(작은 물고기)은 다시 큰 물고기나 다른 동물들에게 잡아먹힌다.> 그리고 크기가 점점 커지면서 바다의 지배적인 포식자인 상어에 이르기까지 이러한 먹이사슬은 반복된다. 그러나 다른 종(種)에게 살아있는 생명체가 먹히는 것은 생존의 질서이며 자연에서는 결코 낭비되는 법이 없다. 단지 인간만이 분별없이 살인을 한다.

③ ▶ 주어진 문장은 "작은 물고기는 플랑크톤이라는 미세한 생명체를 먹고 살며, 이들(작은 물고기)은 다시 큰 물고기나 다른 동물들에게 잡아먹힌다."라는 내용으로, 먹이사슬의 중간 단계에 해당한다. 그러므로 이 문장의 앞에는 더 작은 생명체의 먹이사슬에 대한 내용이, 뒤에는 이들보다 더 크거나 강력한 물고기의 먹이사슬에 대한 내용이 와야 한다. 따라서 Ⓒ가 가장 적절한 위치임을 알 수 있다.

cruel a. 잔혹한, 잔인한

predator n. 약탈자; 포식자

microscopic a. 아주 작은, 미세한

consume v. 먹다; 소비하다

vicious a. 사악한, 악덕한

never-ending a. 끝이 없는

indiscriminate a. 닥치는 대로의, 분별없는

독감은 끊임없이 진화하는 바이러스다. 그것은 자신의 H항원과 N항원의 성질을 조금씩 바꾸는 돌연변이를 빠르게 거친다. 이러한 변화 때문에, 어느 해에 H1N1과 같은 인플루엔자의 아류형(亞流形)에 대해 (병에 걸려서 혹은 백신 접종을 통해) 면역력을 얻었다는 것이 다음 여러 해에 퍼지는 조금 다른 바이러스에 대해 반드시 면역이 된다는 것을 의미하지는 않는다. <하지만, 이러한 항원 변이에 의해 생성되는 변종은 원래의 변종과 여전히 비슷하기 때문에, 몇몇 사람들의 면역체계는 여전히 그 바이러스를 인식하고 적절하게 반응할 것이다.> 그러나, 다른 경우에는, 그 바이러스는 대부분의 사람들이 새로운 바이러스에 면역력을 갖지 못할 정도로 항원에 중대한 변화를 겪으며, 그 결과 전 세계적인 유행병이 된다. 이러한 항원 변이는 동물의 아류형 인플루엔자 A가 사람에게 직접 들어올 때 발생할 수 있다.

③

▶ 주어진 문장은 "하지만, 이러한 항원 변이에 의해 생성되는 변종은 원래의 변종과 여전히 비슷하기 때문에, 몇몇 사람들의 면역체계는 여전히 그 바이러스를 인식하고 적절하게 반응할 것이다."라는 의미이므로, 이 문장의 앞에는 "어떤 종류의 인플루엔자에 대해 면역력을 얻었더라도, 그것에 항원 변이가 발생하여 생긴 인플루엔자에 대해서는 면역이 돼 있지 않을 수도 있다."는 내용이 있어야 한다. 그러므로 ⓒ가 주어진 문장이 들어가기에 적절한 위치가 된다.

influenza n. 인플루엔자, 독감
constantly ad. 변함없이, 항상
mutation n. 변화; 돌연변이, 변종
slightly ad. 약간, 조금
alter v. (모양·성질 등을) 바꾸다, 변경하다
property n. 재산, 자산; 성질, 특성
antigen n. 항원(抗原)
acquire v. 획득하다; (버릇·기호 따위를) 얻다
immunity n. 면역; (책임·의무의) 면제
vaccinate v. ~에게 예방 접종을 하다, ~에게 백신 주사를 놓다
subtype n. 아류형, 특수형
immune a. 면역성의; (의무 등을) 면한
circulate v. 돌다, 순환하다
subsequent a. 차후의, 다음의; 계속해서 일어나는
strain n. (동식물·질병 등의) 종류[유형]; 변종(變種)
antigenic drift 항원 변이
undergo v. (변화 등을) 경험하다, 겪다
pandemic n. 전국적[세계적]으로 유행하는 질병

태양계에는 여러 행성 주위의 궤도를 공전하는 140개의 자연 위성이 알려져 있는데, 우리는 이것들을 달이라고 부르기도 한다. 어떤 위성은 우리의 달보다도 큰가 하면, 어떤 위성은 그저 작은 파편에 불과하기도 하다. 1610년부터 1977년까지, 토성은 고리를 가진 유일한 행성으로 여겨졌다. <지금은 우리는 목성, 천왕성, 해왕성도 고리 구조를 가지고 있다는 것을 알고 있다.> 이 고리 구조를 구성하는 입자들은 작은 먼지에서부터 바위, 그리고 집채만 한 크기에 이르기까지 다양하다. 또한 그것들은 암석이나 얼음으로 이루어져 있거나, 혹은 두 가지 모두로 이루어져 있기도 하다. 고대의 천문학자들은 지구가 우주의 중심이라고 믿었으며 태양을 비롯한 다른 모든 별들이 지구 주위를 돌고 있다고 여겼다. 코페르니쿠스(Copernicus)는 태양계의 지구와 다른 행성들이 태양 주위를 돌고 있음을 증명하였다. 우리는 우주의 그림을 조금씩 그려가고 있다.

②

▶ 주어진 문장은 "지금은 고리 구조를 가진 행성들을 더 많이 알고 있다."는 의미이므로, "과거에는 고리를 가진 행성을 조금밖에 알지 못했다."는 내용의 뒤에 위치해야 한다. 따라서 주어진 문장은 '과거에는 토성이 고리를 가진 유일한 행성으로 여겨졌음'을 이야기한 부분 바로 뒤인 ⓑ에 들어가는 것이 적절하다.

satellite n. 위성; 인공위성
orbit n. 궤도
various a. 여러 가지의, 가지각색의
planet n. 행성
debris n. 부스러기, 파편
particle n. 미립자, 분자, 극히 작은 조각
boulder n. 둥근 돌; (물이나 비바람에 씻겨 반들반들해진) 바위
astronomer n. 천문학자
revolve v. 회전하다; 공전하다

스토아 철학은 그리스 황금시대에 아테네에서 발생한 많은 철학 운동 가운데 하나였다. 기원전 301년에 키프로스의 제논(Zeno)이 최초로 정립한 스토아 철학은 물질적 형태든 정신적 형태든 쾌락과 고통 모두에 대한 무관심을 강조한다. 스토아학파의 철학자들은 이성이 사람의 행동의 유일한 지침이 되어야 하고, 쾌락과 고통 같은 정념은 사람의 이성을 흐리게 한다고 주장한다. <스토아학

Stoicism n. 스토아 철학
formulate v. 공식화하다; 만들어 내다
stress v. 강조하다
indifference n. 무관심, 냉담

파의 철학자에게는 명확하게 생각하는 능력이 최고의 미덕이며, 이런 능력을 손상시키는 것은 무엇이든지 피해야 한다.> 스토아학파의 철학자들은 물질적으로 단순한 생활을 영위할 수 있도록 스스로를 훈련한다. 쾌락은 피해야 한다. 마찬가지로, 스토아학파의 철학자들은 감정적인 혼란으로부터 벗어나 정서적으로 단순한 생활을 영위하려 한다. 스토아학파의 철학자들은 그들이 적어도 감정적인 면에서는 사회에서 떨어져 살 수 있도록 스스로를 훈련했다.

① ▶ 주어진 문장은 "스토아학파의 철학자에게는 명확하게 생각하는 능력이 최고의 미덕이며, 이런 능력을 손상시키는 것은 무엇이든지 피해야 한다."라는 의미인데, 이는 곧 "이성을 흐리게 하는 것은 무엇이든지 피해야 한다."는 뜻이다. 따라서 주어진 문장의 앞에는 '이성에 관한 내용'이 있어야 하고, 뒤에는 '명확하게 생각하는 능력이 손상되는 것을 막기 위해 하는 구체적인 행동에 대한 내용'이 이어져야 한다. 그러므로 주어진 문장은 Ⓐ에 위치하는 것이 적절하다.

Stoic n. 스토아학파의 철학자
guide n. 지침, 지표
passion n. 열정, 정념
cloud v. (기억·판단 등을) 흐리게 하다
luxury n. 사치; 사치품; 쾌락
entanglement n. 얽힘, 얽히게 함, 혼란
impair v. 손상시키다, 해치다

---

12 2018 건국대

회색늑대는 보통 8마리로 구성된 집단, 또는 '무리'로 사는 것을 선택한 사회적 동물이다. 이 늑대들은 위계질서(명령계통)를 확실히 세우고 있다. 결정을 내리는 우두머리 수컷이 항상 있다. 새끼들과, 다른 암컷들과, 때때로 더 허약한 수컷들을 돌보는 우두머리 암컷도 있다. 일반적으로 우두머리 수컷과 암컷만이 새끼를 낳는다. <그러나 무리의 다른 늑대들은 새끼를 돌보는 데 도움을 준다.> 새끼들은 봄에 태어나며 새끼의 수는 1마리에서 11마리에 이르기까지 다양하다. 엄마 늑대는 모유를 새끼들에게 먹인다. 그 후에 다른 무리의 늑대들은 먹이를 씹고 삼켰다가 토해냄으로써 새끼들을 먹이는 데 도움을 준다.

④ ▶ 주어진 문장의 the rest of the pack은 회색늑대 무리 가운데 우두머리 수컷과 암컷을 제외한 다른 늑대들을 가리키며, 이들이 새끼를 돌보는 데 도움을 준다고 했으므로, 새끼를 낳는 우두머리 수컷과 암컷이 하는 역할 다음인 Ⓓ에 주어진 문장이 삽입되어야 한다.

gray wolf 회색늑대(= timber wolf)
pack n. (사냥개·이리 등의) 한 떼[무리]
dominant a. 지배적인, 유력한, 우세한
take charge of ~을 떠맡다, 돌보다
pup n. 새끼
feed v. 먹이를 주다
chew v. (음식을) 씹다
swallow v. (음식 등을) 삼키다
bring up 토해내다

---

13 2014 인하대

농장 전체는 풍차라는 주제를 두고 의견이 크게 갈라졌다. 스노우볼(Snowball)은 풍차를 만드는 것이 어려운 일이 될 것임을 부인하지 않았다. 돌을 옮겨 쌓아 벽을 만들어야 하고, 그다음에 풍차의 날개를 만들어야 하며, 그 이후에는 발전기와 케이블선이 필요할 것이다. 그러나 스노우볼은 이 풍차를 만드는 작업이 1년 만에 모두 끝날 수 있을 것이라고 주장했다. <그리고 그런 후에는 너무나 많은 노동력이 절약되어서 동물들은 주 3일만 일하면 될 것이라고 선언했다.> 이와 반대로, 나폴레옹(Napoleon)은 지금 이 순간 필요한 것은 식량생산 증대이며, 풍차를 만드는 데 시간을 낭비하게 된다면 모두가 굶어죽게 될 것이라고 주장했다. 동물들은 다음과 같은 구호 아래 두 집단으로 나뉘었다. "스노우볼에 투표하여 주 3일 근로제를 달성하자."와 "나폴레옹에 투표하여 배불리 먹자."로 말이다.

③ ▶ 주어진 문장에서 그가 주장하는 것은 '노동력이 절약되어서 동물들은 주 3일만 일하면 될 것'이라는 내용이며, 이것은 본문의 마지막 문장에서 알 수 있듯이, 스노우볼이 주장하는 풍차 건설의 이점이다. 그리고 주어진 문장의 thereafter는 문맥상 '풍차가 완성된 이후'를 의미한다. 따라서 "스노우볼은 이 풍차를 만드는 작업이 1년 만에 모두 끝날 수 있을 것이라고 주장했다."라는 문장 다음인 Ⓒ에 주어진 문장이 들어가야 적절하다.

subject n. 주제
windmill n. 풍차; 바람개비
deny v. 부인하다
sail n. 돛; 풍차의 날개
dynamo n. (직류형) 발전기
cable n. 굵은 밧줄, 케이블(피복전선)
on the other hand 반대로
starve to death 굶어 죽다
faction n. 당파, 파벌
manger n. 여물통, 구유

14 2017 한양대

많은 미국인들이 살이 찌는 이유는 그들이 너무 많은 탄수화물을 섭취하기 때문이라는 것이 일반적인 생각이다. 고탄수화물의 저지방 음식은 고지방 음식과 칼로리는 같더라도, 체중을 늘어나게 하고, 인슐린과 혈당 수치를 끌어 올리며, 당뇨병도 더 많이 발병하게 만든다는 것이다. 연구 결과에 따르면 그런 일은 발생하지 않았다. 다른 사람들은 반대되는 의견을 내놓기도 했는데, 저지방 식사를 하면 자연스럽게 체중감량을 할 수 있다는 것이다. <그러나 그와 같은 생각도 연구 결과상의 수치가 뒷받침하지 못하는 것이었다.> 심장병의 위험 요소들에 대해 말하자면, 영향을 받은 유일한 요소는 LDL 콜레스테롤이었는데, 이것은 심장병 발병 위험을 증가시킨다. 그 수치는 고지방 음식을 섭취하는 여성들에서 약간 더 높게 나왔지만, 심장병 위험에 눈에 띄는 차이를 만들 만큼 높지는 않았다. 연구에 참여했던 사람들은 모두 여성이었지만, 결과는 남성에게도 적용된다.

② ▶ 주어진 문장은 "그러나 그와 같은 생각도 연구 결과상의 수치가 뒷받침하지 못하는 것이었다."는 의미인데, again에 유의하면, 주어진 문장은 첫 번째 문장에서 언급한 내용 외에 추가적으로 '식단과 체중과의 관계와 관련해서 사람들이 일반적으로 잘못 알고 있는 생각'을 언급한 부분 뒤에 와야 한다. 따라서 "일부에서는 저지방 식사를 하면 자연스럽게 체중감량을 할 수 있다고 생각한다."고 언급한 내용 뒤인 B가 가장 적절한 위치다.

carbohydrate	n. 탄수화물
blood glucose	혈당
diabetes	n. 당뇨병
opposite	a. 정반대의
factor	n. 요인, 인자, 요소
affect	v. ~에 영향을 주다; ~에 악영향을 미치다; (병 혹은 고통이 인체를) 침범하다
slightly	ad. 약간, 조금
noticeable	a. 눈에 띄는; 두드러진
participant	n. 참가자, 참여자, 관계자

15 2014 건국대

치타와 표범을 혼동하기는 아주 쉽다. 사람들이 이러한 동물을 보는 데 익숙한 아프리카에서도 치타와 표범은 '아리(ngari)'라는 같은 스와힐리 이름으로 종종 불려진다. 이런 혼동은 납득할 수 있다. 겉보기에는 두 동물은 공통점이 많다. 두 동물 모두 밝은 황갈색의 털과 어두운 검은 점을 가지고 있다. 두 동물은 대략 110에서 130파운드로 몸무게가 비슷하다. <하지만 더 자세히 들여다보면 두 동물 사이에는 유사점보다 차이점이 확실히 많다.> 치타는 긴 다리와 훨씬 작은 머리를 가지고 있다. 날렵하게 나무 위를 오르는 표범은 나무에 올라 원숭이를 사냥한다. 지구상에서 가장 빠른 동물 가운데 하나인 치타는 전속력으로 달려 땅에서 먹이를 잡아먹는다. 표범은 다양한 음식을 먹는다. 사냥감이 부족한 경우에는 쥐와 과일로 연명할 수 있다. 이와는 대조적으로, 치타는 영양을 주요 먹잇감으로 삼는다.

③ ▶ 주어진 문장의 the two는 치타와 표범을 가리키며 이 둘 사이에는 공통점보다 차이점이 많다고 했다. However로 문장이 시작되므로 삽입될 문장 앞에는 치타와 표범 사이의 공통점이 와야 하며, 그 뒤에는 차이점이 이어져야 한다. 따라서 주어진 문장이 들어갈 위치로 적절한 곳은 C이다.

leopard	n. 표범
superficial	a. 표면(상)의, 외면의
in common	공통점으로
tan	a. 황갈색의
agile	a. 몸이 재빠른, 경쾌한
climber	n. 잘 기어오르는 동물
prey	n. 먹이
ground	n. 지면, 땅
game	n. 사냥감
scarce	a. 부족한, 적은
subsist on	~으로 연명하다
antelope	n. 영양
inspection	n. 점검, 검토

16 2016 한양대 에리카

19세기 후반에 영국 작가인 H. G. 웰스(H. G. Wells)는 그의 소설 『우주전쟁(The War of the Worlds)』에서 적대감을 가진 화성인들에 의한 가상의 지구 침공에 대해 썼다. 웰스가 만들어낸 가상의 화성인들은 현대의 레이저와 같은 '열선'을 무기로 사용했다. 20세기에, 공상과학소설은 다른 세계에서 온 온갖 종류의 방문자들을 묘사했다. 어떤 방문자들은 인간이 아닌 괴물이었으며, 다른 방문자들은 인간의 모습을 하고 있었다. <어떤 작가들은 심지어 외계 생명체의 관점에서 이야기를 했다.> 그들에게는 우리가 침략하는 괴물이었다! 그런 이야기들은 순수한 상상일지도 모르지만, 다른 세계에 생명이 존재할지도 모른다고 생각할 만한 이유가 없진 않다. 이론적으로, 우리 인간과 같은 존재는 지구와 비슷한 행성에서 있을 수 있다. 그래서 과학자들과 비과학자들 모두 오랫동안 궁금히 여겨온 것이 있었다. 그것은 우리가 다른 행성에서 온 지적 생명체를 만난다면, 혹은 만날 때, 무슨 일이 일어날까 하는 것이다.

fictional	a. 허구적인; 소설의
invasion	n. 침입, 침략
hostile	a. 적대적인
Martian	n. 화성인
imaginary	a. 상상의, 가상의
weapon	n. 무기
depict	v. 묘사하다
in principle	원칙적으로
encounter	v. ~와 우연히 만나다, 조우하다

② ▸ 주어진 문장은 "어떤 작가들은 심지어 외계 생명체의 관점에서 이야기를 했다."라는 내용인데, 외계인의 관점에서 보면 우리가 침략하는 괴물일 것이므로, Ⓑ가 주어진 문장이 들어가기에 적절한 위치임을 알 수 있다.

perspective n. 관점

alien a. 지구 밖의, 우주의, 외계의

---

17 2020 덕성여대

자폐증은 사회적 상호 작용과 의사소통을 손상시키고, 제한적이고 반복적인 행동을 초래하는 뇌 발달 장애로, 이 모든 증세가 아이가 3살이 되기 전에 시작된다. 자폐증의 유전적 요인은 복잡하고 일반적으로 어떤 유전자가 자폐증의 원인인지 불분명하다. 자폐증은 뇌의 많은 부분에 영향을 미치지만 어떻게 이것이 발생하는지도 잘 알려져 있지 않다. 자폐증은 선천성 기형을 일으키는 작인(作因)들과 강력하게 연관되어 있다. <소아 백신과 같은 다른 제안된 원인은 논란의 여지가 있으며 백신 가설은 설득력 있는 과학적 증거가 부족하다.> 자폐증을 가진 것으로 알려진 사람들의 수는 1980년대 이후 급격히 증가했다. 부모들은 보통 아이가 태어난 지 2년이 되면 징후를 알아차린다. 조기에 행동 인지적으로 개입하면 아이들이 자기 관리, 사회적 능력과 의사소통 능력을 갖출 수 있도록 도울 수는 있지만 치료법은 없다. 자폐증을 가진 아이들이 성인이 된 후 독립적으로 생활하는 경우는 거의 없지만, 어떤 아이들은 성공적으로 성장한다. 그리고 치료법을 찾는 사람들도 있고 자폐증이 장애라기보다는 질환이라고 믿는 사람들도 있어서 일종의 자폐적 문화가 발달하게 되었다.

③ ▸ 주어진 문장은 자폐증의 '원인'을 설명하는 여러 가설 중 백신 가설을 소개하고 있다. 그러므로 글 전체에서 자폐증의 '원인'과 관련된 부분에 포함되어야 한다. 앞서 자폐증의 유전적 요인, 뇌과학적 요인, 선천성 기형 요인이 먼저 기술되었으므로, 원인을 탐색하는 글 마지막에 와야 한다. 따라서 Ⓒ에 들어가는 것이 가장 적절하다. 그러면 그다음에는 자폐증의 '원인'이 아니라, 사회적 증가 추세 및 치료법이라는 전혀 다른 내용이 다루어짐으로써 확실히 경계가 지어지게 된다.

autism n. 자폐증

impair v. 손상시키다

genetics n. 유전(학)

birth defect 선천적 결손증, 선천성 기형

agent n. 작인

convincing a. 설득력 있는, 확실한

cognitive a. 인지적인

---

18 2022 경희대

돌고래와 그 밖의 해양 포유류는 바다에서 매우 깊은 곳까지 잠수하기에 인간보다 생리적으로 더 잘 준비되어 있다. 이 동물들의 혈액은 인간의 혈액보다 산소 운반 저장 능력이 대략 30% 더 크다. 그 동물들은 또한 근육에 호흡 색소를 더 많이 가지고 있는데, 이는 산소를 비축하는 데 큰 도움을 줄 수 있다. 모든 포유류에서 호흡 운동을 조절하는 뇌의 호흡 중추는 주변 혈액의 이산화탄소에 의해 작동된다. 돌고래와 그 밖의 잠수 포유류의 경우, 이 호흡 중추가 다른 포유류보다 체액 속의 이산화탄소에 훨씬 덜 민감하다. <그 결과, 그들은 상당히 높은 농도의 이산화탄소를 견딜 수 있다.> 게다가, 새에서 파충류, 포유류에 이르는 모든 잠수 동물들은 잠수할 때 심박수가 급격하게 느려지는 것을 경험한다. 해수 표면에서의 통상적인 심박수가 분당 70~80회인 바다표범의 경우, 잠수하자마자 심박수가 분당 6~10회까지 느려진다.

④ ▸ 주어진 문장은 "그 결과, 그들은 상당히 높은 농도의 이산화탄소를 견딜 수 있다."라는 의미이므로, 고농도의 이산화탄소를 견딜 수 있는 이유를 언급한 부분 뒤에 위치해야 한다. 따라서 "돌고래와 그 밖의 잠수 포유류의 경우, 호흡 중추가 다른 포유류보다 체액 속의 이산화탄소에 훨씬 덜 민감하다."는 사실을 언급한 다음인 Ⓓ가 가장 적절한 위치다.

tolerate v. 참다, 견디다

concentration n. 농축, 농도

porpoise n. 돌고래

mammal n. 포유류 동물

equip v. (~에 필요물을) 갖추다

physiologically ad. 생리학적으로

capacity n. 수용량; 용적

transport n. 수송, 운송

respiratory a. 호흡의, 호흡을 위한

pigment n. 색소

reserve n. 비축; (석탄·석유의) 매장량

regulate v. 조절하다

sensitive a. 민감한, 예민한

fluid n. 유동체, 유체; 체액

reptile n. 파충류

drastic a. 맹렬한; 과감한, 철저한

19 **2020 한양대**

마키아벨리(Machiavelli)는 『로마사 논고(티투스 리비우스의 처음 10권에 대한 논고)』 제3권에서 기근에 굶주리는 빈민들에게 식량을 제공했던 한 부유한 로마인의 이야기를 들려주는데, 로마인들은 그 일을 문제 삼아 그를 처형했다. 그들은 그가 독재자가 되기 위해 추종자들을 모으는 것이라고 추론했다. 이러한 반응은 도덕과 정치 사이의 긴장을 부각시키고, 로마인들이 복지보다 자유를 더 원했다는 것을 보여준다. 이 사건은 행동을 판단하는 방법은 정치가 무엇인지에 대한 우리의 생각에 달려 있다는 사실을 뚜렷하게 보여준다. 폭정을 펴던 타르퀴니우스(Tarquins)로부터 로마인들을 해방시켰던 유니우스 브루트스(Junius Brutus)는 나중에 새 정권에 반역하는 음모를 꾸몄다는 이유로 자신의 아들들을 처형했다. <이것은 정치가 하나의 더러운 사업이라는 것을 보여주는가, 아니면 정치가 인간에게 가능한 가장 영웅적인 기질을 요구한다는 것을 보여주는가?> 확실히 이러한 로마인들은 정치는 단지 우리가 삶이라는 게임을 계속할 수 있게 해주는 하나의 서비스 산업일 뿐이라거나, 통치자들은 완벽하게 정의로운 사회를 만들어야 한다는 현대적 견해에 부합될 수 없다.

⑤ ▶ 주어진 문장에 등장하는 '이것'이 본문 중의 어떤 개념 혹은 어떤 사건을 지칭하는지 살펴보는 것이 관건이다. 자신의 권력에 도전한다는 이유로 아들들을 죽였다면 정치는 '하나의 더러운 사업'에 불과할 것이고, 독재를 반대한다는 대의를 위해 아들들을 죽였다면 '인간에게 가능한 가장 영웅적인 기질'이라고 할 수 있을 것이므로 ⓔ에 들어가는 것이 가장 적절하다.

recount v. 이야기하다
execute v. 처형하다
following n. (집합적) 추종자, 신봉자
throw ~ into relief ~을 돋보이게 하다, ~을 두드러지게 하다
conspire v. 음모를 꾸미다, 공모하다
regime n. 정권
disposition n. 기질, 성향

20 **2021 명지대**

일반적으로, 당면한 일에 완전히 집중할 때, 우리의 머리는 가장 잘 작동한다. 사실 우리의 뇌에는 관련 없는 정보를 억누르기 위한 자연적인 메커니즘이 있다. 그럼에도 불구하고, 이런 능력에는 한계가 있다. 즉각적인 결정을 내리는 데 필요한 정보를 처리하는 능력은, 과학자들이 '작업 기억'이라고도 부르는데, 쉽게 과부하가 걸릴 수 있다. 과부하가 걸리게 되면, 우리의 정신력은 손상을 입게 된다. 우리는 더 많은 실수를 하게 되고 창조적이거나, 혁신적이거나, 생산적인 일을 할 수 있는 능력을 잃게 된다. 연구는 심지어 문자메시지에 답하는 것도 최대 40분 동안이나 우리의 집중력을 깰 수 있다는 것을 시사한다. 너무 많은 창이 열려있는 노트북처럼, 어떤 한 가지 일을 수행할 수 있는 우리의 능력도 머리를 쓰는 새로운 일(창)이 들어올 때 손상된다. 그러나 우리가 쓰는 노트북과는 달리, 우리의 뇌는 창이 닫히거나 명령어가 실행될 때까지 과부하에 걸리면 그저 '멈춰 있는' 것은 아니다. <인간인 우리에게는 과부하가 걸린 것을 무시하고 억지로라도 결정을 내릴 수 있는 능력이 있다.> 그러나 또한, 그것이 반드시 좋은 것은 아니다. 우리의 창조적이고 생산적인 해결책에 피해를 주어 그 해결책이 기껏해야 서투르게 실행되게 하는 것이 바로 정확히 말해 결정을 강제하는 것이다.

③ ▶ 주어진 문장은 "인간인 우리에게는 과부하가 걸린 것을 무시하고 억지로라도 결정을 내릴 수 있는 능력이 있다."는 뜻으로, 주어진 문장 앞에는 과부하가 걸려있는 인간이 처한 상황이, 주어진 문장 뒤에는 억지로 내린 결정이 미치는 영향이 와야 적절할 것이다. 따라서 우리의 뇌가 과부하가 걸렸을 때의 대응 방식과 결정 강행이 미치는 영향을 언급한 내용 사이인 ⓒ에 주어진 문장이 들어가는 것이 적절하다.

task n. 일, 과제
at hand 가까이에 있는
suppress v. 억압하다
dub v. ~을 …라고 부르다
overload v. 과부하가 걸리게 하다
impair v. 손상시키다
hang v. (컴퓨터·프린터 등이) 정지된 채 있다
command n. (컴퓨터에 대한) 명령어
take one's toll 피해[타격]를 주다

10 빈칸완성

01 2021 국민대

대부분의 아이들은 동화와 그 밖의 이야기를 통해 정직의 미덕을 배운다. 꼭두각시 인형으로 삶을 시작하는 피노키오에 대한 유명한 이야기는 진실을 말하는 것의 중요성을 가르쳐준다. 피노키오가 거짓말을 할 때마다, 그의 코가 점점 더 길어진다. 미국에서는 어린 아이들이 조지 워싱턴의 어린 시절 이야기를 배우는데, 어린 시절의 그는 자신이 벚나무를 베었음을 결국 아버지에게 자백한다. 이러한 종류의 이야기들은 "정직이 최상의 방책이다."는 것을 아이들에게 보여준다.

① ▶ 아이들이 동화와 이야기를 통해 배우는 정직의 미덕에 대해 말하면서 피노키오와 조지 워싱턴의 이야기를 그 예로 들고 있다. 따라서 이 이야기들은 모두 "정직이 최상의 방책"임을 아이들에게 보여주는 내용일 것이다. ② 나무는 그 열매로 안다 ③ 진실은 우물 밑바닥에 있다(진실은 알기 어렵다) ④ 거짓말도 머리가 좋아야 한다.

virtue n. 미덕
fairy tale 동화
celebrated a. 유명한
puppet n. 인형, 꼭두각시

02 2019 가천대

실존주의 철학은 개인을 자신의 인생의 의미를 결정하는 유일한 주체라고 간주한다. 나아가, 실존주의는 사람들은 타인과 타인의 소유물에 대한 책임뿐 아니라 부정적 감정과 행동과 같은, 인생의 길에 놓여있는, "혼란요소들"과 맞서 싸우면서, 자신의 삶을 열정적이고 정직하게 살아야 한다고 가정한다. 많은 실존주의 사상가들은 신의 존재나 부존재와 관련된 의미 있는 결과를 찾아내려고 시도했다. 이 철학은 제2차 세계대전 이후, 개인의 자존과 자유에 대한 강조가 유행하면서 인기를 얻었다.

② ▶ 둘째 문장에서 '타인과 타인의 소유물에 대한 책임을 개인의 인생을 방해하는 혼란요소들'로 본 것은 실존주의가 개인을, 타인과 독립되게, 자신의 인생의 의미를 결정하는 유일한 주체로 본다는 말이므로 sole이 적절하고, 실존주의 철학이 제2차 세계대전 후에 인기를 얻었다는 것은 전쟁으로 집단주의의 죄악이 드러난 이후라는 것이므로, 개인의 가치를 중시하는 사상이 힘을 얻었을 것이다. 따라서 vogue가 적절하다. ① 고독한 — 회고 ③ 분리된 — 논란 ④ 이기적인 — 쇠퇴

existentialism n. 실존주의
agent n. 행위자, 동인(動因)
posit v. 가정하다
distraction n. 혼란, 집중을 방해하는 것
consequential a. 결과로서 생기는

03 2015 광운대

그것을 어떻게 부를 것인가에 대해 다소 의견 차이가 있긴 하지만, 연구원들은 긍정적인 미루기 현상을 독자적으로 밝혀냈다. '구조화된 미루기(Structured procrastination)'는 존 페리(John Perry)가 처음 사용한 용어다. 페리 박사는 자기혐오에 빠져 할 일을 미루는 사람의 전형이었는데, 그러다가 마침내 1995년에 자신이 완전히 게으른 사람은 아니라는 생각이 들었다. 시험지 채점을 미루었을 때 그는 그냥 한가롭게 빈둥거리지만은 않았다. 그는 연필을 깎거나 정원에서 일을 하거나 학생들과 함께 탁구를 쳤다. 그는 "미루는 사람들이 완전히 아무것도 하지 않는 경우는 좀체 없다."라는 것을 깨달았다.

⑤ ▶ 빈칸 뒤에서 "그가 시험지 채점을 미루고 연필을 깎거나 정원에서 일을 하거나 학생들과 함께 탁구를 쳤다."라고 했으므로, '그냥 한가롭게 빈둥거리지만은 않았다'는 의미의 표현인 ⑤가 정답이다. 참고로 마지막 문장의 seldom do absolutely nothing과 유사한 의미의 표현을 찾는 문제라 할 수 있다.

independently ad. 독립하여, 자주적으로
procrastination n. 미루기, 지연
preferred a. 선취권이 있는, 우선의
typical a. 전형적인, 대표적인
self-hating a. 자기혐오의
procrastinator n. 꾸물거리는 사람
put off 연기하다, 미루다
sharpen v. (연필 등을) 날카롭게[뾰족하게] 하다
sit around[about] 빈둥거리다
idly ad. 하릴없이, 한가하게; 아무 일도 안 하고

"OK"라는 단어의 유래는 무엇일까? 19세기 중반에 미국에서 대중적으로 크게 사용된 것 같은 이 표현의 출현을 설명하려는 시도는 수없이 많이 있어왔다. 가능한 설명들 중 하나는 이 용어가 1830년대에 미국에서 유행했던 'all correct'의 재미있는 오타인 orl korrekt의 줄임말에서 유래했다는 것이다. 가장 일찍 글로 언급한 예는 1840년 미국 대통령 선거 당시에 민주당이 슬로건으로 그 단어를 사용한 것이다. 그들의 후보였던 마틴 밴 뷰렌(Martin Van Buren) 대통령은 (뉴욕 주에 있는 그의 고향을 본떠서) 'Old Kinderhook'라는 별명으로 불렸으며, 그의 지지자들은 'OK 클럽'을 결성했다. 이것은 (비록 밴 뷰렌 대통령을 재선으로 이끌지는 못했지만) 의심할 여지없이 이 용어를 대중화하는 데 도움을 주었다.

① ▶ orl korrekt에서 앞 글자만을 따서 쓰면 OK가 되는데, 이것은 결국 약어(略語) 혹은 줄임말로 볼 수 있으므로, 빈칸 Ⓐ에는 abbreviation이 적절하다. 한편, 빈칸 Ⓑ에는 OK라는 단어가 쓰인 '용례' 혹은 '기록'이라는 의미의 표현이 필요하므로, '언급', '인용'이라는 뜻의 references가 들어가야 한다. ② 부족 — 부록 ③ 구절 — 선전 문구 ④ 인물 — 경전

origin n. 기원; 유래	
numerous a. 다수의, 수많은	
emergence n. 출현, 발생	
term n. 용어	
originate v. 비롯하다, 생기다	
jokey a. 재미있는, 농담을 좋아하는	
current a. (의견·소문 등이) 널리 행해지고 있는, 유행되고 있는	
candidate n. 후보	
undoubtedly ad. 틀림없이, 확실히	
popularize v. 대중화하다; 보급시키다	

화씨온도 눈금을 만든 다니엘 가브리엘 파렌하이트(Daniel Gabriel Fahrenheit)는 얼음과 섞인 소금은 물보다 더 빙점이 낮은 용액을 만든다는 사실을 발견했다. 따라서 소금은 눈과 얼음을 녹게 한다. 대부분의 지역에서 도로나 보도의 눈을 제거하는 데 소금보다 더 좋은 방법을 찾지 못했다. 소금은 또한 무엇보다도 단단한 얼음 덩어리가 형성되는 것을 막는 데 효과적이다. 수많은 화학물질이 얼음을 녹이기 위해 개발되었지만, 소금은 여전히 매우 저렴한 대체재로 남아 있다. 그렇다면 왜 모든 지역에서 빙판길을 처리하는 데 소금을 사용하지 않는 것인가? 생태학적인 문제들이 몇몇 도시에서 소금의 사용을 완전히 금지하게 했다. 소금은 또한 차량, 포장도로, 교량 그리고 주변 구조물에서 밖으로 노출돼 있는 강철을 부식시킨다.

④ ▶ 얼음을 녹이는 데 효과적으로 사용되는 소금에 대해 설명하는 글이다. 그런데 빈칸 뒤에서는 소금이 생태학적인 문제들과 차량, 포장도로, 교량 그리고 주변 구조물의 부식 문제를 일으킨다고 했으므로, 빈칸에는 소금이 이로움에도 불구하고 소금을 사용하지 않는 질문과 관련된 ④가 적절하다.

solution n. 용액; 녹음, 용해	
freezing point 섭씨 영도, 빙점	
locality n. 장소, 소재지, 발상지	
alternative n. 대안, 선택 가능한 것	
ecological a. 생태계[학]의	
ban v. 금지하다	
corrosion n. 부식(작용), 침식	
unprotected a. 보호받지 못하는, 무방비의	

공포 영화를 볼 때, 우리는 무서운 장면이 진짜가 아니라는 것을 알고 있다. 그러나 우리의 뇌와 몸은 마치 그것이 진짜인 것처럼 반응한다. 심장박동과 호흡은 더 빨라지고, 손바닥에서는 땀이 나며, 근육은 긴장하고, 우리는 숨을 헐떡이면서 눈을 가린다. 뇌 스캔은 어떻게 이런 일이 일어나는지를 보여준다. 한 연구팀은 8~12세의 아이 15명이 세 편의 서로 다른 비디오를 보는 동안 이 아이들의 뇌를 기능성 MRI를 사용해서 모니터했다. 그 비디오는 어린이 프로그램 장면, 자연을 담은 장면, 폭력적인 장면 등 세 가지였다. 비폭력적인 장면과 비교해 볼 때, 폭력적인 장면은 감정 처리 담당 중추와 공포에 대한 반사 반응이 일어나는 편도체에서 더 많은 활동을 발생시켰다. 기억 저장 중추에서도 활동이 더 활발해진 것은 의미심장하다. 이러한 결과는 왜 무서운 영화가 감정적인 영향을 그토록 지속적으로 미칠 수 있는지를 설명하는 데 도움이 된다.

② ▶ 바로 앞에서 "폭력적인 장면은 뇌의 감정 처리 담당 중추와 기억 저장 중추에서 활동이 활발히 일어나게 만든다."고 했는데, 이 둘을 조합하면 '폭력적인 장면이 오래도록 기억에 남음으로써 감정적인 영향을 지속적으로 미치게 됨'을 알 수 있다.

frightening a. 무서운, 놀라운	
scary a. 무서운, 두려운	
react v. 반작용하다; 반응을 나타내다	
palm n. 손바닥; 야자, 종려	
sweat v. 땀을 흘리다, 땀이 배다	
tense v. 긴장하다	
gasp v. 헐떡거리다, 숨이 차다, 숨이 막히다	
functional a. 기능의, 작용의	
monitor v. 감시하다, 모니터하다	
amygdala n. 편도체	
reflex n. 반사; 반영	
significantly ad. 상당히; 의미심장하게	

07 2022 경희대

철도 시대가 시작되고 있었을 때 정치철학자 칼 마르크스(Karl Marx)는 철도 기술의 은유를 세계관으로 사용했다. 19세기 중반의 유럽인이 철도의 은유를 사용하는 것은 오늘날 누군가가 정신을 컴퓨터에 비유하는 것을 듣는 것과 마찬가지로 놀랄만한 일이 아니었다. 매우 큰 영향력을 갖게 된 용어로, 마르크스는 인간 사회와 의식은 공장, 광산, 그리고 또 다른 생산 형태라는 소위 경제적 하부구조 위에 놓여있는 상부구조라고 주장했다. 이것들은 철도에서 직접 가져온 용어들이었다. 하부구조는 선로 및 그와 관련된 시스템을 의미한 반면, 상부구조는 기차였다. 간단히 말해, 마르크스에게 인간의 정신은 일련의 경제 선로 위를 달리는 기차였다.

② ▶ 빈칸이 있는 마지막 문장은 앞 문장을 요약하여 재진술하는 역할을 해야 한다. 앞에서 마르크스는 '기차를 상부구조라 하고, 선로를 하부구조라 하며, 이 하부구조를 경제적 하부구조'라 했으므로, 이를 정리한 ②가 빈칸에 적절하다.

metaphor n. 은유
influential a. 영향을 미치는; 유력한
term n. 말; 용어
claim v. 주장하다, 공언하다
consciousness n. 의식, 자각
superstructure n. 상부구조
infrastructure n. 하부구조
mine n. 광산
associate v. 관련시키다; 결합하다

08 2019 광운대

호모사피엔스는 다수가 유연하게 협력할 수 있는 유일한 동물이기 때문에 세상을 지배하게 되었다. 선사시대의 호모사피엔스는 네안데르탈인 같은 다른 인류들이 멸종하게 된 결정적인 원인이었다. 다수가 협력할 수 있는 호모사피엔스의 능력은 신, 국가, 돈, 인권과 같이 순전히 상상 속에서 존재하는 것들을 믿을 수 있는 독특한 능력에서 나온다. 종교, 정치체제, 무역 네트워크, 그리고 법률에 입각한 사회제도 등, 인간의 모든 대규모 협력체계가 등장할 수 있었던 것은 허구에 대한 호모사피엔스의 독특한 인지능력 덕분이다.

⑤ ▶ 호모사피엔스가 세상을 지배할 수 있었던 것은 다수가 유연하게 협력할 수 있는 유일한 동물이 호모사피엔스이기 때문이라고 했다. 따라서 첫 번째 빈칸에 들어갈 호모사피엔스의 능력은 다수가 '협력하는(cooperate)' 능력이 되어야 한다. 그리고 이런 호모사피엔스의 협력할 수 있는 능력은 '상상 속에서 존재하는 것들을 믿는' 독특한 능력에서 나온다고 했으므로, 대규모 인간의 협력체계가 등장할 수 있었던 것은 호모사피엔스의 '허구'에 대한 인지능력 '덕분'이라고 해야 문맥상 적절하다. 이때 owe A to B가 'A(사물)에 대하여 B(사람·사물)의 덕분이다'로 쓸 수 있으므로, 두 번째 빈칸에는 owe가 적절하다. 따라서 두 빈칸에 모두 적절한 ⑤가 정답이다. ① 접근하다 — 고맙게 생각하다 ② 거주하다 — 가공하다 ③ 지배하다 — 소비하다 ④ 어울리다 — 획득하다

prehistoric a. 선사시대의
extinction n. 멸종
arise from ~에서 발생하다
capacity n. 능력
institution n. 사회제도
emergence n. 등장, 출현
distinctive a. 독특한; 뛰어난
cognitive a. 인지의
fiction n. 허구

09 2021 가천대

존 스튜어트 밀(John Stuart Mill)은 『자유론(The Essay on Liberty)』이 그의 아내와의 '공동 저작물'이었다고 말했는데, 우리가 이 『자유론』에 대한 역사를 알면 알수록, 그의 말이 더욱 사실로 보인다. 『자유론』이 출간되기 몇 달 전에 해리엇 밀(Harriet Mill)이 사망했는데, 책속의 헌사(獻辭)에는 『자유론』을 쓰는 과정에서 그녀가 기여한 몫을 잘 나타내는 찬사가 들어있다. 많은 독자들은 이 찬사가 진실성이 안 느껴진다고 생각하고 싶어졌고, 그에 따라 독자들의 반응은 회의적이었다. 사실, 밀 자신과 친분이 있는 사람들은 해리엇에게 그녀의 다정한 남편이 너무나 정중하게 그녀가 가졌다고 밝힌 지적 능력이 있었는지를 의심했다. 그래서 상당히 최근까지도 해리엇 밀은 그녀가 마땅히 받았어야 했으며, 그녀의 남편이 그의 말을 통해 그녀에게 확보해주기를 바랐던 인정을 받지 못했다.

③ ▶ 우리가 『자유론』이라는 작품에 대해 알면 알수록, 존 스튜어트 밀이 주장한 그의 아내와의 공동 저작물이라는 말이 더욱 사실로 보인다고 했다. 그러나 독자들의 반응과 존 스튜어트 밀의 친구들마저 아내가 공동 저술했다는 것을 의심했다고 했으므로, 마땅히 받았어야 하는 '인정'을 그녀가 받지 못했다는 의미가 되도록 빈칸에는 ③의 recognition이 적절하다. ① 비판 ② 열정 ④ 무관심

dedication n. 헌정의 말
eloquent a. 유창한; 뚜렷이 표현하는
tribute n. (특히 죽은 사람에게 바치는) 찬사
fulsome a. (감사·사과 등이) 진실성이 안 느껴지는
correspondingly ad. 상응하여
skeptical a. 회의적인
gallantly ad. 용감하게; (여성에게) 정중하게
attribute to (작품 등을) ~의 것이라고 보다

10 2016 인하대

『General Dentistry』에 최근 발표된 한 연구에서, 연구원들은 보통 아이가 밴드에서 쓰는 악기에 — 몇 주 동안 사용하지 않은 것조차도 — 전염병, 알레르기, 혹은 심지어 천식까지 일으킬 수 있는 다양한 곰팡이, 누룩, 박테리아가 숨어 있다는 사실을 발견했다. 미시간 주(州) 인터라켄 예술학교의 음악 감독 케드릭 머윈(Kedrik Merwin)은 다음과 같은 좋은 청소 습관을 실천하면 즉흥 연주 시간이 세균으로 가득 차게 되는 것을 피할 수 있다고 말하고 있다. 플라스틱 리코더는 식기세척기에서 살균하고, 금관 악기는 차가운 물에 담근다. 청소용 와이어와 마우스피스용 솔을 이용하여 손이 닿기 어려운 부분을 문질러 준다. 목관 악기는 연습한 후마다 물기를 닦아주어야 하는데, 떨림판은 세균이 가장 많은 부분이다. "매번 사용한 후에는 떨림판을 마우스피스에서 떼어내야 하며, 자주 새 것으로 갈아줘야 합니다."라고 머윈은 말하고 있다. 끝으로, 아이가 어느 누구와도 악기를 바꿔 쓰지 못하도록 해야 한다. 함께 쓰는 것은 대단히 좋은 일이지만, 세균에 관해서라면, 혼자 연주하는 것이 최선이다.

⑤ ▶ 빈칸 바로 앞에서 "끝으로, 아이가 어느 누구와도 악기를 바꿔 쓰지 못하도록 해야 한다." 라고 했는데, 두 아이가 악기를 바꿔 쓴다(swap)는 것은 두 개의 악기를 함께 쓰는 (share) 것을 의미하고 자기 악기를 자기 혼자서만 쓰면서 연주하는 것을 solo performance라고 볼 때 ⑤가 바로 앞에서 한 말을 부연 설명하는 말로 빈칸에 가장 적절하다.

instrument n. 기계, 기구, 도구; 악기
harbor v. 피난처를 제공하다; 숨기다, 숨겨 주다; (악의 등을) 품다
mold n. 곰팡이, 사상균
yeast n. 효모, 누룩
infection n. 전염, 감염; 전염병
asthma n. 천식
germy a. 세균이 가득한, 세균이 묻은
jam session 즉흥 연주, 잼 세션
sanitize v. 살균하다, 위생처리하다
soak v. 적시다, 담그다, 흠뻑 적시다
snake n. 연관 청소기
scrub v. 비벼 빨다[씻다]; 북북 문지르다; (솔 따위로) 세게 문지르다
woodwind n. 목관 악기
swab v. (자루걸레로) 훔치다; ~에서 물기를 닦다
reed n. 목관 악기에서 소리를 내는 얇은 판, 리드
swap v. 바꾸다, 물물교환하다

11 2013 명지대

결정에는 기회비용이 있는데, 부족한 세상에서 한 가지를 택한다는 것은 다른 어떤 것을 포기한다는 것을 의미하기 때문이다. 기회비용은 포기된 가장 값진 상품 혹은 재화의 가치다. 기회비용의 한 가지 중요한 예는 대학에 들어가는 비용이다. 2008년에 당신이 거주하고 있는 주의 공립 대학교에 입학했다면 수업료, 책값, 교통비를 포함한 총 비용이 평균 7천 달러에 이르렀다. 이것은 7천 달러가 당신이 학교에 다니는 것의 기회비용이었다는 의미인가? 결코 그렇지 않다! 당신이 공부하고 수업을 듣는 데 소비한 시간의 기회비용 또한 포함시켜야 한다. 대학에 다닐 나이의 고졸 출신 상근직의 경우 2008년에 평균 2만 6천 달러를 벌었다. 실제 들어간 비용과 포기된 수입을 합한다면 대학의 기회비용은 연간 7천 달러라기보다는 (대학 수업에 들어간 제반 비용 7천 달러와 고등학교를 졸업하고 일을 했으면 벌었을 수입인 2만 6천 달러를 합한 것에 상당하는) 3만 3천 달러일 것이다.

② ▶ 기회비용에 대해 설명하는 글이다. 빈칸 다음 문장부터 기회비용에 대한 예를 설명하고 있다. 대학에 다니는 기회비용은 대학 수업에 들어간 비용뿐만 아니라 고등학교를 졸업하고 일을 했으면 벌어들일 수입까지 포함한다고 했는데, 이는 곧 대학에 들어가는 것은 대학에 들어가지 않고 벌 수 있었던 수입을 포기하는 것이 된다. 따라서 한 가지를 택한다는 것은 다른 어떤 것을 포기한다는 것을 의미한다고 볼 수 있다.

opportunity cost 기회원가, 기회비용
scarcity n. 부족; 결핍
forgo v. 포기하다
tuition n. 교수, 수업; 수업료
expense n. 지출, 비용
temporarily ad. 일시적으로, 임시로
procure v. 획득하다

12 2018 인하대

교육의 중요성이 점점 커져감에 따라 별도의 청소년 문화가 출현하게 되었다. 개인의 인생에서 뚜렷하게 구별되는 시기로서의 청소년기 개념은 대개 20세기에 새롭게 나타난 것이었다. 어떤 면에서, 그것은 프로이트 심리학에 영향받은 결과였다. 그러나 그것은 또한 청소년이 직장생활을 하기에 앞서서 더 긴 시간의 훈련과 준비가 필요하다는 사회의 인식에서 비롯된 결과이기도 했다. 학교와 대학은 청소년들에게 그들 나름의 사회적 생활방식, 취미, 관심사, 활동을 개발할 수 있는 환경을

contribute v. 기부하다; 기여하다
emergence n. 출현, 발생
separate a. 분리된, 따로따로의
adolescence n. 청년기, 사춘기
distinct a. 별개의, 다른, 뚜렷한

제공했다. 점점 많은 수의 학생들이 학교를 단지 학문을 단련하기 위한 장소가 아니라, 조직적인 운동경기, 기타 과외 활동, 동호회, 남녀 학생클럽 등을 위한 장소, 즉 그들이 또래집단의 관점에서 스스로를 더 많이 정의할 수 있도록 해주는 기관으로 간주했다.

⑤ ▶ that is 이하에서는 바로 앞의 '운동경기, 과외 활동, 동호회, 학생클럽 등을 위한 장소'를 부연해서 설명해야 하는데, 이들은 모두 또래와 어울릴 수 있는 기회의 장(場)에 해당하므로, ⑤가 빈칸에 들어가기에 가장 적절하다.

in some measure 다소, 얼마간
Freudian a. 프로이트의, 프로이트 학설의
recognition n. 인지, 승인; 인정
extend v. 뻗다; 확장하다; 연장하다, 늘이다
preparation n. 준비; 각오
organize v. 조직하다, 편제하다, 구성하다
extracurricular a. 과외(課外)의, 정규과목 이외의
fraternity n. 형제의 사이; 동포애, 우애; (대학의) 남학생 사교 클럽
sorority n. (교회 등의) 여성회, 여성 클럽; (대학의) 여학생 클럽
institution n. 학회, 협회

---

13 2022 한양대

머리처럼 복잡하고 중요한 것이 어떻게 그토록 진화할 수 있는 것인가? 엔지니어의 관점에서 볼 때, 머리의 엄청난 진화 가능성은 직관에 어긋나는 것 같다. 생존에 필수 불가결한 복잡한 기능이 자연 선택과 같은 작용자 없는(자연적인) 과정을 통해 변화하기란 어려워야 한다. 우선, 아주 사소한 변화도 잠재적으로 해로운 결과를 초래할 수 있기 때문에, 고도로 얽히고설킨 복잡한 것들이 수정된다면 그것들은 기능이 저하될 것이라고 예상하는 것이 합리적인 것 같다. 두 번째 문제는, 자연 선택은 머리와 같은 복잡한 구조의 기능을 감소시키는 어떠한 수정도 걸러내어 없애도록 강력하게 작용해야 한다는 것이다. 머리는 호흡, 냄새 맡기, 삼키기, 보기, 듣기와 같은 아주 많고 중요한 작업을 수행하므로, 그 어떤 기능에라도 장애를 조금이라도 일으키는 돌연변이는 (환경에의) 적합성을 저하시킬 것이다. 따라서 머리는 대단히 제한적이고 보수적일 것이라고 예상할 수 있다.

③ ▶ 빈칸 Ⓐ는 because가 이끄는 이유의 부사절 속에 포함되어 있으므로 앞서 나온 주절의 내용 '그것들은 기능이 저하될 것이라고 예상된다'의 이유에 해당하는 말이 들어가야 함을 알 수 있다. 따라서, restrictive, deleterious, catastrophic이 가능하다. 빈칸 Ⓑ 동사의 목적어가 '머리와 같은 복잡한 구조의 기능을 감소시키는 어떠한 수정'이므로, 진화는 머리에 대한 아무 수정이나 보존을 하는 것이 아니라, 개체의 생존에 '쓸모없는 수정은 걸러내어 없애는(winnow out)' 작용을 하리라고 추론할 수 있다. ① 무시할 수 있는 — 차츰 그만두다 ② 제한적인 — 속도를 높이다 ④ 신비로운 — 때려 넣다 ⑤ 파국적인 — 시작되게 하다

evolvable a. 진화할 수 있는
counterintuitive a. 직관에 반하는
agent n. 중요한 작용을 하는 사람[것], 동인; 동작주
modify v. 수정하다
alteration n. 수정, 변경
deleterious a. 해로운, 유해한
winnow out (최고만이 남도록) (~에서) ~을 걸러내다, (쓸모없는 것을) 제거하다
mutation n. 돌연변이
impairment n. 손상, 장애
fitness n. 적합성; 건강

---

14 2013 중앙대

게임이론에서, '죄수의 딜레마'라고 불리는 유명한 가설적 시나리오가 있는데, 거기서는 경찰이 체포된 두 명의 범죄 용의자들에게 침묵하거나, 동료를 밀고하는 두 가지 선택을 제시하게 된다. 그러나 여기에 문제가 있다. 만약 두 용의자 모두 침묵한다면 그들은 가장 가벼운 형량을 선고받을 수 있다. 만약 둘 다 상대를 밀고한다면, 둘 다 더 긴 징역형을 선고받는다. 그리고 만약 둘 중 하나만 상대를 밀고한다면, 밀고한 용의자는 풀려나고, 침묵한 용의자는 가장 많은 형량을 선고받게 된다. 당연히, 최상의 선택은 두 명의 죄수가 모두 침묵을 지켜서 가장 가벼운 형량을 받는 것이다. 그러나 당신의 공범도 거기 안에서 심문받는다고 상상해보라. 그도 똑같은 제안을 받았을 것이라는 것을 당신은 안다. 만약 그가 당신을 밀고한다면, 그는 풀려나겠지만 당신은 대가를 치를 것이다. 당신의 차례라면, 당신은 침묵하여 공범이 걸어 나갈 동안 가장 긴 징역형을 받을 수도 있는 위험을 감수할 것인가? 이 시나리오는 하나의 불가피한 결론을 가리키고 있다. 즉, 두 명의 죄수 모두 상대를 밀고

hypothetical a. 가설의, 가정의
apprehend v. 체포하다
rat out ~을 배신하다, 밀고하다
catch n. (숨은) 문제점[애로점]
get off with ~한 것으로 벌[피해]을 최소화하다[모면하다]
turn on ~에게 달려들다, ~를 공격하다
squeal v. (특히 경찰에) 찌르다, 일러바치다
accomplice n. 공범자, 연루자, 종범자

하여 둘 다 무거운 징역형을 받게 되는 것이다.

② ▶ 빈칸 앞의 의문문은 수사의문문으로 "당신이 침묵을 지키는 동안 공범은 당신을 밀고하여 무사히 빠져나갈지도 모르는데, 당신만 대가를 치르게 되는 위험을 감수하겠는가?"라고 질문하는 것은 "아무도 그런 선택을 하는 사람은 없을 것이다."라는 점을 지적한 것이다. 두 죄수는 최선의 선택이 아니라는 것을 알면서도 모두 상대방을 밀고하는 선택을 하게 되므로, 결국 둘 다 무거운 징역형을 선고받게 될 것이다.

interrogate v. 심문[문초]하다

take the heat 비난을 받다; 대가를 치르다

inevitable a. 불가피한, 피할 수 없는

conclusion n. 결론

15 2015 성균관대

외상 후 스트레스 장애에 대한 가장 일반적인 치료는 노출 치료법으로 알려져 있다. 이러한 치료법에서는 환자들에게 정신적 외상을 초래한 광경 및 소리를 상상하도록 하고 난 후에, 그러한 기억들을 대면하도록 도와준다. 이는 종종 효과가 있다. 그러나 항상 그렇지만은 않다. 또한 우선은 군대가 그러한 병에 걸리지 않는 것이 확실히 더 나을 것이다. 이러한 점을 염두에 두고서, 스킵 리조(Skip Rizzo) 박사의 지휘 아래 엔지니어들과 컴퓨터 관련 과학자들 및 심리학자들이 심리적 백신 접종 같은 것을 제시하고 있다. 리조 박사는 전쟁터에 가기 전에 군인들에게 전쟁의 공포를 미리 제공함으로써 군인들이 전투지에서 목격할 수 있는 상황들에 면역이 되기를 기대한다. 이런 아이디어는 가상현실을 이용하여 노출 치료법을 돕는 리조 박사의 연구에서 생겨났다. 그러한 가상현실은 전쟁터의 광경, 소리, 진동, 그리고 심지어 냄새조차 안전한 진료소 안에서 재현될 수 있도록 해주며, 시행 결과는 가상현실이 표준 노출 치료법에 반응하지 않는 환자들을 도와줄 수 있음을 시사하고 있다. 모의실험이 성공을 거두면서, 리조 박사는 실제 전투에 앞서서 유사한 상황을 경험하는 경우, 기존의 훈련이 군대를 육체적으로 준비시키는 것처럼 군대를 정신적으로 준비시킬 수 있지 않을까를 궁금히 여기게 되었다. 리조 박사의 예비적 실험 결과는 그럴 수도 있음을 시사하고 있다.

② ▶ 빈칸을 포함한 문장은 앞 문장의 내용을 부연하여 설명하고 있다. 앞 문장에서는 '심리적 백신 접종'을 언급하고 있는데, 백신이란 약하게 만든 병균을 주입하여 인체가 면역을 갖도록 하는 것이므로, 심리적 백신 접종은 공포 등을 미리 경험하게 하여 이에 대해 내성을 갖게 하는 것을 의미할 것이다. 따라서 빈칸에는 이와 관련된 ②가 들어가는 것이 적절하다. ①은 미리 경험하게 하는 것과 관련이 없으며, ③은 육체적이 아니라 정신적으로 준비시키는 것이므로 정답이 될 수 없다.

traumatic a. 대단히 충격적인, 정신적 외상(外傷)의

exposure n. 노출; 폭로

afflict v. 괴롭히다, 피해를 입다

sight n. 시력, 시야, 광경

traumatize v. 외상을 입히다, 정신적 충격을 주다

confront v. 직면하다, 마주보다

undoubtedly ad. 틀림없이, 명백히

troop n. 무리, 군대

vaccination n. 백신 접종

inure v. 익숙케 하다, 단련하다

squaddie n. 신병, 병사

virtual a. 가상의, 실질적인

vibration n. 진동, 동요

recreate v. 재현하다; 기분 전환을 시키다

simulation n. 겉치레, 가짜; 모의실험

regime n. 정권, 체제; (행위의) 상황

preliminary a. 예비의, 서두의

16 2017 한국항공대

두드러진다는 것의 중요성은 많은 일반적 통념과 모순된다. 내가 일본에서 처음 들었지만 그 후 서구 유럽에서도 들었던 흔한 속담이 있다. 튀어나온 못이 망치질을 당한다는 것이 그것이다. 많은 사람들은 이 말을 믿고 그에 따라 조화하려고만 들지 너무 두드러지게 나서는 행동은 하려 하지 않는다. 이 법칙은 어떤 장소와 시간에서는 합리적이지만, 일반적인 경력에 대한 조언으로 말하자면 아무 쓸모없는 이야기다. 당신이 힘 있는 지위를 얻으려면 먼저 힘 있는 이들이 당신을 상급직의 역할로 선택해줘야 한다. 당신이 눈에 띄지 않게 일하면, 아무리 당신이 훌륭한 일을 한다고 해도 아무도 당신에게 관심을 갖지 않을 것이다.

1 ④ ▶ "두드러진다는 것의 중요성은 많은 일반적 통념과 모순된다."는 진술에 비추어 볼 때, '일반적 통념'은 두드러지는 것을 바람직하지 않게 보는 시각임을 알 수 있다.

2 ① ▶ '두드러지는 것은 해롭다'는 의미를 전달하는 속담으로는 ①의 "튀어나온 못이 망치질을 당한다"가 가장 적절하다. ② 제때의 바늘 한번이 아홉 바느질을 던다(유비무환) ③ 안 좋은 일은 겹쳐서 일어나기 마련이다(불운은 한꺼번에 닥친다) ④ 조금씩 많이 하면 커다란 걸 만든다(티끌 모아 태산이다)

stand out 돋보이다

contradict v. 부정하다, 반박하다; 모순되다

fit in ~와 어울리다, ~와 맞다

stink v. 악취를 풍기다; 아무 쓸모없다

senior a. (지위가) 고위의, 상위의

blend into ~에 뒤섞이다

woodwork n. 목공

blend[fade] into the woodwork 관심을 끌지 않게 행동하다; 사라지다; 숨다

temptation n. 유혹

give in to ~에 굴복하다

irritation n. 짜증, 자극하는 것

17 2015 국민대

설탕은 담배나 자외선과 마찬가지로 조기 노화 현상의 원인이 된다. 피부를 지탱하고 있는 성분인 콜라겐과 엘라스틴이 햇빛이나 다른 유리기(遊離基)에 노출되어 분해되면, 세포는 스스로 회복하려 애쓴다. 그러나 이러한 과정은 나이가 들면서 속도가 느려진다. 그리고 피부에 당분이 존재하는 경우, 그 당분은 유리기에 의해 손상됐을 수도 있는 아미노산과 교차결합을 형성하는 아미노산과 교차결합을 형성한다. 이러한 교차결합은 회복 메커니즘의 작동을 방해하며, 시간이 지남에 따라 일찍 늙어 보이는 피부를 갖게 만든다. 일단 교차결합이 형성되고 나면, 그것은 풀리지 않는다. 그러므로 설탕 섭취량을 가능한 한 적게 유지하도록 해야 한다. 탄산음료와 패스트리를 피하고, 설탕을 계피와 바꿔 쓰도록 해야 한다. 계피는 정향, 생강, 마늘과 마찬가지로 교차결합을 지연시키는 것 같아 보인다.

* 유리기: 쌍을 이루지 못한 전자가 하나 이상 있는 원자 혹은 원자 집단

1 ②　▶ 당분이 유리기와 교차결합을 형성하여 세포의 회복과정을 저해하면 노화가 빨리 찾아올 것이므로, 빈칸에 적절한 표현은 ②이다. 두 번째 문장부터 다섯 번째 문장까지에서 설탕이 조기 노화 현상을 가져온다는 첫 번째 문장의 내용을 구체적으로 부연 설명하고 있다는 점을 통해서도 동일한 정답을 도출할 수 있다.

2 ①　▶ 설탕이 교차결합을 형성하여 세포의 회복을 막는다고 했고, 한번 형성된 교차결합은 풀리지 않는다고 했으므로, 당연히 설탕의 섭취량을 가능한 한 줄이는 게 바람직할 것이다.

contribute v. 기부하다, 기증하다; 기여하다
free-radical n. 유리기(遊離基)
exposure n. 노출; 적발, 탄로
amino acid 아미노산
jam v. 움직이지 않게 하다, 방해하다
unhitch v. (매어 둔 것을) 풀다[떼어 내다]
intake n. 흡입량, 섭취량
swap v. 교환하다, 바꾸다
cinnamon n. 계피
clove n. 정향(丁香)(나무 또는 향료)
artificially ad. 인공적으로
prematurely ad. 조숙하게, 너무 이르게
radically ad. 근본적으로

18 2018 가천대

유럽의 전설에 기사가 있었다면 미국에도 기사에 해당하는 뜻밖의 인물이 있었으니, 그것은 바로 카우보이였다. 기사와 카우보이라는 두 인물은 모두 미덕의 상징으로 여겨졌으며, 선한 세력이 악한 세력을 물리치는 도덕극에서의 등장인물 역할을 했다. 그러한 이야기에서, 그들은 종종 하얀 모자(미덕의 상징)를 쓴 반면, '악당들'은 검은 모자(악의 상징)를 썼다. 미국의 카우보이들은 미국의 영토 확장에 있어 중요한 역할을 담당했다. 대부분의 카우보이들은 미국의 변경에 살았으며, 미국의 서쪽으로의 영토 확장의 선발대 같았다. 카우보이들은 문명과는 멀리 떨어진 곳에 살았으며, 생존을 위해 자기 자신에게 의지해야 했다. 따라서 영웅으로서 카우보이의 선택은 미국의 두 가지 핵심적인 가치관을 드러낸다. 하나는 팽창욕구이며, 다른 하나는 독립이었다.

1 ④　▶ 본문에서는 기사와 카우보이를 비교하고 있으며, 기사와 카우보이 둘 다 미덕의 상징이라고 했으므로, 빈칸 Ⓐ에는 유럽의 전설에 나오는 기사에 해당하는 사람이 미국의 카우보이라는 말이 되도록, '~에 해당하는 사람'을 뜻하는 equivalent가 적절하다. 그리고 빈칸 Ⓑ를 전후로 상반된 내용의 절이 왔으므로, 빈칸 Ⓑ에는 역접의 접속사 whereas가 적절하다. 따라서 두 빈칸 모두에 적절한 ④가 정답이다. ① 적 — ~하지 않도록 ② 꼭 닮은 사람 — 만약 그렇지 않으면 ③ 지지자 — 비록 ~일지라도

2 ③　▶ 빈칸이 들어있는 마지막 문장의 앞에서, "카우보이가 미국의 서부 영토 '확장'의 선봉대 역할을 하였으며, 생존을 위해 '자기 자신에게 의지'해야 했다."라고 했으므로, 미국의 두 가지 핵심 가치관은 '영토 확장'과 '독립'을 의미함을 알 수 있다. 따라서 빈칸 Ⓒ에는 ③ independence가 적절하다. ① 평등 ② 형제애 ④ 자유

knight n. 기사
folklore n. 민속, 전설
unlikely a. 예상 밖의
morality play 도덕극(15~16세기에 유행하던, 도덕적 교훈을 가르치는 것을 목적으로 한 연극 형태)
defeat v. 이기다; 물리치다
frontier n. (특히 19세기 미국 서부 개척지의) 변경
advance party 선발대
rely on ~에 의지하다

19 2020 국민대

자신의 얘기를 당신이 진심으로 듣는다고 느끼면, 사람들은 당신을 존중하고, 당신의 견해를 받아들이며 당신과 협력함으로써 그 호의에 보답할 가능성이 더 커진다. 그러나 적극적인 경청을 위해서는 노력이 필요하다. 우선, 당신은 그 순간에 머물면서, 말하는 사람의 말에 말로나 몸으로나 전적으로 집중해야 한다. 당신의 마음이 방황하고 있다면, 그 사실을 알아차리자마자 재빨리 되돌아오

think highly of ~을 높이 평가하다, 존중하다
entertain v. (요청 등을) 받아들이다
wander v. 돌아다니다, 헤매다; (생각 따위가) 산만해지다

라. 상대방이 어디로 갈지(무슨 말을 할지) 안다고 가정하지 않는 것이 가장 중요하다. 예상치 못한 말을 듣게 되는 것에 마음을 열어 두라. 다음으로, 당신이 듣고 있다는 것을 말하는 사람에게 보여주어야 한다. 그러려면 눈을 마주치거나 고개를 끄덕이거나 '어-허' 또는 '예'과 같은 짧은 인정의 말을 끼워 넣거나, 상대방의 말을 다른 말로 바꾸어 표현하거나 질문을 하면 된다. 이러한 신호들 중 일부는 조작될 수도 있는 것이 사실이지만, 주의해야 한다. 많은 말하는 사람들은 적극적으로 경청하는 자와 가짜로 경청하는 자의 차이를 감지할 수 있기 때문이다.

demonstrate v. 보여주다; 증명하다
acknowledgement n. 인정
fudge v. 조작하다, 속이다

1 ③ ▶ 마음이 상대방의 말에 집중하지 못하고 '방황'한다면, 그 마음은 다시 '제자리로 빨리 돌아와야' 할 것이다. snap back은 '재빨리 그 이전의 상태로 되돌아오다(quickly return to a previous condition)'는 의미다. ① 자백하다 ② 탈출하다 ④ 나서다

2 ① ▶ fudge는 '날조하다', '지어내다'는 의미를 지니므로, 그런 날조된 신호만 보내는 경청자는 '거짓된', '가짜의' 경청자라고 할 수 있을 것이다. ② 신중한 ③ 긍정적인 ④ 뉘우치는

---

20 **2016 성균관대**

아름다운 사람들에게는 어려운 점들이 있다. 예를 들면, 매력적인 남자는 더 좋은 지도자가 될 수 있을지 모르지만, 은연중의 성적(性的) 편견은 아름다운 여자들에게 불리할 수 있으며, 이것은 그들이 권위가 필요한 고위직 업무에 고용될 가능성을 낮게 한다. 그리고 당신의 예상처럼, 외모가 훌륭한 남자와 여자 모두가 사람들의 질투를 받게 된다. 한 연구는 당신이 동성의 사람에게 면접을 받을 때 면접관들이 자신들보다 당신을 더 매력적이라고 판단한다면 당신을 고용할 가능성이 낮을 수도 있다는 것을 발견했다. 더 걱정스럽게도 아름답거나 잘생긴 것은 당신의 의학적 치료에 해가 될 수 있다. 우리는 잘생긴 용모를 건강과 연관시키는 경향이 있는데, 이는 잘생긴 사람이 병에 걸리면 그 병들이 종종 덜 진지하게 받아들여지는 것을 의미한다. 예를 들면, 의사들이 사람들의 통증을 치료할 때 그들은 외모가 더 뛰어난 사람들을 덜 신경 쓰는 경향이 있다.

attractive a. 사람의 마음을 끄는; 매력적인
implicit a. 은연중의, 함축적인, 암시적인
prejudice n. 편견, 선입관
authority n. 권위, 권력
jealousy n. 질투, 시샘
recruit v. 고용하다
affect v. ~에게 영향을 주다; (병·고통이 사람·인체를) 침범하다, 걸리다

1 ③ ▶ 빈칸 Ⓐ에는 이 글의 주제문이 들어가야 한다. Ⓐ 이하에서 '아름다운 여자들에게 불리한 사회적 편견, 잘생긴 외모가 면접 시에 불합리한 경우, 그리고 잘생긴 외모를 건강과 연관시켜 의사들이 잘생긴 사람들에게 신경을 덜 쓰는 경향'을 설명하고 있으므로, 잘생긴 외모의 단점을 언급한 ③이 빈칸에 적절하다.

2 ① ▶ Ⓑ 앞 문장에서 은연중의 성적 편견이 아름다운 여성들에게 불리하게 작용할 수 있다고 했으므로, 이런 여성들이 고위직에 고용될 가능성은 '낮다고' 볼 수 있다. 따라서 Ⓑ에는 less가 적당하며, Ⓒ 앞 문장에서 잘생긴 사람이 병에 걸리면 그 병들이 덜 진지하게 받아들여진다고 했으며 Ⓒ가 속한 문장은 이에 대한 예이므로 의사들이 통증을 치료할 때 외모가 뛰어난 사람들을 '덜' 신경 쓸 것이다. 따라서 Ⓒ에도 less가 적절하다.

MEMO

MEMO

MEMO

MEMO

MEMO